Edward Georg Gustav von Schlesinger

Lokalisierung von 5717 Ortschaften in Wolhynien

FSC
www.fsc.org
MIX
Papier aus verantwortungsvollen Quellen
Paper from responsible sources
FSC® C105338

Bibliografische Information der Deutschen Nationalbibliothek:
Die Deutsche Nationalbibliothek verzeichnet diese Publikation in der Deutschen Nationalbibliografie; detaillierte bibliografische Daten sind im Internet über dnb.dnb.de abrufbar.

Das Karten- und Bildmaterial ist der Wikipedia und Wikia Szlachta entnommen und wird verwendet nach GNU-Lizenz für freie Dokumentation, die Nutzung der Wappenabbildungen erfolgt nach Zustimmung des Autors des elektronischen Wappenidentifikationssystems Gajl & Milewski, Herrn Tadeusz Gajl.

Herstellung und Verlag: BoD – Books on Demand, Norderstedt.

ISBN 9 783752 838695

Lokalisierung von 5717 Ortschaften in Wolhynien

Edward Georg Gustav von Schlesinger

Die Publikation erfolgt im Rahmen des Forschungsprojektes "Eliten der Serenissima Res Publica Coronae Regni Poloniae Magnique Ducatus Lithuaniae 1385 - 1569 - 1795 und in deren Gebieten bis 1918"

600 Jahre Szlachta **1413 <> 2013 Res Publica**

Schriftenreihe für angewandte Sozialgeschichte **StudIaS**

Allgemeine Serie mit deutsch- und fremdsprachigen Titeln
 # 11

Inhaltsverzeichnis

0. Einleitung

Die StudIaS Reihen richten sich an eine breit gefächerte Gruppe von Lesern. Angefangen bei Personen, die mehr über einen entsprechenden Namen der Szlachta erfahren möchten, über versierte Genealogen und Heraldiker, welche forschungsbedingt in Gebiete vorstoßen, in denen sie nicht bewandert sind bis zu Fachleuten wie Politologen spezialisiert auf Demokratie- und Migrationsforschung, Akkulturations-, Inkulturations- und Assimilierungsprozesse, Historiker, die sich mit Umformungen im östlichen Europa beschäftigen, bis zu langfristigen gesellschaftlichen Wandel analysierenden Soziologen. Dementsprechend beinhaltet es neben hoch spezialisierten Elementen auch Bereiche allgemeiner Einführung in die Thematik der Adelsrepublik, Genealogie und Heraldik.

Ausdehnung des Stammgebietes der Szlachta der Res Publica:

Polen-Litauen um 1618 mit den heutigen Staatsgrenzen

- Polnische Krone
- Großfürstentum Litauen
- Herzogtum Livland
- Herzogtum Kurland, gemeinsames Lehen
- Herzogtum Preußen, polnisches Lehen

Für die Zeiten vor der Einführung der kirchlichen Register über Taufen, Heiraten und Todesfälle, die durch eine, fast lückenlose, Erfassung der biologischen Entwicklung eine genealogische Nachverfolgung ermöglichen, ist eine ganzheitliche Generationserfassung kaum möglich.

Die zögerlich eintretende Namensfestigung im östlichen Europa und die freie Namenswahl der Szlachta – des Souverän der Adelsrepublik – wie auch die folgenden Verdrehungen und Namensänderungen aus nationalistischer Motivation oder mangelnder Kompetenz der Amtsträger vertiefen diese Problematik.

So sind vor der Einführung der Matrikeln weibliche Nachkommen überwiegend nur durch Erwähnung als Ehefrauen sowie durch Einträge bezüglich einer erbrechtlichen Regelung oder Besicherung der Mitgift bekannt.

Sogar bei reichlich begüterten Familien sind nachrangige männliche Nachkommen kaum zu erfassen und deren Linien werden somit zum verdunkelten Adel, so dass vielfach nur die Hauptlinien der Adelsgeschlechter bekannt sind. Dies gilt auch für die über ein Halbes Jahrtausend währende Geschichte des Geschlechtes Wyhowski. Über das Ausmaß solcher Verdunkelung wurde eine Beispieluntersuchung als Referat auf dem 25. Jubiläumskongress Historischer Grundwissenschaften der Russischen Akademie der Wissenschaften in Moskau im Jahre 2013 vorgestellt. [1]

Gerade die nachgeborenen Linien waren es, die besonders von einer Pauperisierung im ausgehenden XVI. und im XVII-XVIII. Jhdt. betroffen waren. Hierdurch erfolgte ein nicht unerheblicher Bestandsschwund der bekannten adligen Geschlechter. Kam es in den betroffenen Linien ebenfalls zu einem Bewußtseinsverlust, so trat eine Verwischung der eigenen Herkunft ein. Diese Entwicklung wurde durch machtpolitische Faktoren beim Verfall der Strukturen der litauisch-polnischen Adelsrepublik, gezielte ständefeindliche Politik der Teilungsmächte nach 1772 wie auch der Umwandlung des regionalen Patriotismus in aggressiven Nationalismus als negative Auswirkung der Französischen Revolution beschleunigt und durch die wirtschaftlichen Umwälzungen forciert.

Vergleich		Gebiet der Res Publica Serenissima		Bundesrepublik Deutschland
Jahr	1582	**Bevölkerung** 6.500.000	**Bevölkerungsdichte** 8 /km²	
Jahr	1650	**Bevölkerung** 11.000.000	**Bevölkerungsdichte** 9.5 /km²	230 /km²
Jahr	1582	815,000 km²		Heute: 357.375,62 km²
Jahr	1650	1,153,465 km²		

Durch den Umstand, dass der historische Adel (und nicht nur die dynastischen Häuser mit eigenen, staatlich sanktionierten Hausgesetzen) eigene Regeln und

[1] Schlesinger, Edward von: Auswertung der Adelsproben der Kanoniker der Kathedrale von Plock unter dem Gesichtspunkt der Ermittlung des Anteils verdunkelten Adels innerhalb der Szlachta der Adelsrepublik, Referat 25. Jubiläumskongress Historischer Hilfswissenschaften der Russischen Akademie der Wissenschaften in Moskau, Januar/Februar 2013, erstellt auf der Grundlage der von Adam Pszczółkowski aus den Akten des Kathedralkapitels von Plock angefertigten Abschriften (Wywody kanoników katedralnych płockich sygn. 8-25). Siehe: http://de.szlachta.wikia.com/wiki/ Verdunkelt-Adelsrepublik, Zugang 10. 11. 2016.

Rituale aufweist, die außerhalb der positiven[2] Rechtsetzung des Staates liegen – allein z. B. aus der heute überwiegenden Sicht das Salische Prinzip[3] - ist es gerechtfertig, den Adelstand als eine Parallelgesellschaft zu bezeichnen.

---

[2] D. h. gesetztem Recht als Unterschied zum Überpositiven/Naturrecht. Positives Recht ist vom Menschen gemachtes und damit veränderliches Recht. Das überpositive Recht, je nach Ausgangspunkt – ist „naturgege-ben", „im Wesen des Menschen liegend" oder „von Gott vorgegeben". Positives Recht gilt (im Gegensatz zum überpositiven bzw. Naturrecht) zu bestimmten Zeiten und an bestimmten Orten. Es gilt, selbst wenn es nach dem „Gefühl" eines Einzelnen - oder im besonderen Fall sogar nach Meinung der Mehrheit der Menschen - als „ungerecht" und damit als Unrecht empfunden wird. Per Definitionem ist das positive Recht unvollkommen und jederzeit veränderbar, beansprucht jedoch als jeweils gegenwärtige Gestalt der Rechtsordnung zunächst einmal Befolgung. Das positive Recht kann durch Einwirkung auf den Gesetzgeber neu gefasst werden.

[3] Bei **Lex Salica** (Pactus Legis Salicae, D - Salisches Recht) wurden 507–511 alte mündlich überlieferte Rechtsgepflogenheiten erstmals schriftlich niedergelegt. Benannt ist sie nach dem fränkischen Stamm der Salfranken. Der Text ist auf Latein verfasst, enthält jedoch germanische Fragmente. „Des Weiteren enthielt die Lex Salica … Bestimmungen über das Erbrecht und die Gerichtsordnung. In Anlehnung an diese Erbrechtsbe-stimmungen wurde später in vielen europäischen Herrscherhäusern die Thronfolge so festgelegt, dass Frauen nicht die Krone erben konnten, selbst dann nicht, wenn keine männlichen Erben existierten: *In terram salicam mulieres ne succedant.* … Diese besondere Bestimmung der Lex Salica wird heute oft als das Salische Recht schlechthin verstanden. In dieser Form wurde sie jedoch erstmals in der zweiten Hälfte des 14. Jahrhunderts verwendet – um zu legitimieren, dass 1317 Philipp V. unter Umgehung der weiblichen Erbfolge auf den französischen Thron gelangt war, es wurden also nicht nur Töchter des Königs von der Erbfolge ausgeschlos-sen, sondern auch deren Nachkommen. Dieser Erbfolgestreit wurde eine der Ursachen für den Ausbruch des Hundertjährigen Krieges. Diese Bestimmung gilt noch heute in einigen Monarchien und als Hausrecht in den meisten deutschen Adelshäusern."

Irrtümlicher Weise führt Wikipedia an, dass der Zerfall bereits zu Beginn des XVIII. Jhdt. begann, als es „1713 mit der Pragmatischen Sanktion für die Habsburgermonarchie außer Kraft gesetzt" wurde. Wohl aus Unkennt-nis der Geschichte Europas wurde die Pragmatische Sanktion auf das Geburtsjahr 1713 und nicht den Herr-schaftsantritt Maria Theresias von 1740 datiert. Daneben wurde die erste dynastische Verletzung des Salischen Prinzips im Königreich Polen ausgeklammert. Allerdings wurde Jogailo im Unterschied zu Franz I. Stefan, der bis zur Wahl zum Kaiser des Heiligen Römischen Reiches 1745 nur Consorte blieb, tatsächlich König von Polen. Ähnlich der Situation 350 Jahren später bei Habsburg wurde aus Mangel an männlichen piastischen Nachkommen in direkter Linie im I. Königreich Polen Hedwig von Anjou, polnischsprachig Jadwiga, am 16. Oktober 1384 gekrönter **„König"** von Polen [also nicht zur Königin], um dann die Krone an ihren Gemahl, den gedimischen Großfürsten von Litauen Jogailo, weiterzugeben, womit in der Krone Polens und im Groß-fürstentum Litauen die Dynastie der Jagiellonen begründet wurde. Die Trauung erfolgte nach der Taufe Jogailos am 18. Februar 1386 und er wurde am 4. März 1386 als **Władysław II. Jagiełło** zum König von Polen gekrönt. Er regierte gemeinsam mit seiner Gemahlin bis zu deren Ableben am 17. Juli 1399 und nachher bis zum 1. Juni 1434 alleine.

„Viele Monarchien, die das Salische Erbrecht über Jahrhunderte anwandten, haben sich noch in jüngerer Zeit einer weiblichen Thronfolge geöffnet (beispielsweise Schweden 1980; Belgien und Norwegen 1991). Im Jahr 1837 führte die Tatsache, dass das salische Recht im Königreich Hannover galt, zum Ende der über ein Jahr-hundert lang geltenden Personalunion zwischen Großbritannien und Hannover, da Victoria nur die britische, nicht aber auch die hannoveranische Krone erben konnte. Aus dem gleichen Grunde endete 1890 die Personal-union zwischen dem Königreich der Niederlande und dem Großherzogtum Luxemburg." Nach: https://de.m.wikipedia.org/wiki/Lex_Salica, Zugang 10. VII. 2017.

Eine Parallelgesellschaft[4] bedeutet eben, dass es eine in der Regel in sich abgeschlossene Personengruppe gibt, die eigene Regeln befolgt, welche sich entweder in einer Übereinstimmung mit dem jeweils aktuellen positiven stattlichen Regelwerk befinden oder auch nicht. Diese kann entweder deutschsprachig sein wie beim Adel oder den jüdischen Gemeinden[5] in Deutschland sein oder auch fremdsprachig sein wie bei den in Deutschland lebenden Türken[6], Russen[7], Jesiden[8] oder Japanern[9] (in Düsseldorf).

---

[4] Die umstrittene Definition vom Historiker Klaus J. Bade lautet: „Parallelgesellschaften im klassischen Sinne gibt es in Deutschland gar nicht. Dafür müssten mehrere Punkte zusammenkommen: eine monokulturelle Identität, ein freiwilliger und bewusster sozialer Rückzug auch in Siedlung und Lebensalltag, eine weitgehende wirtschaftliche Abgrenzung, eine Doppelung der Institutionen des Staates". Nach: Interview vom November 2004 mit der Redaktion von Spiegel Online. Zugang: 10. VII. 2017. Auch wenn diese Definition auf die fremdsprachigen Parallelgesellschaften z. T. zutreffen kann, unterscheidet sich dies bei den deutschsprachigen Parallelgesellschaften. Sowohl beim Adel als auch bei der jüdischen Gemeinschaft findet kein freiwilliger und bewusster sozialer Rückzug, sondern freiwilliger und bewusste Einflußnahme auf die Mehrheitsgesellschaft, jedoch aus einer besonderen Situation heraus, statt. Insofern kann auch nicht von einer weitgehenden wirt-schaftlichen Abgrenzung sprechen, sondern vielmehr von einer privilegierten Position in den Wirtschafts-prozessen.

[5] Nach Editorial, Bundeszentrale für politische Bildung, http://www.bpb.de/izpb/7644/editorial, und der Deutschen Wikipedia betrug zum 1. Januar 2016 die Zahl der mosaischen Glaubensgemeinschaften 200.000 Personen, nach anderen Daten 117.000 Personen, Zugang 10. VII. 2017.

[6] In dem Migrationsbericht des BAMF 2013 wurde für das Jahr 2013 die Zahl von 2.998.000 Personen türki-scher Abstammng angegeben.

[7] Nach Aleksandr Arefjew, dem stellvertretenden Direktor des soziologischen Forschungszentrums des russischen Volksbildungsministeriums, zufolge lebten in der Bundesrepublik Deutschland im Jahr 2007 etwa sechs Millionen Russischsprecher, die aus den Nachfolgestaaten der Sowjetunion zugewandert sind. Im Jahr 2012 waren von den drei Millionen aus der ehemaligen Sowjetunion nach Deutschland Zugewanderten 500.000 russische Staatsbürger. Die meisten reisten als Russlanddeutsche oder als russischsprachige Juden bzw. als deren Familienangehörige ein (darunter viele Russen, Ukrainer, Weißrussen und Menschen aus anderen Völkern der ehemaligen UdSSR). Nach: Deutscher Wikipedia, Zugang 10. VII. 2017.

[8] Allein die Minderheit der Religionsgruppe der Jesiden in der Bundesrepublik Deutschland wird auf 35.000 – 45.000 (nach Angaben des Religionswissenschaftlichen Medien- und Informationsdienstes REMID) bis über 100.000 (anch Angabe der Jesiden) Personen geschätzt. Nach: Deutscher Wikipedia, Zugang 10. VII. 2017.

[9] Im Jahr 2008 lebten laut Japanischem Generalkonsulat in Düsseldorf und den angrenzenden Gemeinden 8187 Japaner, davon 6548 innerhalb der städtischen Grenzen. Nach: Deutscher Wikipedia, Zugang 10. VII. 2017.

0.1. Territorialer Umfang der Erfassung des Adelstandes

Schema der Entwicklungen der rechtlich gleichberechtigten Szlachta in der "Serenissima Res Publica Coronae Regni Poloniae Magnique Ducatus Lithuaniae" bis zum deren Untergang 1795 und dann bis 1918

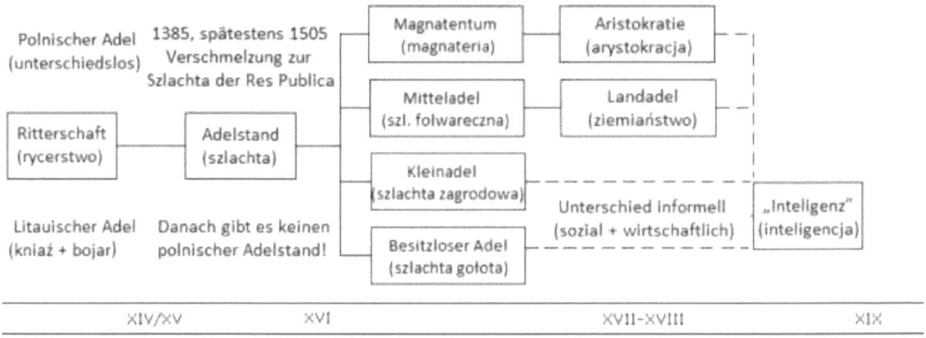

http://de.szlachta.wikia.com * http://be.szlachta.wikia.com * http://lt.szlachta.wikia.com
http://pl.szlachta.wikia.com * http://ru.szlachta.wikia.com * http://uk.szlachta.wikia.com

Als Familien des historischen Adelstandes in den Grenzen der heutigen Nachfolgestaaten der Res Publica sind anzusehen:

1. Familien der historischen Szlachta der Serenissima Res Publica Coronae Regni Poloniae Magnique Ducatus Lithuaniae;
2. Familien, der historischen Szlachta welche im Herzogtum Warschau, III. und IV. Königreich Polen oder im Königreich Galizien und Lodomerien adelslegitimiert worden sind;
3. Familien des historischen Dworjanstwo des Kaiserreiches Russland, welche landsässig oder ansässig und in den ehemaligen Gebieten der Res Publica adelslegitimiert sind;
4. Familien, welche in den Genus der systemmässigen Nobilitierung im Kaiserreich Österreich gekommen sind und landsässig oder ansässig in den ehemaligen Gebieten der Res Publica (Beamten- und Funktionsadel) sind oder waren;
5. Familien, welche in den Genus der systemmässigen Nobilitierung im Kaiserreich Russland gekommen sind und landsässig oder ansässig in den ehemaligen Gebieten der Res Publica (Beamten- und Funktionsadel), sind oder waren, sowie die

6. außerhalb der ehemaligen Gebieten der Res Publica stammenden Adelsgeschlechter, welche zumindest in einer Generation in deren Gebieten landsässig- oder ansässig waren (z. B. Nobilitierungen des Heiligen Stuhls oder im Kaiserreich Frankreich unter Napoleon).

0.2. Problematik des geringen Grades der Namensfestigung in der Res Publica

Es kommt vielfach vor, dass identische Familien unter anderer Schreibweise mehrfach aufgeführt werden. Als unmittelbare Folge erfolgt eine rechnerische Aufblähung der Gesamtzahl des Adelstandes der Res Publica, deren Ausmaß nur schwerlich einzuschätzen ist.

Diese Problematik wird verschärft durch die Folge der vorherrschenden Realteilung. Bedingt durch Erbschaften und Aussteuerregelungen fand ein fortlaufender Eigentumswechsel und dadurch eine weitere Eigentumsaufsplitterung der Güter und Ortschaften statt. Bei der Annahme eines neuen Namens nach dem neuen Besitzstand erfolgte eine weitere Namensaufsplitterung der so entstandenen Linien. Dies ist die Ursache des häufigen Vorfindens einer Vielzahl von namensidentischen Familien in einem Dorf vor, die genetisch unterschiedlichen Geschlechtern angehören und sich nur durch deren Wappenzugehörigkeit unterscheiden lassen.

Diese Aufblähung des numerischen Bestandes der Szlachtafamilien beträgt sicherlich zumindest 10 % der ermittelten Namen, es ist jedoch nicht auszuschließen, dass es in einigen Gebieten des Adelsrepublik bis zu 1/3 des Bestandes in neuen Wappenbüchern Gelisteten beträgt.

Dennoch gilt auch für die aller Publikation der Ausspruch des Autors des Adelsregister des Heiligen Römischen Reiches und des Kaiserreiches Österreich, von Frank zu Döfering, dass ein Fehlen eines Adelsgeschlechtes in einer solchen Zusammenstellung nicht gleichbedeutend ist mit dessen fehlenden Adelstand.

0.3. Problematik des verdunkelten Adels in einer demokratischen Gesellschaft

Die **Serenissima Res Publica Coronae Regni Poloniae Magnique Ducatus Lithuaniae** war eine demokratische, föderal verfasste Republik mit einer einzigen Einschränkung – zu den Staatsbürgern und damit dem Personenkreis mit aktivem und passivem Wahlrecht gehörte nur der Adelstand an. Allerdings war damit der Bevölkerungsanteil erheblich höher als bei der Partizipation der späteren

Demokratie in Großbritannien und den Staaten Europas bis in das ausgehende XIX. Jhdt. In diesem ersten Anlauf der Schaffung eines übernationalen Reiches in Europa lassen sich viele negative Erscheinungen der heutigen Europäischen Union erkennen.

Es drängen sich vielfältige parallelen zu heutigen demokratischen Staaten auf. Als bezeichnendes Beispiel kann die Übermacht der staatlichen Verwaltung der Adelsrepublik bei der Behandlung des verdunkelten Adels angeführt werden. So führen **Volumina Legum**, das Gesetzeswerk des Res Publica Serenissima bis zur dessen Untergang 1795 im Band VIII auf der Seite 296 aus: Für das Jahr 1775 wird in Volumina Legum ein Rechtstreit notiert, in dem der Starost von Owrucz (an der Grenze der heutigen Ukraine zu Weißrussland, beide Teile des altlitauischen Großfürstentum im Rahmen der Res Publica gelegen) die nachfolgenden Familien als Bauern klassifizierte und sie mit entsprechenden Steuerabgaben belegen wollte, bis diese gerichtlich ihren Adelstand nachweisen:

1. Bech,
2. Białocki,
3. Branowski Dumiński,
4. Buwsonowski,
5. Dorotycz,
6. Hecejowski,
7. Kobyliński,
8. Korczewski,
9. Kościuszko,
10. Lewkowski,
11. Marakowicz,
12. Mieleniewski,
13. Moszkowski,
14. Niewmierzycki,
15. Paszyński,
16. Perszk vel Perszek,
17. Redcyzc,
18. Rożmeyko,
19. Serninka,
20. Szwab,
21. Tołkacz,
22. Usarewicz,
23. Uszczapowski,
24. Waskowiec vel Waskowski,

25. Werpowski,
26. Wołkowski und
27. Zakusioło.

Bezeichnend ist, dass heute vielfach erst ein äußerer Anlass erforderlich ist, um sich des eigenen Adelstandes bewusst und aktiv zu werden. So entsprang der Familie Kościuszko, vorstehend unter # 9, ein Anführer der letzten bewaffneten Konföderation zur Verteidigung der Demokratie der Adelsrepublik und berühmter General des amerikanischen Unabhängigkeitskrieges. Alle nachfolgenden Aufstände im westlichen, polnischen Teil der ehemaligen Adelsrepublik sind nicht als Konföderationen zum Zweck des Erhaltes oder Wiederherstellung der Res Publica, sondern als Aufstände anzusehen.

In der Zeit seit der Entstehung der Szlachta nach 1385 wandelte sich vielfach die Schreibweise sowohl der Familiennamen als auch der Bezeichnungen der Wappengenossenschaften und der Wappenrufe. Hierdurch wird eine und die gleiche Familie unerkannt unter abweichenden Namen geführt. Die Feststellung, ob es sich hierbei um unterschiedliche oder identische Familien handelt, kann nur durch intensive historische Forschung vermittelt werden.

Durch Quellenverluste oder einfach durch geringe Quellendichte kann trotz eingehender Forschungen nicht selten keine Aussage über die Identität abweichender Schreibweisen herbeigeführt werden. Beispiel: Dabrowski [latinisierte Version] und Dąbrowski [polonisierte Version], Dambrowski und Dombrowski [mögliche phonetische Schreibweise], Dobrowski [vereifachte phonetische Version], und hierzu kommen noch die Schreibweisen in kyrillischen Alphabet.

Wie dramatisch Verwaltungsbeamten Namen und damit Genealogien verfälschen können, sei es bewusst, durch Nachlässigkeit, fehlende Kompetenz oder auf Weisung, sieht man an einem Beispiel aus dem ehemaligen Ostpreußen:

Heiraths-Haupt-Register des Königlich Preußischen Standesamtes Marwalde, Kreis Osterode, Ostpreußen für das Jahr 1893, Eintrag Nr. 1 [Marwalde, Księga małżeństw 1893] [10]:
"Marwalde am siebenzehnten Januar tausendachthundertneunzig drei. Vor dem unterzeichneten Standesbeamten erschienen heute zum Zwecke der Eheschließung:

---

[10] Standesamt zu Marwalde, Ostpreußen, Heiraths-Haupt-Register Nr. 1, 1893 http://www.olsztyn.ap.gov.pl/baza/skany.php?z=892&s=6, Zugang 5. II. 2016

1. Der Wirtssohn Johann **Zuchowski**, bisher ledigen Standes, der Persönlichkeit nach bekannt, katholischer Religion, geboren den elften April des Jahres tausendachthundert vierundsechzig, zu Ruhwalde, Kreis Osterode, wohnhaft zu Ruhwalde. Sohn des verstorbenen Wirth Johann **Zuchowski** und dessen noch lebenden Ehefrau Veronika, geb. Gawarzeck, wohnhaft zu Ruhwalde.
2. Die Wirtstochter Katarine (geschrieben steht Karatine) Koschmieder, bisher ledigen Standes, der Persönlichkeit nach bekannt, evangelischer Religion, geboren den zweiundzwanzigsten November des Jahres tausendachthundertzweiundsechszig zu Ruhwalde, wohnhaft zu Ruhwalde. Tochter des verstorbenen Wirt Friedrich Koschmieder und dessen noch lebenden Ehefrau Justine, geb. Groß, wohnhaft zu Ruhwalde. Als Zeugen waren zugezogen und erschienen:
3. Der Wirth Friedrich Koschmieder, der Persönlichkeit nach bekannt, dreiunddreißig Jahre alt, wohnhaft zu Ruhwalde.
4. Der Wirth Gottlieb Sterna, der Persönlichkeit nach bekannt, einunddreißig Jahre alt, wohnhaft zu Marzien, jetzt Wirth Osterode. In Gegenwart der Zeugen richtete der Standesbeamte an die Verlobten einzeln und nacheinander die Frage: ob sie erklären, dass sie die Ehe miteinander eingehen wollen. Die Verlobten beantworteten diese Frage bejahend und erfolgte hierauf der Ausspruch des Standesbeamten, dass er sie nunmehr Kraft des Gesetzes für rechtmäßig verbundene Eheleute erkläre.
Vorgelesen, genehmigt und unterschrieben: Johann **Zacharowski**, [unleserlich] **Zacharowski**, geb. Koschmieder, Friedrich Koschmieder, Gottlieb Sterna. Der Standesbeamte: Borowski"

Obwohl sowohl der Ehemann als auch die neu Angetraute mit "**Zacharowski"** unterschrieben, werden sie in der Urkunde durch den Beamten als "**Zuchowski**" aufgeführt. Von Verunstaltungen durch Aufschreiben nach Gehör oder Verschreiben, so dass in einem Dokument zwei, ja sogar drei unterschiedliche Namensversionen erscheinen, oder der Transliterierung aus dem oder in das Kyrillische ganz zu schweigen.

0.4. Namensproblematik in Anbetracht einer fehlenden Konvertierungstabelle

Weiterhin verschärft wird die Lage durch die Tatsache der Namensverfälschung durch alle bestehenden Transliterierungsysteme in das lateinische Alphabet wie z. B. die Lautverschiebung **v > f** oder **o > a** wie auch die bekannte **ch – g – h** Problematik. Aus diesem Grund gibt es bisher noch keine verbindliche Konvertierungstabelle für Namen aus dem Lateinischen / Polnischen in das kyrillische Alphabet (der russischen, ukrainischen und weißrussischen Ausprägung) und eben aus diesen wieder in das Lateinische und Polnische.

Wohl wurden bisher auf Regionen beschränkte Konvertierungstabellen veröffentlicht. Wegen der immensen Datenmenge ist es bisher jedoch nicht gelungen, eine Konvertierungstabelle für das gesamte Gebiet der ehemaligen Res Publica Serenissima zu erstellen. Es bleibt abzuwarten, ob es dem laufenden Forschungsprojekt "Eliten der Res Publica Serenissima 1385 – 1569 – 1795 und in deren Gebieten bis 1918" gelingt, als Nebenprodukt zumindest für die Familien der historischen Szlachta im östlichen Europa eine beiderseitige Konvertierungstabelle zu erstellen, die für eine Umsetzung von Familiennamen obligatorisch sein könnte.

Somit bleibt der alltägliche Kampf der von dieser Problematik Betroffenen nicht nur bei westlichen Standesämtern Personen (z. B. bei nationalen Mischehen) sondern auch im Fall von Registrierungen bei den Amtsgerichten weiter bestehen. Betroffen sein kann jeder, der in einem Land in welchem sich die Amtssprache des kyrillischen Alphabets bedient, einen Reisepass oder internationalen Führerschein beantragt. Hierbei ist es nach geltendem Recht üblich, den kyrillisch geschriebenen Namen auch in lateinischen Buchstaben anzugeben. In Ermangelung einer Konvertierungstabelle erfolgt dies durch die Transskribierung. Die üblicher Weise verwendeten Transskribierungsnormen generieren manchmal sogar kaum lesbare und aussprechbare Namen und man ist auf einen Kampf mit Fachgutachten über die korrekte Konvertierung des historischen Familiennamens angewiesen.

Das dies keine rein theoretische Überlegungen sind, wird an einem unlängst bekannten Fall eines über 2 Jahre dauernden Rechtsstreites über die korrekte Namenskonvertierung vor dem Amtsgericht Posen-Mitte (Republik Polen) deutlich. Der neue Geschäftsführer wurde erst nach wiederholten Gutachten in das Handelsregister eingetragen und das Unternehmen wurde damit soweit geschädigt, dass nachdem die neue Organbesetzung im Handelsregister eingetragen wurde, es wegen zwischenzeitlich eingetretenen Zahlungsunfähigkeit Konkurs anmelden musste.

Auch im Bereich der Standesämter gilt die korrekte Namenskonvertierung nicht selten als ein kaum zu überwindendes Hindernis – soweit die Eheleute sich nicht damit abfinden, dass jeder von ihnen eine abweichende Schreibweise des gleichen Ehenamens führt. Oder dass der Name eines der Ehepartners nach sachlich fehlerhaften jedoch nach geltenden Transskribierungsnormen korrekten Transliterierung fast unaussprechlich wird. Dies gilt nicht nur für Familiennamen sondern auch für Vornamen. Wer würde bei **"Katsiaryna"** in der amtlichen Transkribierung aus dem Russischen an eine weißrussische **"Katrin/Katharina"** denken?

Das in diesem Bereich dem Autor bekannte bisher am längsten andauernde Verfahren (bis geheiratet wurde) wurde mit 3 ½ Jahren im Rheinland notiert und verursachte eine Schadensersatzforderung von knapp 100.000 €. Zu diesem unhaltbaren Zustand bleibt noch anzumerken, dass es sich um Eheleute aus europäischen Ländern handelte und nicht etwa aus dem russischen, chinesischen, japanischen oder thailändischen Sprachraum und dass es nur deshalb bei 3 ½ Jahren verblieb, da sie es dann doch vorzogen nicht in Deutschland, sondern im Königreich Dänemark zu heiraten.

Beispiel für die Umschrift von Namen:
Der Familienname **Лисенко** wird heraldisch im lateinischen Alphabet korrekt klassifiziert als Name der Familie **Łysienko [h. Łysienko = Przestrzał Abwandlung** oder **h. Przestrzał] (polnische Schreibweise) / Lysienko (lateinische Schreibweise unter Weglassung der polnischen Sonderbuchstaben).** Bei Transkribierungen erhält man mindestens 3 mögliche transskribierungskorrekter - jedoch nicht die sachgerechter - Namensversionen: als **Lissenko** oder **Lysenko (DE), Lisenko (EN), Lissenko (FR)** und **Łysenko** (bei Weglassung der Sonderzeichen wird es zu **Lysenko**) **(PL)**.

In Klammern stehen Wikipedia-Beispiele ggf. unter Transliteration die strengere ISO 9 von 1995 und unter deutsch die DDR-Transkription.

Kyrillische Schreibweise	**Transliteration**	**Transskription**		
		Deutsch	**Englisch**	**französisch**
Александр Солженицын (russisch)	Aleksandr Solženicyn	Alexander Solschenizyn (Solshenizyn)	Aleksandr Solzhenitsyn	Alexandre Soljenitsyne
Михаил Зощенко (russisch)	Michail (Mihail) Zoščenko	Michail Soschtschenko (Sostschenko)	Mikhail Zoshchenko	Mikhaïl Zochtchenko

	(Zoŝenko)			
Михаил Горбачёв (russisch)	Michail (Mihail) Gorbačëv	Michail Gorbatschow	Mikhail Gorbachev	Mikhaïl Gorbatchev
Борис Николаевич Ельцин (russisch)	Boris Nikolaevič El'cin	Boris Nikolajewitsch Jelzin	Boris Nikolayevich Yeltsin	Boris Nikolaïevitch Eltsine (Ieltsine)
Владимир Владимирович Путин (russisch)	Vladimir Vladimirovič Putin	Wladimir Wladimirowitsch Putin	Vladimir Vladimirovich Putin	Vladimir Vladimirovitch Poutine
Руслана Лижичко (ukrainisch) / Лыжичко (russisch)	Ruslana Lyžyčko / Lyžičko	Ruslana Lyschytschko (Lyshytschko) / Lyschitschko (Lyshitschko)	Ruslana Lyzhychko / Lyzhichko	Rouslana Lyjytchko / Lyjitchko
Зоран Ђинђић (serbisch)	Zoran Đinđić	*nur Transliteration:* Zoran Đinđić (Djindjić)	*nur Transliteration:* Zoran Đinđić (Djindjić)	*nur Transliteration:* Zoran Đinđić (Djindjić)

1. Thematischer Überblick

1.1. Von polnischen Ritterfamilien zu adligen Szlachtageschlechtern.

Die alten polnischen Stammwappen bildeten in ihrer unverändert gebliebenen Form ein Kennzeichen der Zusammengehörigkeit der oft über das ganze Reich zerstreut lebenden Zweige eines Geschlechts und ein Unterscheidungszeichen von anderen, ein anderes Wappen führenden **gleichnamigen** Geschlechtern. Beim alten polnischen Adel (bis zur Entstehung der Res Publica) und dadurch auch der Szlachta der Adelsrepublik liegt die Entstehung der Wappen meist im tiefen Dunkel. Der Stifter wählte das Motiv des Wappens, sei es aus dem religiösen oder ritterlichen Leben, aus dem ritterlichen Frauendienst, oder er wählte sonst ein Zeichen, das ihm die Erinnerung an ein ihn betreffendes, öffentliches oder in seinem privaten Leben bedeutungsvolles Ereignis bewahren sollte. Eine Deutung hat sich durch kein Schriftstück, meist nur durch eine oft sagenhafte Deutung in der Familie erhalten.

Im alten Polen bildeten sich keine Heroldsfiguren in den Wappen aus; diese haben sich also in ihrer ursprünglichen Gestalt erhalten und waren auch keinen heraldischen Regeln unterworfen. Das Wappenbild im farbig ungeteilten Schildfeld und der Helm-schmuck bildete das Wappenbild. Helmdecken und Schildhalter gehörten nicht zu diesem und waren nur eine vom Ausland angenommene, zuerst ganz bedeutungslose Nebensache und entwickelten sich erst langsam gegen Ende der Adelsrepublik.

Die Kenntnisse über die ursprünglichen polnischen Ritterwappen bis zu den Adels-wappen der „Res Publica" erweiterten sich nur allmählich.

Als erste Chronisten Polens sind **Gallus Anonymus**, **Wincenty Kadłubek** vermutlich des Wappens Łabęź oder Lis, **Janko z Czarnkowa des Wappens Nałęcz** und **Marcin Bielski des Wappens Prawdzic** zu nennen.

Jan Długosz des Wappens Wieniawa, auch Johannes Longinus, Joannes Dlugossius genannt, * 1415 in Nowa Brzeźnica bei Radomsko, + 19. V. 1480 in Krakau, erster heraldische Schriftsteller der entstehenden Rzeczpospolita, führte in seinem Traktat " Insignia seu Clenodia regni Poloniae" (geschrieben 1466 - 70) über 103 Wappen auf, von denen etwa 50 beschrieben waren.

Martin von Cromer h. Kromer (PL-Marcin Kromer h. Kromer), * 1512 in Biecz, Provinz Kleinpolen, † 23. III. 1589 in Heilsberg, Ostpreußen), erwähnte 115 Wappen.

Bartosz Paprocki h. Jastrzębiec, (auch Bartholomäus Paprocky oder Bartholomew Paprocki, CZ-Bartoloměj Paprocký z Hlahol a Paprocké Vůle; PL-Bartłomiej Paprocki h. Jastrzębiec), * 1540/1543 bei Sierpc, Masowien, † 27. XII. 1614 in Lemberg, Ukraine, gab in seinen Hauptwerken von 1578 und 1584 insgesamt 2.481 Geschlechter in 126 Wappengenossenschaften und 28 + 48 Individualwappen, also insgesamt 202 Wappen an.

Szymon (Simon) Okolski h. Rawicz, (andere Namensform Simon de Camenacia), * 1580 in Kamieniec Podolski, Ukraine, + 10. VI. 1653 in Lemberg, Ukraine, erhöhte die Zahl bekannter Wappen auf 290,

Albert Wijuk Kojałowicz h. Kościesza Abwandlung, (LAT-Koialovicius-Wijuk Albertus, LIT-Albertas Vijūkas Kojalavičius, PL-Wojciech Wijuk Kojałowicz h. Kościesza Abwandlung), * 1609 Perkunashaus in Kaunas oder Romainiai, Litauen, + 6. X. 1677 in Warschau, schrieb über die litauischen Wappen sowie

Jan Chryzostom Pasek h. Doliwa, der in seinem Tagebuch ein anschauliches Bild über das Sarmatentum der Szlachta in der Adelsrepublik wiedergibt.

Aus diesen Schriftstellern schöpfte **Kaspar Niesiecki**, bürgerlicher Herkunft (nach anderen Angaben des Wappens Poraj), * 31. XII. 1682 in Großpolen, + 9. VII. 1744 in Krasnystaw, Provinz Kleinpolen, für sein 4-bändiges Werk und beschrieb etwa 500 Wappen. Ob er Zugang zu der Handschrift von **Walerian Nekanda Trepka h. Topór** über die Versuche von Adelsanmasungen im XVII. Jhdt. hatte, ist nicht eindeutig klar.

Nach diesem arbeiteten über Familien und Wappen der Adelsrepublik **Dunczewski**, **Kuropatnicki**, **Krasicki**, **Leszczyc**, **Piotr Małachowski h. Nałęcz** und **Wielądko h. Nałęcz**.

Aufbauend auf diesen Werken erstellte **Bobrowicz h. Gryf** seine 10-bändige Neuausgabe des Werkes von Niesiecki mit kritisierenden, berichtigenden und vervollständigenden Zusätzen und führte 577 Wappen an.

Der Historiker **Joachim Lelewel von Löwensprung eigenen Wappens** verfasste in dieser Neuausgabe Niesiecki's die Einleitung über die Entstehung und Entwicklung des Adels- und Wappenwesens der Adelsrepublik. Als Band 11 wird in der Literatur häufig das Werk von **Ignacy Kapica Milewski h. Tuczyński**: Herbarz Ignacego Kapicy Milewskiego (wydanie z rękopisu) angesehen sowie 2 Bände von **Krzysztof Czarniecki h. Łodzia**: Herbarz Polski podług Niesieckiego genannt.

Obwohl es einige kritische Stimmen gibt, wird auch Przewodnik heraldyczny [Heraldischer Führer] von **Adam Amilkar Kosiński h. Koziński II** als grundlegend angesehen.

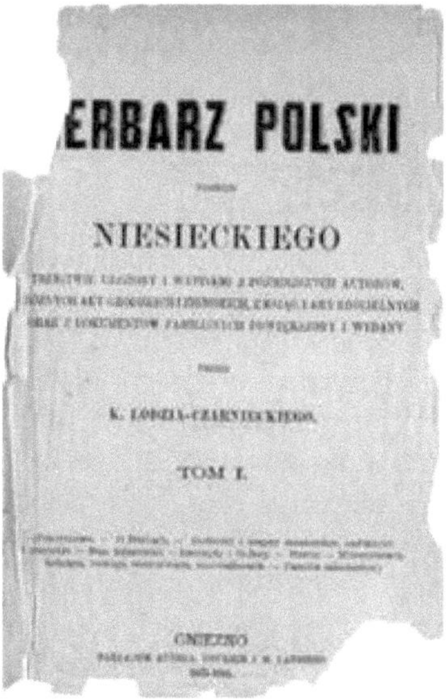

ERBARZ POLSKI

NIESIECKIEGO

TOM I.

Besonders wichtig sind die Werke von **Sinapius** über Schlesien, **Milewski** über Masowien, **Kętrzyński (auch von Winkler genannt) h. Cietrzew** über Preußen, **Graf Dunin-Borkowski h. Łabędź** über Galizien, **Wittyg h. Prus I** über die verdunkelte Schlachta, **Prof. Franciszek Piekosiński** über die polnische Ritterschaft des Mittelalters und Altlitauens, heraldische Tabellen von **Chrzański h. Chrzański** oder heraldische Studien von **Małecki** um nur einige zu nennen.

Aufbauend auf diesen „Vorarbeiten" entstanden dann die einmaligen Grundwerke über die Szlachta der **Res Publica Beider Nationen**, nach polnischen Historikern des XX. Jhdt. als RON abgekürzt, der Autoren **Graf Jerzy Dunin-Borkowski h. Łabędź**, **Teodor Żychliński h. Szeliga**, **Graf Juliusz Ostrowski h. Rawicz** und verlagerte sich mit Werken von **Adam Boniecki h. Bończa** unter Mitarbeit **Baron Artur Reisky von Dubnitz eigenen Wappens**, **Graf Seweryn Uruski h. Sas** sowie von **Prof. Włodzimierz Dworzaczek** immer mehr in den akademischen Rahmen.

Wegen seiner Werke ist von Bedeutung das Wirken des **Emilian von Żernicki h. Szeliga** hervorzuheben, die alle samt in Deutsch erschienen. Die von ihm verwendete begriffliche Griffigkeit hat zur unglücklichen Gleichsetzung der Szlachta der Adelsrepublik mit dem polnischen Adel wie auch zur Einführung des Begriffes „Klein-Adel" im deutschsprachigen Raum geführt.

In der Zwischenkriegszeit erschienen spezialisierte Wappenlexikas, die wie das Werk von **Stanisław Dziadulewicz h. Sokola** über den tatarischen Adel der Res Publica oder die Arbeiten von **Dr. Ludwik Piotrowski h. Korwin** zur Szlachta armenischen und mosaischen Ursprungs in der Adelsrepublik.

Auch in der Zeit der Klassenfeindschaft ruhten die Arbeiten nicht. Alle heutigen namhaften Genealogen und Historiker Osteuropas begannen ihre Arbeit in den Volksdemokratien, auch wenn sich die Forschungen mehr im akademischen Rahmen abspielten oder in der Schublade landeten. Aber nicht ausnahmslos.

Nach der Wende werden nun viele Arbeiten publiziert, einige Teils aus der Schublade, wie bei **Proff. Jerzy Łempicki**, **Andrzej Rachuba**, **Elżbieta Sęczys**, **Sławomir Górzyński** oder **Szymon Konarski**, **Sławomir Leitgeber** und **Dr. Roman Sękowski**. Mit Dr. Grzegorz **Błaszczyk** (Adel von Samogitien, Litauen), Dr. Evgen **Czernecki** (Adel der galizischen Ukraine), Dr. Jerzy **Minakowski** (politische Genealogie der Res Publica), Dr. Przemysław **Pragert** (Adel von Kujawien), Dr. Carsten **Krumke** (Kosakenadel), Oleg **Chorowiec** (Adel der imperialen Ukraine) und Elżbieta Halina **Nejman** (Adel der Wojewodschaft Sieradz) trat nach dem Niedergang des eisernen Vorhangs eine neue Generation akademischer Genealogen und Heraldiker auf.

Der Graphiker und Heraldiker **Tadeusz Gajl** hat es sogar geschafft, dass seine gezeichneten Wappen sogar in Fachkreisen eine besondere Bezeichnung erfahren haben: **herby gajlowskie** oder **Gajlesque Coat of Arms.** Diese Auszeichnung scheint verdient zu sein, denn er hat nicht nur eine allgemeine Datenbank der Wappen der Szlachta der Adelsrepublik geschaffen, sondern mit Kollegen auch das weltweit erste elektronische Klassifizierungssystem geschaffen, mit dem zu einem unbekannten Wappen dessen Wappenruf bestimmt werden kann und damit auch die Familien, die es führen. Erklärend muss noch erwähnt werden, dass in der Adelsrepublik bis über Tausend unterschiedliche und verschiedenartige Familien dasselbe Wappen führen konnten. So wird nach derzeitigem Forschungsstand das Wappens Jastrzębiec mit allen Wappenabwandlungen insgesamt 1.740 Familiennamen zugeordnet. Diese in der westeuropäischen Heraldik unbekannte Verbindung wird Wappengenossenschaft oder Wappengemeinschaft genannt.

Insgesamt ergibt sich ein Bild, dass in der Republik Polen, obwohl die Beschäftigung mit der Adelsrepublik im XX. Jhdt. von akademischen Forschern vorangetrieben worden ist, nach dem Zusammenbruch des sozialistischen Gewaltsystems die Zivilgesellschaft mit einer Vielzahl von genealogisch-heraldischen Vereinen zur treibenden Kraft der Wiedererweckung adliger Traditionen wurde. Sie treibt buchstäblich die noch im alten System verankerte Historiographie und die instituonalisierte akademische Welt mit Vorhaben wie der Schaffung der Datenbank von Dr. Minakowski oder den vielen regionalen Indexierungsprogrammen von Kirchenbüchern regelrecht vor sich her. Zuerst gestützt auf die Mormonen-verfilmungen setzte sie, auch wenn es im Vergleich weit hinter den Nachbarländern herhinkt[11] eine verstärkte Digitalisierung von personenrelevanten Archivalien durch. Dennoch kann nach einer Epoche der kulturellen Zerstörung der Aufbau nicht ohne eine staatliche Förderung erfolgen. So mussten z. B. aus mangelnder staatlicher Unterstützung das auf 16 Bände angelegte Lexikon des Adels Schlesiens von Dr. Sękowski nach 6 Bänden und des Adels Mazowiens von Prof. Łempicki nach 4 Bänden wegen fehlender Finanzmittel die Erscheinung einstellen. Nur Forschern, die sich eine private Finanzierung sichern können (wie beim 4-bändigen Lexikon des Adels Kujawiens oder bei dem nur elektronisch erschienenen Lexikon des Adels von Sieradz, gelingt es die Vorhaben abzuschließen.

Möglicher Weise zeichnet sich jedoch Licht am Ende des Tunells ab. Nachdem vor wenigen Jahren die mit dem sozialistischen System verwobene Regierung abgelöst worden ist, kommt es scheinbar zu einer Wende. Als Beispiel ist hier die Hilfe bei der Erstellung des Lexikon des Adels von Samogitien mit 6 Bänden (2015-2016) oder der 11 Bände des Landadels des XX. Jhdt. zu nennen, die staatlich gefördert wurden und nun auch digitalisiert im Internet nutzbar sind. Nach dem Zusammenbruch des sozialistischen Gewaltsystems der Sowjetunion erfreut sich die Rückkehr zu angestammten Werten und Traditionen auch in den östlichen Gebieten besonderer Beliebtheit, denn es gilt 70 Jahre Terrors und Stillstandes aufzuarbeiten.

Es lässt sich jedoch ein eindeutiger Trend ermitteln – war man früher bestrebt eine Gesamterfassung des Adels der Res Publica (A-Z) zu erreichen an der Alle nach Niesiecki wegen der Datenmenge gescheitert sind, geht man seit dem XX. Jhdt. zu Teil-Bearbeitungen über – entweder thematisch (Armenier, Juden, Kosaken, Tataren) oder noch mehr regional d. h. wojewodschafts-, landes- oder sogar kreisweise über.

Wegen der Vielzahl von Veröffentlichungen neuester Forschungsergebnisse ist es mühsam und zeitaufwändig, eine Übersicht zu behalten. Daher wird der aktuelle

[11] Zum Vergleich: die Tschechische Republik hat sich als Zielvorgabe bis zum Jahresultimo 2016 eine unent-geldliche Bereitstellung sämtlicher Kirchenbücher im Internet gesetzt und im Wesent-lichen wurde dies auch erreicht.

Stand der grundlegenden Fachliteratur zum Stichtag März 2017 am Ende der Abhandlung unter **Materialsammlung** gelistet. In der nach Inhalten strukturierten Auflistung befinden sich bei Publikationen und Datenbänken, welche digital erschlossen sind, die entsprechenden Permalinks zu Fundstellen im Internet.

1.2. Besonderheiten der Namensproblematik im östlichen Europa

Das polnische Wort für Wappen lautet „**herb**", das litauische „**herbas**" und wird abgekürzt „**h.**"; in BY, RU, UA einheitlich identisch „**repб**", abgekürzt „**r.**". In der Regel wird der Wappenruf des Wappens dem Familiennamen angehängt und mit „h." verbunden (Beispiel: **kniaź Chowański h. Pogoń Litewska = Fürst Chowański des Wappens Pogoń Litewska**). Wegen der Namenslänge sowie der im kommunistischen Polen eingeführten Zwang, dass ein Name nicht mehr als zweigliederig sein darf, wird es in amtlichen Dokumenten vielfach als **Pogoń-Chowański** mit verbindenden Bindestrich vorgeführt oder auch nachgestellt wie bei von **Zernicki-Szeliga**. Aber bei einer Voranstellung kann es sich auch auf einen historisch tradierten Zunamen oder Beinamen handeln wie bei **Dunin-Borkowski des Wappens Łabędź** [**Dunin-Borkowski h. Łabędź**], der reinen Phantasie entsprungen sein wie bei dem Politiker **Korwin-Mike** [12] oder sich auf einen Decknamen beziehen, der zum Beinamen wurde wie bei dem Marschall von Polen **Rydz-Śmigły** [13]. Dieser Regel folgen auch Schreibweisen in der litauischen, russischen, ukrainischen und weißrussischen Sprache, dass so gesehen wieder einer einheitlichen Schreibweise (auch wenn in lateinischer oder kyrillischer Schrift) gefolgt wird.

Diese Abkürzung wird auch in den Lexikas des Wikis Szlachta verwendet, so z. B. beim

1. ersten Premier des nachkommunistischen Polens Tadeusz Mazowiecki des Wappens Dołęga > **Mazowiecki h. Dołęga,**
2. Bronisław Graf Komorowski, Nachfolger Kaczyński's als Präsident Polens (ob gräfliche Linie oder nicht), eigentlich Dołęga, aber seit der österreichischen Standeserhöhung in den Grafenstand des Wappens Korczak > **Komorowski h. Korczak,**
3. Literaturnobelpreisträger Czesław Miłosz des Wappens Lubicz (litauischer Adel) > **Miłosz h. Lubicz,**
4. Literaturnobelpreisträger Henryk Sienkiewicz des Wappens Oszyk (auch aus heutigem Litauen, aber aus dem Adel der Res Publica tatarischen Ursprungs) > **Sienkiewicz h. Oszyk,**
5. Adam Mickiewicz des Wappens Poraj (auch aus Litauen) > **Mickiewicz h. Poraj,**
6. bisher einzige Frau mit einem Doppelnobel (Nobelpreise in Physik in 1903 und Chemie in 1911) Marie Curie-Skłodowska des Wappens Dołęga > **Skłodowski h. Dołęga**.

---

[12] der nichtadelig ist, wober Korwin die Bezeichnung einer adligen Wappengenossenschaft ist.

[13] Rydz ist dabei der Familienname, es tritt auch die Form **Śmigły-Rydz** auf.

Diese Liste könnte fast endlos mit **Kaczyński h. Pomian, Dostojewski h. Dostojewski** [14], **Strawinski h. Sulima**, dem „rotem Henker" Feliks **Dzierżyński h Sulima** [15], Wladimir Iljitsch **Uljanow h. Uljanow** (Lenin) [16], sowie Kumpel seines Bruders bei der

---

[14] Bei dem Wappen Dostojewski handelt sich um eine Abwandlung des Wappens Radwan:

Dostojewski = 

, Radwan = 

. Das Geschlecht Dostojewski entstammt dem weißrussischen Dorf Dostojewo bei Pinsk in Altlitauen. In der Literatur findet sich vielfach eine Fehlinformation, dass der Vater des Schriftstellers Hofrat Michail Andrejewitsch Dostojewski im Jahre 1831 im Kaiserreich Russland nobilitiert worden ist und daraf hin das vor Moskau gelegene Gut Darowoje erwarb. Der erwähnte Gnadenakt 1831 war jedoch keine Nobilitierung, sondern eine russische Bestätigung seines alten Adels der Res Publica nach dem kaiserlich-russischen Adelsrecht.

[15] Felix Edmundowitsch **Dserschinski h. Sulima** (RU = Феликс Эдмундович Дзержинский; PL = Feliks Dzierżyński h. Sulima), * Oziembłowo, Litauen, 30. VIII. [jul.]/ 11. IX. 1877 [greg.], + Moskau 20. VII. 1926, war Organisator der WTSCHK [russisch ВЧК, wird We-TSCHe-Ka ausgesprochen, steht für „Wserossijskaja Tschreswytschajnaja Komissija" (All-Russische Außerordentliche Kommission)]. Der erste Buchstabe (W für allrussische) wird häufig weggelassen, so wird die Bezeichnung zu TSCHK (RU = ЧК, ausgesprochen wie TSCHe-Ka). Die TSCHeKa, welche die Bolschewiki als „den bewaffneten Arm der Diktatur des Proletariats" bezeichneten, wurde hauptsächlich zur Bekämpfung der Opposition, der Konterrevolution und für ausländische Geheimdienstaktivitäten eingesetzt. 1922 wurde aus der Tscheka die GPU des NKWD (RSFSR), umgebildet 1923 in eine „All-Unions GPU" (OGPU) unter dem Rat der Volkskommissare.

[16] Wladimir Iljitsch **Uljanow des Wappens Uljanow** (Lenin) (RU = Владимир Ильич Ульянов, nach wiss. Transliteration Vladimir Il'ič Ul'janov), * Simbirsk 22. IV. 1870[greg.], + Gorki bei Moskau 21. I. 1924. Sein Vater Ilja Nikolajewitsch **Uljanow**, * Astrachan 31. VII. 1831, + 24. I. 1886, wurde als Inspektor von Volks-schuleinrichtungen 1882 in den erblichen russischen Adelstand erhoben. Verheiratet war Lenin ebenfalls adlig - mit Nadeschda Konstantinowna **Krupskaja h. Korczak** (RU = Надежда Константиновна Крупская, wiss. Transliteration Nadežda Konstantinovna Krupskaja), * St. Petersburg 14. II. 1869 [jul.]/ 26. II. 1869 [greg.], + Moskau 27. II. 1939). Nadeschda Krupska wurde als Tochter einer Lehrerin und des weißrussischen Offiziers Konstantin Ignatjewitsch **Krupski h. Korczak** geboren. 1896 wurde sie wegen „verbotener Agitation" zu einer zweijährigen Gefängnisstrafe verurteilt, von der sie sechs Monate verbüßen musste und an die sich eine dreijährige Verbannung anschloss. Ihr Bestimmungsort war das klimatisch ungünstige Ufa. Sie beantragte, ihre Verbannungszeit als „Braut" Uljanows in Schuschenskoje verbringen zu dürfen (schon vor Lenins Abreise nach Sibirien hatte sie Lenin die Ehe angeboten, er hatte aber abgelehnt). dem Antrag wurde stattgegeben, mit der Auflage, Nadeschda Krupskajas Eheschliessung mit Uljanow müsse „unverzüglich" erfolgen. Zusammen mit ihrer Mutter Jelisaweta Wassil-jewna Krupska reiste sie nach Sibirien. Nach der kirchlichen Eheschließung 1898 verbrachte die Familie die Zeit der Verbannung in Schuschenskoje. Die Verbannten erhielten staatlicherseits von der Regierung eine finanzielle Unterstützung in Höhe von 17 Kopeken täglich, damit sie ein sech-zehnjähriges Dienstmädchen namens Pascha Jaschenko einstellen konnten.

Attentatsvorbereitung auf den Kaiser von Russland Alexander III. und späterer Marschall von Polen, Józef Klemens **Piłsudski h. Piłsudski** [17] fortgesetzt werden. Piłsudski, nach dessen Tod 1935 Joseph Goebbels im Reichstag des III. Reiches eine Schweigedenkminute mit der Ansage angeordnet hat, dass das III. Reich sich hätte glücklich schätzen können, einen solchen Staatsmann gehabt zu haben. Eben den **Piłsudski**, der erklärt hat, dass er auf den sozialistischen Zug aufgesprungen ist, um dort abzuspringen, wo es ihm gefällt.

Die Stammfolge der adligen Familie **Tschaikowski** (= Czajkowski) **unbekannten Wappens** [18] ist insofern von besonderem Interesse, als sich an ihr sowohl die

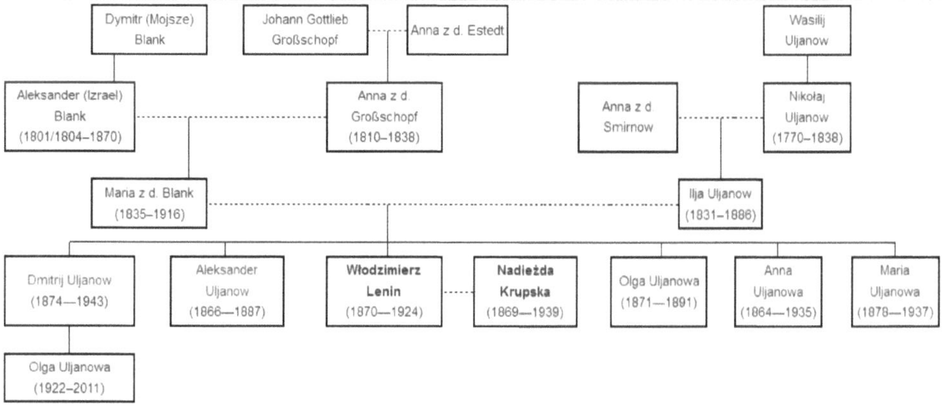

[17] Józef Klemens **Piłsudski h. Piłsudski**, * Zułów (LIT = Zalavas) bei Vilnius, Litauen, 5. XII. 1867, + Warschau 12. V. 1935. Bei dem Wappen **Piłsudski** handelt sich um eine Abwandlung des Wappens Kościesza:

Piłsudski = 

, die Abwandlung  des Wappens Kościesza, Umfang der Güter seiner Familie wurde auf ca. 12.000 ha geschätzt.

[18] Hier wird nur die Rahmenstammfolge vorgestellt, ausführliche Darstellung erfolgt in der Mono-graphie zu Czajkowski der unterschiedlichen Wappens.

A0. ? **Czajka unbekannten Wappens**, * [1653 <], + [], entsprang einer Familie aus dem Krementschuk Ujezd, die vermutlich in den Wirren um die Umwandlung der bipolaren Res Publica zu einer tripola-ren föderativen Staatswesen im Rahmen der Adoptionen und Nobilitierungen der Kontingent-Kosaken adoptiert wurde, denn es hieß ausgrücklich, происходил от православных шляхтичей Кременчугского уезда и был потомком известного на Украине казачьего рода Чаек. Adam Boniecki erwähnt insgesamt an die 100 männliche Namensträger Czajkowski aus dem Stamm Czajka im XVII. Jhdt., die anlässlich unterschiedlichen Anlässe, überwiegend ohne Wappensangabe, registriert wurden.

oo ? **?**, * [1658 <], + [],

B1. Afanasy **Czajka unbekannten Wappens** [RU - Афанасьев Чайка, in englischen Transliterierung Afanasy Chayka], * [1674 <], + [> 1695/ 8. VII. 1709], er ist es vermutlich, der in der Überlieferung nach Modest Czajkowski "Семейное предание утверждало, что он участвовал в Полтавской битве и умер в чине сотника «от ран» , der als Setnik von den im Kampf erhaltenen Verwundungen starb, gemeint ist.

oo ? **?**, * [1679 <], + 8. VII. 1709,

C1. Fedor Afanasewitsch **Czajka unbekannten Wappens,** [RU - Фёдор Афанасьевич Чайка, Fyodor Afanasyevich Chayka], * Nikolajewka bei Poltawa um 1695, + 1767, Kosak in der Omelnitsky Abteilung des Mirgorodsky Regiment und sollte sich in der Połtawa Schlacht am 8. VII. 1709 im Großen Nordischen Krieg, in der die schwedischen Truppen Königs Karl XII. von Peter I. geschlagen worden sind, ausgezeichnet haben.

Sofern die Überlieferung bezüglich einer Czajka-Teilnahme an der Schlacht zutrifft, sind hier die Daten der Historiographie nicht stimmig.

1. Entweder beziehen sich die Daten der Teilnahme an der Schlacht nicht auf Teodor, sondern seinen Vater **oder**
2. stimmt die Angabe über die Geburtsdaten * um 1695 nicht, er wäre dann zum Zeitpunkt der Schlacht im zarten Jünglingsalter von 14 Jahren. Würde man den Geburtszeitpunkt auf um 1685 verlegen, dann wäre aber der Abstand zu seiner im Jahre 1717 geborenen Ehefrau mit rund 37 Jahren und mindestens 5 Kindern zu groß (dann wäre er bei seinem letzten bekannten Sohn (Aleksej) 75 Jahre. Wie man bei Wadysław Jagiełło und anderen Fällen weiß, ist dies zwar nicht ausgeschlossen, jedoch nicht wahrscheinlich. Daher ist sein Alter frühestens bei 1695 anzusetzen, eher noch etwas später, und die Angaben be-züglich der Schacht werden sich wohl auf seinen Vater beziehen. Dies um so mehr, als er im Alter von 20 Jahren kaum eine Position erreicht haben dürfte, um sich auszuzeichen und überliefert zu werden.
3. Darauf weist auch die Überlieferung "Семейное предание утверждало, что он участ-вовал в Полтавской битве и умер в чине сотника «от ран», nach Modest Czajkowski, nach der Czajka als Setnik von den im Kampf erhaltenen Verwundungen starb. Dem-nach kann es sich nur um seinen Vater handeln, dessen Tod dann mit am oder kurz nach dem 8. VII. 1709 zu datieren wäre.

oo Anna **?** [genannt Czajkiha, Chaychikha], * 1717, + [],

D1. Danilo Fedorowitsch **Czajka unbekannten Wappens,** [RU - Чайка, Chayka], * 1738, + [],

oo **?**

D2. Peter Fedorowitsch **Czajka unbekannten Wappens,** [RU - Петр Федорович Чайка, Chayka], * Nikolajewka [UA-Миколаївка, нині Троїцьке), Poltaver Division 1745, + Glasov [Глазов] 18. / 30. IX. 1818, spätestens er begann statt des kosakisch tradierten Namen den Namen **Czajkowski** [Петр Федорович **Чайковски**, **Chaykovsky**, **Tchaikovsky** oder **Tchaikovski**] zu verwenden. Er erhielt im Jahre 1785 den erblichen kaiserlich russischen Adelstand (dworjanstwo) zuerkannt, wobei nicht bekannt ist, in welches Adelsbuch er eingetragen wurde. Der Zeitraum kurz nach der ersten Teilung der Res Publica würde eher auf eine Adelsbestäti-gung statt Nobilitierung hinweisen. Nach Пролеева В. И.: К истории родословной Чайковских, Илья Петрович Чайков-ский: жизнь и деятельность. Материалы к 180-летию со дня рождения, Составитель Б. Я.

Аншаков, Ижевск 1976, Seite 10, geschah es in einem Gnadenakt der Kaiserin Elisabeth II. Siehe auch: Пролеева В. И.: Поиски и находки в архивах. К родослов-ной П. И. Чайковского, in: Советские архивы, 1981, Nr. 1, Seiten 65ff.

oo Anastasia [Anastasiya] **Posochowa** [Posokhova], * 1751, + [> 1795],

E1. Ilja Petrowitsch **Czajkowski unbekannten Wappens,** [RU - Илья Петрович Чайковский, Ilya Petrovich Chaykovsky], * Slobodskoj bei Wiatka [Slobodskoy] 20./30. VII. 1795, + St. Petersburg 9./21. I. 1880, wird als kaiserlicher Unteroberst und Ritter erwähnt,

oo **I. voto** 11./23. IX. 1827 mit Maria Karlovna **Keizer** [Kaiser]. * [], + 1831,

oo **II. voto** 1./13. X. 1833 mit Aleksandra Andrejewna **d'Assier** [Александра Андреевна Ассиер], * St. Persburg 30. VII. /11. VIII. 1812, + auf Cholera in St. Petersburg 13./25. VI. 1854, fünftes Kind des Andreas [Andrey] d'Assier und Jekaterina [Yekaterina],

oo **III. voto** 1865 mit Jelizaveta Michajlowna [von?] **Lipport**, [Ели-завета Михайловна Липпорт],
deren I. voto Alexandrov [Александрова, Aleksandrova], * 1829, + 1910,

F1. **aus I. voto** Synajda [Zinayda] Ilijitschowna **Czajkowska unbekannten Wappens** [Зинайда Ильинична Чайков-ская], * 1829, + 13./25. I. 1878,

oo **I. 1854** mit Jewgenij Iwanowitsch **Olchowski h. ?,** [Olkhovsky], * 1824, + 1876,
Nachkommen: Michael, * 1854, + 1929, Jewgenia, Maria, Aleksander, Anatol,

F2. **aus II. voto** Katharina Ilijitschowna [Yekaterina] **Czaj-kowska unbekannten Wappens**, als Kleinkind verstorben,

F3. **aus II. voto** Nikolaj [Nikolay] Ilijitsch **Czajkowski unbekannten Wappens**, * Votkinsk 9./21. V. 1838, + Moskau 21. XI./4. XII. 1911,

oo 1872 mit Olga **Denisejeva** [Denisyeva], * [1866 <], + um 1919, sie adoptierten 1886 illegitimen Sohn der Nichte von Nikolaj, Tatjana **Davidova** [Tatyana Davydova], der den Namen Georg **Czajkowski** [Georgy Tchaikovski] annahm, * 1883, + [],

F4. **aus II. voto** Peter [Pyotr] Ilijitsch **Czajkowski unbekannten Wappens**, * Votkinsk 1840, + 1893,

F5. **aus II. voto** Aleksandra Ilijitschowna **Czajkowska unbekannten Wappens**, * Votkinsk 28 XII. 1841/9. I. 1842, + Kamenka 28. III. /9. IV. 1891,

oo 6./18. XI. 1860 mit Leo **Davidov** [Lev Davydov], * 1837, + 1896, **Nachkommen:** Tatjana [Tatyana], * 1861, + 1887, Vera, * 1863, + 1888, Anna, * 1864, + 1942, Natalia [Natalya], * 1868, + 1956, Dmitry, 1870, + 1929, Vladimir, * 1871, + 1906, Jurij [Yury], * 1876, + 1965,

Namensproblematik als auch der Vollzug einer Namensentwicklung (Namenswechsel) exemplarisch vorstellen lassen.

Czajkowski/Czajka unbekannten Wappens steht in keinem Bezug zu dem alten polnischen Rittergeschlecht **Czajka z Nowego Dworu** (heute Jawor Solecki) **h. Dębno**. Aus diesem nahm Zbigniew **Czajka z Nowego Dworu h. Dębno** an der

---

F6. **aus II. voto** Hippolt Ilijitsch **Czajkowski unbekannten Wappens** [Ипполит Ильич Чайковс-кий,], * Votkinsk10./22. IV. 1843, + 1927, Marineoffizier,

oo Kamenka 1869 Sofie Petrovna **Nikonov** (Софья Петров-на Никонова, Sofya Petrovna Nikonova], * 1843, + 1920,

G1. Natalia [Natalya] **Czajkowska unbekannten Wappens**, * [], + [],

F7. **aus II. voto** Anatol [Anatoly] Ilijitsch **Czajkowski unbekannten Wappens**, * Alapayevsk 1. / 13. V. 1850, + St. Petersburg 20. I. /2. II. 1915, Zwilling, Jurist,

oo 1882 mit Praskovya Vladimirowna **Konshina** [Прасковья Владимировна Коншина,], * 1864, + 1956,

G1. Tatjana Anatolewna **Czajkowska unbekannten Wappens** [Татьяна Анатольевна Чайковская], * Tiflis 1883, + Juan les Pips, France 26. III. 1970,

oo **I. voto** mit Aleksej Vladimirowitsch **Venevitinov, *** 1875, + 1925, Diplomat,
Nachkommen: Vladimir, Yelena, Apollinariya,

oo **II. voto** mit Paul **Baron von Ungern-Sternberg eigenen Wappens,**
Nachkommen: Margarita und Maria,

oo **III. voto** mit Felix **Warren Crosse, *** 1892, + 1975, Schriftsteller,

F8. **aus II. voto** Modest Ilijitsch **Czajkowski unbekannten Wappens** [Модест Ильич Чайковский], * Alapayevsk 1. / 13. V. 1850, + Moskau 2./15. I. 1916, Zwilling,

F9 da er nach der Überlieferung neun Kinder hatte, ist ein Kind nicht bekannt.

D3. Michał Fedorowitsch **Czajka unbekannten Wappens,** [RU - Чайка, Chayka], * 1748, + [],

oo ?

D4. Matwej Fedorowitsch **Czajka unbekannten Wappens,** [RU - Чайка, Chayka], * 1750, + [],

oo ?

D5. Aleksej Fedorowitsch **Czajka unbekannten Wappens,** [RU - Чайка, Chayka], * 1760, + [],

oo ?

und wohl einige nicht überlieferte Schwestern.

Schlacht bei Grunwald [Tannenberg] im Jahre 1410 teil. Während der Schlacht trug er den Speer von König Wadysław Jagiełło und beschirmte ihn. Die Historiographie schreibt es seinen jungen Jahren und Unerfahrenheit als Ritter zu, dass er nicht in das Gefecht zwischen Jagiełło und Dipold von Köckeritz eingegriffen hat.

Am Beispiel der Familie des ehemaligen Präsidenten von Polen **Komorowski** sehen wir auch, dass der Wechsel der Zugehörigkeit zu Wappengenossenschaften auf unterschiedlichen Wegen erfolgen konnte und nicht nur durch eine Adoption (was häufig behauptet wird), sondern auch durch irrtümliche Falschangabe bei Adelslegitimationen. Dies erschwert die eindeutige Identifikation und Personenzuordnung erheblich.

Auch im kommunistischen Polen wurde das Land vielfach adlig geführt - so z. B. General Wojciech **Jaruzelski h. Ślepowron** (letzter sozialistischer Präsident Polens), welches sich noch während des Kriegsrechtes von einem Bekannten von Tadeusz Gajl hat sein Wappen in Öl malen lasen.

Hier wurde die Aufzählung fast nur auf die Republik Polen beschränkt – aber man könnte alle osteuropäische Länder durchgehen. Wem ist bewusst, dass der erste Mensch im All ein russischer Fürst mit direkter Abstammung von Rurik [19] war?

[19] **Rurik** (deutsch auch **Rjurik**; RU = Рюрик; altnordisch = Hrœrikr,'berühmter Herrscher', * um 830, † um 879, war ein warägischer Fürst und gilt als Gründer des altrussischen Staates Kiewer Rus. Er soll von 862 bis 879 über Nowgorod sowie das Land zwischen den Flüssen Newa und Oka geherrscht haben. Als sein Nach-folger gilt Oleg der Weise, der die Herrschaft als Regent für Ruriks Sohn Igor innegehabt haben soll. Fast alle Großfürsten und Fürsten der gesamten Kiewer Rus führten ihre Abstammung auf Rurik oder seine beiden Brüder Sineus und Truwor zurück. Die nach Rurik benannte Dynastie der Rurikiden herrschte bis ins späte 16. Jahrhundert über das Großfürstentum Moskau. Damit hat die Sowjetmacht symbolisch das All durch einen Nachkommen des Begrüder des späteren Russland vollführt.

Jurij Aleksiejewitsch Gagarin (RU - Юрий Алексеевич Гагарин), nach kommunistischer Darstellung Sohn eines Tischlers, ist ein Spross des rurikiden **Fürstengeschlechtes Gagarin** und seine Verwandten sind im Vorstand der Russischen Adelsversammlung vertreten.

Die nachstehende Abstammungstafel des Fürsten Jurij Aleksiejewitsch Gagarin - Юрий Алексеевич Гагарин - zeigt wie man entsprechend Orwell die Geschichte umschreiben kann. Um dem entgegen zu wirken, wird in dieser Reihe ausnahmsweise auch eine Abhandlung über die Fürsten Gagarin erscheinen:

YURI GAGARIN ROYAL FAMILY TREE

POSTED ON JANUARY 13, 2011 BY P HODKINSON

When I first moved to London in 1970 I lived as a lodger in Parkhill Rd. in Hampstead. My landlady was called Princess Gagarin, and she designed wallpaper, was about 75 years old and said she was one of the Russian royalty who had escaped in 1917. She also said she was the great aunt of Yuri Gagarin. The other lodger was a postgraduate student of Russian History, and he seemed to have no doubts about her story, despite the story that Yuri came from peasant stock.

In fact, I don't think the two stories are inconsistent. I see nothing strange in the following fictional family tree.

Best wishes. Bill

Princess Gagarin — Prince Ivan Gagarin (by hypothesis married daughter of a Kulak in Klushino)
Escaped the pogrom and lived as a commoner

Alexey Ivanovich Gagarin = Anna Timofeyevna Gagarina
(worked on the collective farm in Klushino)

Yuri Alekseyevich Gagarin

yuri gagarin family tree

This entry was posted in YURI's DAY. Bookmark the permalink.

Die Schreibweise fast aller adligen Familien der Res Publica hat sich im Laufe der Zeit ebenfalls mehrmals geändert, wobei der erste Wechsel in der Regel bei der Abkehr von der lateinischen Sprache als Kanzleisprache erfolgte. Da Polnisch natürlich nicht in beiden Reichsteilen Amtssprache war, konnte ein Wechsel zwischen polonisierten, litauisierten oder rusifizierten Sprachversionen aufkommen. Dies gilt auch vor allem für die Familien, die später im preußischen Adel Aufnahme fanden [20] oder nach den Teilungen der Res Publica unter russische Herrschaft kamen. Die polnischen und litauischen diakritischen Zeichen haben selten in der deutschen Rechtschreibung Aufnahme gefunden. Bei der Transliteration in und aus dem kyrillischen Alphabet der ostslawischen Sprachen entstehen durch fehlende Buchstabenäquivalenz noch größere Probleme. Daneben gab es noch Schreibfehler aus Nachlässigkeit, undeutlicher Sprechweise, unvollkommenem Gehör oder aus nationalistischen Gründen.

Als Krönung für freie Bürger der Adelsrepublik kam die freie Namenswahl der Szlachta. Dies bewirkte, dass nach einem Besitzwechsel auch häufig ein Namenswechsel stattfand. Es sind auch Fälle bekannt, wo sich eine und dieselbe Person je nach Situation nach einem Gut benannte, bei einer anderen Gelegenheit nach einem anderem der eigenen Güter. Daher bietet die Nennung der Zugehörigkeit zur Wappengenossenschaft einen genauso wichtigen Hinweis wie das ostslawische Patronym. Zusätzlich wurden nicht selten Zunamen und sogar Spitznamen vererbt und haben sich als ein weiterer Namensbestandteil verfestigt, so dass eine korrekte Namensauflösung den Schlussstein bei der Erforschung der Szlachta der Adelsrepublik bildet.

Weiterhin besteht das Problem der phonetischen Unterschiede als auch bei der **Transliteration** (wegen des Fehlens von Buchstaben im Kyrillischen). Ist die Transliteration aus den Sprachen, die das lateinische Alphabet verwenden, ins Kyrillische noch recht eindeutig, bereitet die Rücktransliteration aus dem Kyrillischen in die lateinischführenden Sprachen große Probleme. Als Beispiel: aus **Chowański** wird im Russischen **Хованвский;** da jedoch **„Ch"** unbekannt ist und **„Ch"** als auch **„H"** zu **„X"** wird, kann entweder richtig rücktransliteriert werden als **Chowański** allerdings **auch (fachlich korrekt aber nicht sachgerecht) Howański, Chowanski, Howanski,** bei französischen Transliterationsregeln **Khowanski** oder **gar Khovansky!** Bei einer Transkription könnte sogar **Hovanskij** und **Khovanskij** herauskommen! Die Problematik ist bei der ukrainischen und weißrussischen Sprache derjenigen im Russischen vergleichbar. Bei seltenen Namen bekommt man den ursprünglichen noch raus, vielen ähnlichen nicht mehr. Ähnlich ist es mit der Rückführung des Guchstabens „G". Daher geistern in der Literatur nicht existierende Geschlechter, welche nach der Rückführung aus kyrillischen Quellen irrtümlich mit dem

[20] Wie z. B. bei dem Geschlecht der „**Kętrzyński h. Cietrzew**", deren Name zur Zeit der preussi-schen Herrschaft übersetzt zu „**von Winkler h. Cietrzew**" wurde, so dass es eine Familie mit zwei komplett unterschiedlich Namenslinien gibt.

Anfangsbuchstaben mit „H“ statt sachgerecht richtig transskribiert mit „Ch“ oder „G“ beginnen wie oben ausgeführt „Howanski“, „Gowanski“ statt „Chowanski“[21].

Sowohl das polnische als auch das litauische Alphabet enthält durch die verschiedensten diakritischen Zeichen mehr Buchstaben als das lateinische Alphabet. Es wäre natürlich historisch korrekter gewesen, die Schlachta-Namen gemäß der Reihenfolge und Stellung der Buchstaben im polnischen und litauischen Alphabet aufzuführen, wie sie nach dem Verdrängen der lateinischen Sprache überwiegend verwendet wurden (denn bis zum Zeitpunkt der Dominierung des Reiches durch den polnischen Landesteil besteht diese Problematik kaum).

Wenn man litauisches, polnisches, tschechisches und deutsches (lateinisches) Alphabet in der Buchstabenreihenfolge eines dieser Alphabete hätte verwenden müssen, würde es zum Beispiel beim Erfassen des Namenregisters wegen der Buchstabenwertigkeit zu Problemen führen[22]. So sind Namenslisten in erster Linie nach der Reihenfolge bzw. Buchstabenfolge des lateinischen Alphabets aufgebaut. Dies tut deren Inhalt und Aussagekraft aber keinen Abbruch, da der lateinischen Schreibweise der polnisch-sprachigen Namen, auch die jeweils korrekte polnische, ggfs. litauische, russische, tschechische, weißrussische oder ukrainische Schreibweise folgt. Sofern dies überhaupt notwendig ist, denn vielfach ist die Schreibweise sowohl im Deutschen als auch im Polnischen bis auf die diakritischen Zeichen – die polnischen, tschechischen oder ungarischen Sonderbuchstaben - gleich. In den Indices werden die nicht im lateinischen Alphabet enthaltenen Buchstaben nach deren Grundform im Lateinischen sortiert.

Auch auf den Seiten der Wappenabbildungen erscheinen die Wappennamen in den bekannten Schreibweisen. So wird der Text sowohl deutschen und auch polnischen Lesern als auch der historischen Wahrheit gerecht. Die Monographien führen von den Anfängen des polnischen Fürstentums über das erste Königreich Polen bis zur Entstehung der Adelsrepublik - erst als Personalunion, und ab 1569 als Realunion - und dann bis zur Gegenwart. Einschränkende Datenschutzbestimmungen werden Gotha-ähnlich nicht beachtet.

---

[21] Ein Vorwurf der vielfach Grafen Uruski bei seinem Werk Rodzina, Herbarz szlachty polskiej, Warszawa 1905 ff, gemacht wurde, welcher sich im Unterschied zu Boniecki intensiver mit Familien der östlichen Gebiete der Res Publica beschäftigt habe, die russisch geworden sind.

[22] Zum Beispiel erkennt die tschechischen Alphabetsfolge "CH" als eigenen Buchstaben an und ordnet ihn nach dem Buchgstaben "H" ein, die kyrillischen Alphabete haben eine komplett abweichende Buchstabenreihenfolge und das Polnische reiht die Sonderzeichen "Ć"," Ł", "Ś", "Ż" und "Ź" als eigene Buchstaben nach der lateinischen Grundform ein.

Bis heute hat die Verordnung Nr. 3 des Generaldirektors der polnischen Staatsarchive vom 26. I. 1974 in der Angelegenheit der Anfertigung von Indices bei Archiv-Inventarisationen Gültigkeit, die auf der Cyrankiewicz-Verordnung aus dem Jahre 1952 basiert und wird bis heute nicht nur bei der Indexierung verwendet. Auszug in Übersetzung[23]:

b. Wurden die Bestände in der deutschen Sprache erstellt, müssen folgende Grundsätze gelten:

1) die Namen der Personen polnischer Herkunft in den Bestandsaufnahmen von Gruppen von Dokumenten, die von ehemaligen Preußischen Behörden und anderen Dokumentenersteller im Bereich der Preußischen Teilungen wie auch in den nach dem Jahr 1945 gewonnen Gebiete auftreten, sollen gemäß dem Titel der Archiveinheiten angegeben werden. Allerdings sollten die Namen von bekannten polnischen sozialpolitischen Aktivisten die polnische Namensversion (z. B. Karol Libelt, nicht Karl Libelt, wie Jan Działyński und nicht Johannes [Graf von] Działyński [h. Ogończyk]) erhalten;

2) die Namen und Vornamen von Polen ... sollen in der polnischen Schreibweise dargebracht werden (z. B. Kosecki, nicht Kossetzki, Wiśniewski, nicht Wischniewski).

Neben der allgemeinen Problematik der Nationalisierungen von Namen und Vornamen, dass man nicht der objektiven Wahrheit folgt, die faktisch auftretende Originalversion zu verwenden, ergibt sich die Frage, wer von wem als Pole angesehen wird. So wird aus Joachim **Lölhöffel von Löwensprung eigenen Wappens** ein Herr Joachim **Lelewel** [24]. Nach dieser Definition ist nicht ausgeschlossen, dass bei einem Bruder, der politisch aktiv war, der Name polonisiert wird und der Familienname beim Rest der Familie, die nicht aktiv war, in der Originalversion und ggfs. mit „von“ belassen wird.

---

[23] „Zarządzenia nr 3 Naczelnego Dyrektora Archiwów Państwowych z 26 I 1974 r. w sprawie sporządzania indeksów do inwentarzy archiwalnych

a. Do inwentarzy sporządzonych w języku rosyjskim należy stosować następujące zasady:

1) nazwiska i imiona osób narodowości rosyjskiej transkrybować według ogólnych zasad;

2) polskie nazwiska i imiona podawać w języku polskim.

b. Do inwentarzy sporządzonych w języku niemieckim stosować należy następujące zasady:

1) nazwiska osób pochodzenia polskiego, występujące w inwentarzach zespołów akt wytworzo-nych przez b. urzędy pruskie i innych twórców zespołów na terenie b. zaboru pruskiego i ziem odzyskanych w 1945 r. należy podawać zgodnie z tytułem jednostki inwentarzowej. Jednakże imiona znanych polskich działaczy społeczno-politycznych winny mieć polskie brzmienie (np. Karol Libelt, a nie Karl Libelt, podobnie Jan Działyński, a nie Johannes Działyński);

2) nazwiska i imiona Polaków występujące w inwentarzach zespołów akt wytworzonych na terenach okupowanych przez aparat władzy i administracji hitlerowskiej należy podawać w pisowni polskiej (np. Kosecki, a nie Kossetzki, Wiśniewski, a nie Wischniewski).“

[24] Sein Vater, Karl Mauritius – Karol Maurycy - Lölhöffel von Löwensprung eigenen Wappens, war Mundschenk des Großfürstentums Litauen.

Es handelt sich hierbei um eine schwere Menschenrechtsverletzung – den Raub der eigenen Identität. Bei einer physischen Vernichtung gibt es ein biologisches Ende. Die Vernichtung der eigenen Identität ist ja schlimmer als der eigener Tod, denn es verurteilt die Person nach dieser Vergewaltigung weiter in dem Gefühl und Bewusstsein der eigenen Ohnmacht unter einem ihm aufgezwungenen Namen zu leben. Daher war seit jeher sei es in der Französischen Revolution oder in den Kerkern rechts- oder linkssozialistichen Diktaturen das Ziel Andersdenkende vorzugsweise zu brechen, um deren Arbeitskraft nicht zu vernichten.

Bezeichnender Weise begann die gewaltsame Veränderung der Identität in der Französischen Revolution (statt des angestammten Namen und Ranges „Bürger XY" zu sein), die auch Völkermord und die Massenvernichtung in Konzentrationslagern erfand[25]. Wenn Sozialisten umständehalber keine andere Option bereitstand, wie in Österreich, der I. Tschechoslowakischen Republik 1918/19 oder im III. Reich ab 1938[26] und in den Ländern der Warschauer Pakt Staaten nach 1945, um dem Klassen oder Rassenfeind beizukommen, wurde zumindest zur Vernichtung seiner Identität geschritten.

Dies geschah geplant wie es auch frühere Regime getan haben, wohl aber systematischer als XIX. Jhdt. . Wie ein Zeitzeuge auf die akademisch-professorale

---

[25] Nach Berechnung von Jasienica in Rozważania o wojnie (erschienen im Untergrund 1969, offiziell erst 1982): Vernichtung von mehr als 1/2 Million der Krone loyalen Bauern und Adligen in Frankreich, also ein Prototyp des Glodomor und Holocaustes des XX. Jdht. , wobei französi-scherseits nur an die 170.000 Massa-krierten zugegeben wird. Bei der Französischen Revolution handelt es sich um den ersten historisch belegten Massenmord in der Geschichte. Einer der Befehle des Konventes vom 1. VIII. 1793 na den General Turreau lautete „Liquidierung aller Aufständischen, bis zur letzten Person. Deren Höfe sind zu verbrennen und sie sind wie Flöhe zu vernichten." Nach: Secher, Reynald: La génocide franco-français la Vendée-Vengé, Presses universitaires de France, 1996. In diesem Kontext ist auch die Weisung Lenins bei seiner Unzufriedenheit, dass nur jeder hundertster Bewohner der Gebiete, die sich dem sozialistischen Terror widersetzten, liquidiert wurde, zu sehen. Die Armeeführung wurde von Lenin angewiesen statt jeden hundersten **jeden zehnten Bewohner zu ermorden**.
Leon Lech **Bednar** nahm nach der Ortschaft Jasienica in Litauen ein Pseudonym während seiner Tätigkeit in der Landesarmee ein, unter dem er später als **Paweł Jasienica**, publizierte und bekannt wurde (* Symbirsk 10. X. 1909, + Warschau 19. VIII. 1970). Er gehört zu den profiliertesten Historikern Polens, auch wenn seine wichtigsten Werke in 17 Bänden erst nach dem Fall des sozialistischen Regimes veröffentlicht werden konnten.

[26] z. B. durch zwangsweise Eintragung zusätzlicher Vornamen Israel oder Sara in den Personal-dokumenten in Anspielung daran, dass Konvertiten zum mosaischen Glauben sich entweder einen neuen unter Ablegung der bisherigen Vornamen zulegen oder zumindest einen zusätzlichen Vornamen als Rufvornamen annehmen. § 2 der Zweiten Verordnung zur Durchführung des Gesetzes über die Änderung von Familiennamen und Vornamen, Deutsches Reichsgesetzblatt Band 1938 Teil I, Nr. 130, Seite 1044, in der Fassung vom 17. August 1938, Bekanntmachung vom 18. August 1938. Beispiele:
1. USC Grodzisk für Sara: http://szukajwarchiwach.pl/53/1857/0/1/ ... bHTCAUWx9A,
2. USC Śrem für Izrael und Sara: http://szukajwarchiwach.pl/53/1963/0/3/ ... URHeKTcWdg.

Verharmlosung „dass es nur in Einzelfällen geschah" in Polen in einem Zeitungsbeitrag ausführt, wurde es durch einen mittelbaren Zwang durchgesetzt. Im günstigsten Fall wurde von amteswegen ohne Wissen der Betroffenen eine Namensänderung in die Standesamtsdokumente eingetragen und sie wurden aufgefordert, neue aktuelle Dokumente abzuholen. Um sich jedoch einen Anstrich der Legalität zu geben, wurden überwiegend die Betroffenen in die Standesämter bestellt. Dort forderte man einen Namensänderungsantrag zu unterschreiben, wobei man zugleich mitgeteilt bekam, dass der bisher eingetragene Name nicht gültig sein und ohne einen gültigen Namen keine Zuteilung der Lebensmittelkarten möglich ist. Da nach dem Krieg die komplette Versorgung rationiert war und durch Karten geregelt wurde, haben die Betroffenen keine andere Alternative gehabt als zu unterschreiben[27].

Wie man der nachstehenden Tabelle entnehmen kann, wurden alleine in 4 Städten Oberschlesiens in den Jahren 1945-1948 bei mehr als 51.000 Personen die Namen polonisiert[28]:

Ergebnis der Repolonisation "Okręg Śląski" 1945 - 24. XI. 1948

(Ortschaften in Oberschlesien für welche Daten vorliegen)

Tarnowskie Góry	7.300	Personen
Oppeln	7.395	Personen
Kattowitz	11.706	Personen
Zabrze	25.000	Personen
Namensänderungen	**51.401**	**Personen**

Somit steht das eine System dem anderen in nichts nach, denn es wird geschätzt,

---

[27] „A jak szanowano "nietykalność nazwiska" przedstawię na przykładzie osób z mojego miaste-czka. Krótka uliczka …Po wojnie mieszkało tam 18 rodzin w 14 domach, razem 92 osoby. Nie było rodziny, w której nie zmieniono z urzędu nazwiska lub imienia. Przysyłano z gminy zawiado-mienie lub proszono delikwenta do urzędu i sprawa była załatwiona. Nie było odwołania. Jeżeli ktoś nie wyraził zgody, nie otrzymywał kartek żywnościowych dla całej rodziny, a w tamtych latach żywność była racjonowana i sprzedawana tylko na kartki. … Nie były to za tem pojedyncze wypadki."

[28] **Dziennik Zachodni" vom 25. XI. 1948**: "od chwili rozpoczęcia procesu repolonizacji w 1945 r. do chwili obecnej tysiące … W Tarnowskich Górach 7.300, Opolu 7.395, Katowicach 11.706, Zabrzu 25.000 osobom." und „Kiedy w czerwcu 1948 roku urzędnicy starostwa tarnogórskiego podsumowali akcję spoiszcze-nia nazwisk i imion zapoczątkowaną trzy lata wcześniej, z protokołu wynikało, że wnioski o zmianę imion złożyło 3.774 mieszkańców, o skorygowanie pisowni wystąpiło 2.222 obywateli a nazwiska zgodziło się spolonizować 117 osób. Załatwiono zmianę 2.973 imion, pisownię 1.745 nazwisk oraz zamianę 103 nazwisk niemieckich." Nach: Budrys Montes Tranoviensis, www. montes.pl/montes/index.php?option=com_content&task=view&id=513, Zugang 29. VI. 2017.

dass es von den preußischen Behörden in den siebziger Jahren des XIX. Jhdt. bis zu der nationalsozialistischen Herrschaft in 1944 alleine in Danzig und Schlesien zu 25.000 mehr oder weniger gezwungenen Namensänderungen gekommen ist[29].

Die Änderungen wurden realisiert auf der Grundlage von geheimen Anweisungen der Kreisstarosten im Jahre 1947 wie auch auf höheren Regierungsebenen: so auf der Grundlage des Wojewoden śląsko-dąbrowski mit dem Aktenzeichen AP III/50-R-543 von 1950 und wurden zuletzt auf der Basis der Verordnung Nr. 72 des Premierminister Cyrankiewicz vom 7. IV. 1952 durchgeführt. Die Verordnung Nr. 72, auf die sich alle späteren Namensakte beziehen, **wurde bisher nicht publiziert** und ist wohl als einziger Rechtsakt auch nicht in der polnischen Juristendatenbank Lex zugänglich. Daher publizieren wir nachstehend deren Wortlaut[30] aus dem Original der Schreibmaschienenniederschrift, ohne die Quelle angeben zu dürfen.

Zumindest ab 1953 führte die Bürgermiliz [MO] die Feststellung der Namensversion und teilte diese zum Vollzug an die Standesämter mit, hier am Beispiel von Posen:

---

[29] Nach: Ukradzione nazwiska [Gestohlene Namen], auf: www.Fronda.pl vom 16. 6. 2012.

[30] **Zarządzenie Nr. 72 Prezesa Rady Ministrów z dnia 7 kwietnia 1952 r. w sprawie pisowni nazwisk i imion w dowodach osobistych i tymczasowych zaświadczeniach tożsamości.**
Na podstawie art.10 ust.2 dekretu z dnia 22 października 1951 r. o dowodach osobistych zarządza się, co następuje:
§ 1.
Znaki pisarskie, nie stosowane w pisowni polskiej, należy z urzędu zastąpić polskimi znakami pisarskimi. Np. Grünberg, Böhm, Gärtner, Siroki pisać należy Gruenberg, Boehm, Gaertner, Sziroki itp.
§ 2.
Stosuje się z urzędu pisownię polską przy wpisywaniu do dowodów osobistych i tymczasowych zaświadczeń tożsamości nazwisk o brzmieniu polskim, których pisownia została zniekształcona. Np. Butschek, Grzeschinsky, Tschayka pisać należy Buczek, Grzesiński, Czajka.
§ 3.
Stosuje się z urzędu pisownię polską imion o brzmieniu obcych lub zniekształconych, jak np. Elize, Sophie, Christof, Helene, Jean, Jerome, Thaddeus, Vladislav, Karl. Imiona te wpisywać należy do dowodów osobistych i tymczasowych zaświadczeń tożsamości w brzmieniu Eliza, Zofia, Krzysztof, Helena, Jan, Hieronim, Tadeusz, Władysław, Karol. Nie należy natomiast zmieniać z urzędu brzmienia i pisowni imion nie mających w języku polskim wyraźnego odpowiednika jak np. Horst, Carmen, Benito, Kurt, Gottlieb itd.
§ 4.
Można na wniosek strony wpisać do dowodu osobistego lub tymczasowego zaświadczenia tożsamości w brzmieniu fonetycznym nazwiska obce /np. Szmyt zamiast Schmidt, Grynberg zamiast Grünberg, Szulc zamiast Schultz, Czaki zamiast Csaky/.
§ 5.
O wszelkich zmianach dokonanych w pisowni lub brzmieniu imion i nazwisk w dowodach osobistych i tymczasowych zaświadczeniach tożsamości, władze, które dokonały zmiany, zawiadomią właściwe urzędy stanu cywilnego celem uwidocznienia odpowiednich wzmianek, w aktach stanu cywilnego. Zmiany te wprowadzić należy również do wszystkich dokumentów strony na podstawie wzmianki w aktach urzędu stanu cywilnego.
Prezes Rady Ministrów (podpis odręczny): Cyrankiewicz.

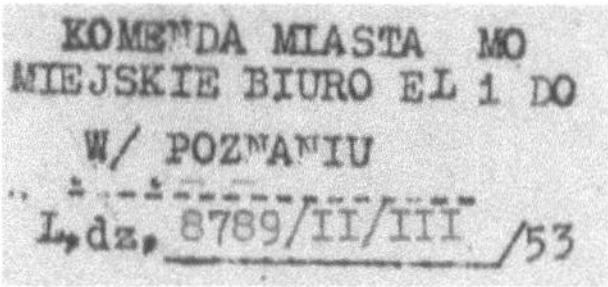
KOME"DA MIASTA MO
MIEJSKIE BIURO EL 1 DO
W/ POZ"A"IU
L.dz. 8789/II/III /53

wobei die Änderungen in vorhergehenden Personalakten mit dem nachstehenden Vermerk notiert wurden:

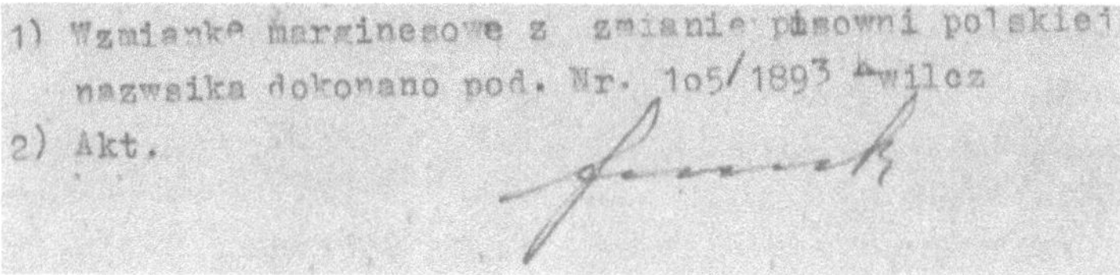
1) Wzmiankę marginesową z zmianie pisowni polskiej nazwiska dokonano pod. Nr. 105/1893 Kwilcz
2) Akt.

[31]

Die Regelungen zur Polonisierung von Familienamen haben jedoch eine wesentlich längere Tradition und sogar die Katholische Kirche wurde zur Mitarbeit aufgefordert[32].

Bis zumindest in Mitte der 90-ger Jahre des XX. Jhdt. weigerten sich die polnischen Standesämter[33] Kopien der Matrikel mit einem entsprechenden von amteswegen erfolgtem Eintrag anzufertigen und die beantragten Abschriften wurden ausgestellt auf die amtliche, d. h. veränderte Namensversion ohne einen Hinweis auf diese. Auch wenn man heute nach Familienmitgliedern sucht, deren Familienname zwangsweise verändert wurde und bei amtlichen Stellen um Hilfe bittet, erfolgt

[31] [Quelle: 53/1900/0/5/99: Akta zbiorowe rejestracji stanu cywilnego do księgi urodzeń z lat 1874-1906].

[32] 1. Dekret vom 10. XI. 1945 über die Änderung und Festlegung von Namen. Konsultacje na ten temat prowadzono już od maja tegoż roku. Publiziert in "Dziennik Ustaw RP" 16. XII. 1945, Link: http://isap.sejm.gov.pl/DetailsServlet? ... 9450560310;
2. Rundschreiben vom 2. IX. 1947: Aleksander Zawadzki zarządził, że: "postępowanie w sprawach spolszczenia niemieckich nazwisk i imion włącznie z dostosowaniem zniekształcanej (niemieckiej) pisowni nazwisk polskich do zasad pisowni polskiej, musi odbyć się w trybie przyspieszonym". Zalecił również, że "W wypad-kach ociągania się petentów, urzędnicy odnośni winni dołożyć wszelkich starań nakłaniania ich do wszczęcia postępowania a w wypadkach sprzeciwu winni o tym donieść Starostwu",
3. Am 3. X. 1947: Wojewoda A. Zawadzki wysłał pismo do biskupa katowickiego (opatrzone klauzulą tajności). Wojewoda podkreślił, że w prowadzonej przez władze akcji zmierzającej konsekwentnie do "usunięcia wszelkich przejawów nawrotu niemczyzny, względnie pozostałości niemieckich" powinno uczestniczyć duchowieństwo śląskie,
4. obige Verordnung Nr. 72 von Cyrankiewicz aus dem Jahre 1952 sowie
5. das Gesetz vom 15. XI. 1956 über die Änderung von Vornamen und Namen, Link: http://isap.sejm.gov.pl/DetailsServlet? ... 9560560254.

[33] Persönliche Erfahrung auch im Falle des Redaktionsleiters des Projektes bei Einträgen aus 1953.

keine Antwort[34]. Diese Blockadehaltung ist allerdings nach und nach durch die Digitalisierung und deren Internetverfügbarkeit obsolet.

Der Amtsschimmel schlug auch in Fällen von Geschwistern erbarmungslos zu. Hierzu ein konkretes Beispiel: 5 männliche Nachkommen waren in unterschiedlichen Kreisen wohnhaft (Hindenburg, Kempen, Königshütte und Krakau) – und **jeder bekam eine andere polonisierte Version des eigenen Familienamens**, so wie es im Gutdünken des jeweiligen Standesbeamten lauten sollte, eingetragen. Wohl wurde ein Einspruch dahingehend berücksichtigt, dass man in einem Fall statt der verunstalteten Namensversion den Namen der Großmutter eintrug – **Sułkowski** [35].

Dazu kam, dass es im Unterschied zu der II. Polnischen Republik 1918 – 1939 keine Veröffentlichung der erfolgten Namensänderungen gab[36]. Bereits vor dem WK II. hat es in Polen eine Aktion **"prostowania skażonej pisowni nazwisk"** [Berichtigung verdorbener Schreibweise von Namen] gegeben, eingeleitet durch das Rundschreiben des Ministeriums des Innern vom 8. X. 1936 zur "Namensberichtigung von Namensfehlschreibungen, die aus Unwissenheit über die Grundlagen der polnischen Schreibweise oder aus gezielter Entnationalisierungpolitik entstanden sind"[37].

Begonnen hat jedoch die „Namensanpassung" unmittelbar nach Ende des Ersten Weltkrieges im Jahre 1919 und wurde ausgebaut durch Rechtsvorschriften aus den Jahren 1920 und 1929 [38].

---

[34] Testanfrage an die Präsidenten von Świętochłowice, Katowice und Krakau im Jahre 2017.

[35] Dies führte zu einer paradoxen Situation, denn somit entstand eine neue Familie und eine neue Wappengenossenschaft (wenn man annimmt, dass diese in Fällen entsteht, wo mehr als ein Geschlecht/Familie dasselbe ursprünglich Individualwappen führen) – **Sułkowski h. Schlesinger**, denn mit der Namensänderung zu Sułkowski wurde natürlich weder der Betroffene noch seine Nachkommen in die Wappengenossenschaft der Großmutter aufgenommen.

[36] Zwischen 1918 – 1939 erfolgten zu vielen Namensänderungen, auch Verbindungen mit Legionsrufnamen, Anzeigen in der Anlage zu Monitor Polski, einer Art des polnischen Bundesgesetzesblattes. Publikation von Namensänderungen im Bereich der Armee 1918 – 1939 erschien in „Dziennik Personalny" http://www.wbc.poznan.pl/dlibra/publication/47166?tab=1 unter „Zmiany" am Ende des Tagebuches.

[37] "pomyłkowo, z powodu nieznajomości zasad pisowni polskiej [tutaj zaliczano m.in. nazwiska z pominiętymi polskimi znakami diakrytycznymi], czy też w imię świadomie uprawianej polityki wynaradawiającej". Text des Rundschreibens in "Dziennik Urzędowy Kuratorium Okręgu Szkol-nego Brzeskiego" aus Mai 1937, Seiten 215-218: http://pbc.biaman.pl/Content/18976/DZUK ... 9_1937.pdf

[38] - Gesetz vom 24.X.1919 (Dz.U.R.P. Nr 88, poz. 478 ze zm.),
- Gesetz vom 11. V. 1920 o uznaniu nazwisk przybranych podczas służby wojskowe (Dz.U.R.P. Nr 42, poz. 251 ze zm.) und

Aber es wäre eine unzulässig verkürzte Darstellung der Fakten, wenn auch nicht andere Beweggründe aufgeführt werden würden.

So gab es auch gezielt von Betroffenen veranlasste Namensänderungen, wobei die Beweggründe sehr unterschiedlich waren. Es konnte der Druck der öffentlichen Meinung sein – wie die Namenspolonisierung von indigenierten Adelsgeschlechtern in der Zeit der Adelsrepublik [39] und Kolonisten in nicht geschlossenen Siedlungsgebieten im XIX. Jhdt., der Wunsch nach besseren Aufstiegsmöglichkeiten durch Polonisierung[40], und Russifizierung von Familiennamen im XIX. Jhdt., Germanisierung von Namen seit der zweiten Hälfte des XVIII. Jhdt. bis zum WK II. (hier überwiegend in Preußen). Dieser Trend kennt keine geographischen oder zeitlichen Grenzen, man sieht es daran, dass diese Praxis auch heute im Baltikum gang und gebe ist. Dort in Estland und Lettland bei der dortigen russischen Minderheit, die sich durch eine Anpassung (Nationalisierung) des Familiennamens eine Verminde-

---

- Gesetz vom 22. III. 1929 o zmianie nazwisk hańbiących, ośmieszajacych lub nielicujących z godnością czlowieka (Dz.U.R.P. z 1930 Nr 3 poz. 16 ze zm.).

[39] Eines der frühen Beispiele hierfür ist **„Montelupi h. Montelupi"**, ein in Krakau tätiger Baumeister aus florentinischem Adel, der nach der Indigenatserteilung um 1580 den Namen zu **„Wilczogorski [Wilczogórski] h. Montelupi"** polonisierte, wobei das Geschlecht dann später auch noch das Wappen zu der Wappengenossenschaft **Roch II** wechselten. Siehe StudIaS Stammfolgen Montelupi h. Montelupi. Schild rot-golden quadriert, in dem ersten und vierten Felde je ein silberner Adler, in dem zweiten Felde ein Berg, in dem dritten drei Flüsse, von oben nach unten fließend: 

und 

. Nach: 125 von 1550 bis 1700 entstandene und in der Res Publica eingeführte Wappen, in: http://de.szlachta.wikia.com/wiki/Eingeführte_Wappen, Eintrag # 75, Zugang 30. VI. 2017.

[40] Ein Beispiel aus der Zeit der Judenemanzipation für eine solche Polonisierung:

Name	**Personen**	**M**	**W**	**erstes**	**letztes Auftreten**
Badziong	28	16	12	1760	1848
Badziongowski	9	4	5	1825	1842,

http://ibowski.ca/Stammbaum.html, Zugang 9. XI. 2016.

rung der faktischen oder vermeintlichen Diskriminierung erhofft. Diesen Weg haben auch viele Juden in Osteuropa nach dem Zweiten Weltkrieg beschritten, in dem sie ihre jüdisch- oder deutschklingenden Namen slawisierten und dabei vielfach Namen des historischen Adels oder ähnlich klingenden Namensversionen angenommen.

Dabei kamen diese Fälle auch bereits früher nicht selten vor. Dies geschah obwohl, um die Namensfestigung endlich durchzusetzen, in Preußen am 15. IV. 1822 eine Allerhöchste Kabinettsorder ergangen ist, welche festlegt, dass eigenmächtige Namensänderungen nicht statthaft seien.

Dennoch kam es auf dem Weg zur „Adelung" zu ganzen Namensänderungsketten [41]:

* 1773 Skotarczyk, oo 1796 – Skotarczak, Kindergeburten 1799, 1801, 1804 – Skotarczyk alias Stachowiak, Kindergeburten 1805, 1808 – Stachowiak, + 1852 – Stachowiak;

* 1780 - Musioł, oo 1812 - Musioł, Kindesgeburt 1813 - Musioł alias Musielak, Kindesgeburt 1828 - Musielak, + 1840 Musielak;

oo 1836 - Palimucha, Kindesgeburt 1847 - Palimucha, Taufpate 1840 und 1845 – Mucha, Kindesgeburt 1852 – **Muszyńska**, + 1866 – **Muszyńska,** Ehemann + 1926 – **Muszyński;** bei **Muszyński** gibt neben **Ritter von Muszyński h. Muszyński** noch zwei weitere altadlige Familien **Muszyński** der Wappen Łodzia und Nałęcz und solche Fälle gehörten wie auch amtlich legitimierte Namensänderungen leider beinahe zum Alltag:

- in Posen 1872 für Kiew, gen. Jakób Leser zu "**Łubiński**" , hier wird es schwierig zu identifizieren, denn es gibt drei Altadlige

LUBICZ

RAWICZ

WIENIAWA

- in Bromberg 1878 für Pinkus Schmul zu Paweł „**Domski**", auch hier der Name eines altadeligen Geschlechtes der **Domski unbekannten Wappens** (es wurden weder das

[41] Nach: http://wtg-gniazdo.org/forum/viewtopic.php?f=5&t=1563&sid=413a80170831a94feeced1b556ed1a 72#p13382, Zugang 30. VI. 2017.

Wappenbild noch der Wappenruf überliefert)[42].

Neben wörtlichen Übersetzungen aus dem polnischen wie „**Chałupniczak**" zu „**Häusler**"[43] kamen Übersetzungen aus dem Polnische in's Lateinische, so wurde aus Zofia **Strzałkowska** in der Matrik Zofia **Jaculatore** (Übersetzung jaculum = strzałka) und natürlich auch Wechsel von der deutschen zur polnischen Namensversion vor: quellenmäßig wurde „**Dembowski**" aus der heutigen Wojewodschaft Kujawsko-Pomorskie zu „**Eichstaedt**" um dann über **Eichstaedt alias Dembowski** wieder nach 1945 als **Dębowski** polonisiert zu werden. Ob zuerst aus dem lateinischen **Dembowski** beim Einzug des Polnischen in die Kanzleien im XVI./XVII. Jhdt. erst **Dębowski** wurde, um dann im XVIII. Jhdt. zu **Dembowski** zu mutieren, ist nicht bekannt, aber zu vermuten.

Zugleich waren von diesem Trend auch altadelige Häuser erfasst:

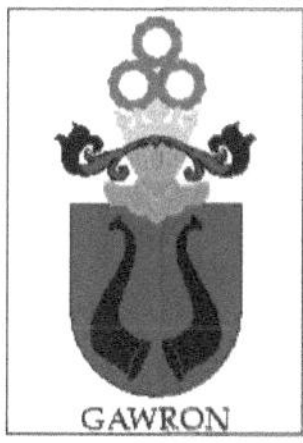

oo 1820 – **Gawron** [**h. Gawron**], Kindesgeburten 1823, 1826, 1829 - Gawronia, + 1834 - **Gawroński**; bei **Gawroński** gibt es 8 unterschiedliche altadlige Familien unterschiedlichen Wappens, darunter durch den obigen Namenswandel auch **Gawronski** [Gawroński] **h. Gawron.** Wie häufig in solchen Fällen, wurden diese Änderungen noch nicht in den heraldischen Standartwerken wie auch bei Tadeusz Gajl erfasst.

Wobei es auch früher Richtigstellungen von Namensänderungen von bäuerlich-bürgerlichen zu von adligen Namen (und nicht nur in Preußen) gab wie hier das Beispiel aus dem Jahre 1874/1913 zeigt, wo zuerst aus Kabaciński (bäuerlich-bürgerlich Name) der Name der adligen Familie Kabat wurde [**Kabat h. Kabat**], um dann wieder zu Kabaciński korrigiert zu werden – [Grześkowiak poświadcza Kabaciński]:

---

[42] **Kurier Poznański** vom 7. XII. 1878, Scitc 4: „Nicjakiś p. Pinkus Schmul, pomocnik handlowy w Naklc, zpragnął zmienić swe rodzinne nazwisko i w tym celu wystósował odnośną prośbę do królew.rejencyi w Bydgoszczy. Król. rejencya uczyniła zadość życzeniu i pan Pinkus Schmul zwać się odtąd będzie Pawłem **Domskim**."

[43] „**Dziennik Poznański**", Nr. 225 vom 1. 10. 1901, Seite 3: „Dobrowolna germanizacya. Pan Walenty Chałupniczak, właściciel domu w Śremie, postarał się i otrzymał pozwolenie na zniemczenie swego nazwiska. Odtąd nazywa się „**Häusler.**"

KABAT

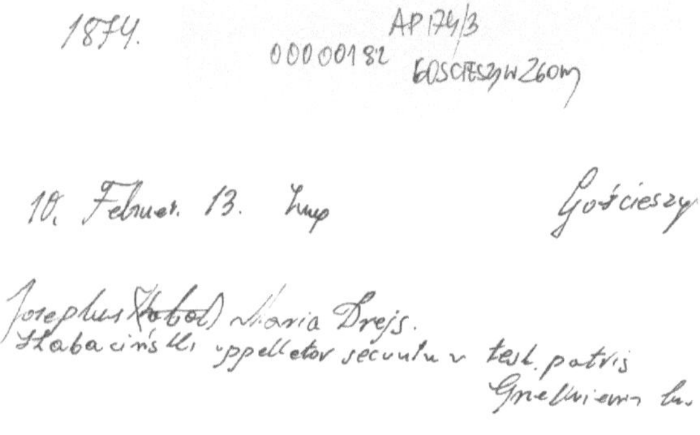

Vor der Einführung der Standesämter in Preußen und dem sich verschärfenden Kirchenkampf wurde die offizielle Namensänderung ab 1873 erleichtert, in dem es nicht zentral in Berlin, sondern bei der Regionalbehörden erfolgen konnte [44].

In Preußen bestand eine Regelung über die Rechtschreibung und das Leisten von Unterschriften. Wurde jedoch im Kaiserreich Österreich strafbewehrt nur die unberechtigte Verwendung von adligen Namen als auch gleichzeitig die Nichtverwendung des Adelsprädikates im Falle von berechtigten Personen im öffentlichen Schriftverkehr und den Massenmedien, so war es in Preußen auf Fälle der Unterschriften erweitert. Es gab offensichtlich eine einheitliche Geldstrafe (oder ersatzweise Gefängnisaufenthalt) von 150 Mark[45].

Es gab Fälle von Namenswechsel aus nationalistischer Verblendung sowohl in Richtung Germanisierung als auch in Richtung von Polonisierung wie das nachstehende Schreiben eines aus Bayern stammenden Extremisten an das revolutions-polnische Nationalkommittee in Preußen im Jahre 1848 belegt. Aus „Krauthofer" wurde freiwillig ein „Krotowski", wobei auch hier ein Name des historischen Adels herhalten musste und zu Verwechslung geeignet ist [**Krotowski h. Leszczyc**][46]:

---

[44] Zeitschrift **Wiarus**. Pismo dla polskiego średniego stanu, Nr. 18 vom 13. 2. 1873: „Jeśli kto chciał dawniej zmienić swoje nazwisko n.p. **Fuchs** na **Lisiecki**, lub **Wolf** na **Wilczyński** lub **Wilkoński**, to musiał o to prosić w Berlinie. Teraz ułatwiono tę zamianę nazwisk, i rejencya każda ma prawo pozwolić na zmianę nazwiska. Z tego już wiele osób u nas korzystało, a między inymi nazwał się p. **Krause** z Poznania panem **Wysoczyńskim**."

[45] **„Postęp"**, Nr. 100 vom 1. 5. 1902, Seite 2: „Izba karna skazała Teofila Fligera na 150 marek za to, że podpisywał się **Fligier** a nie **Flieger.**"

[46] **Gazeta Polska** vom 3. 4. 1848, Seite 4: „Z Poznania, dnia 1. Kwietnia. Komitet narodowy otrzymał nastę-pujące doniesienie: Poznań 31.Marca 1848. Do Prześwietnego Komitetu Narodowego W.X.Poznańskiego w Poznaniu. Mój pradziad przesiedlił się, zapewne w biedzie, z Schesslitz w Bawaryi

Und es gab auch natürlich Fälle mit kriminellem Hintergrund, um die eigene Identität zu verschleiern oder nicht erwünschten Pflichten oder Konsequenzen zu entgehen. In diese Kategorie ist z. B. die Flucht von Grundhörigen oder insbesondere im XIX. Jhdt. nicht selten angetroffener Versuch der Wehrpflicht in der russisch-kaiserlichen oder königlich-polnischen Armee zu entgehen.

In diesem Kontext ist besonders bemerkenswert, dass der Versuch durch eine Namensänderung dem Militärdienst zu entgehen in der Zeit von 1800-1810 vielfach in Familien des Altadels der Res Publica auftrat, die sich entweder aus nationalistischer Verblendung geweigert haben oder durch mangelnde Fürsorge über deren Familiendokumentation nicht in der Lage waren eine Adelsbestätigung und damit eine Befreiung von der Wehrpflicht zu erreichen. Dies trat überwiegend ausgehend von den Gubernie Suwalki über die Mazuren bis in die Bereiche von Kujawien und Pommern auf. Um der 8-jährigen Militärpflicht zu entgehen wurden deutschklingende Namen angenommen.

Auch Berufe konnten bei Namensänderungen eine Rolle spielen wie auch Mehrfachheiraten:

* 1752 - Wojciech **Wawer, +** 1811 als Wojciech **Cieszla**, wobei als Beruf ligrifaber = Zimmermann angegeben wurde. Seine Kinder werden als **Wawer vel Ciesielczyk** und häufig nur als **Ciesielczyk** (Sohn des Zimmermanns = syn cieśli) bezeichnet. In der nächsten Generation werden seine Enkel nur als **Ciesielczyk/Ciesielcząka** genannt, womit binnen 2 Generationen der usprünglicher Name durch den vom Beruf kommenden Namen ersetzt wird. Ähnliche Abläufe können wir auch bei Hofnamen oder Namen „de loco" beobachten.

Ein Angehöriger des Geschlechtes **Odoliński h. Ogończyk** 

heiratete im XIX. Jhdt. und bekam Kinder als **Odoliński**. Nach dem Tode seiner Gattin heiratete er

do Polski, mój dziad i ojciec rodzili się i spoczywają wraz z pradziadem na polskiej ziemi, matka moja jest z Ochockich, matka dzieci moich z Kołudzkich; od dawna przeto rodziny mojej ojczyzna jest Polska. Jako prawy syn, składając znaki obczyzny, oświadczam Prześwietnemu Komitetowi: iż odtąd wraz z dziećmi mojemi Bolesławem, Józefą, Mieczysławem i Maryą przybieramy polskie nazwisko„Krotowski". Łączę wyraz wysokiego upowa-żenia. Jakób Krauthofer – Krotowski."

erneut eine Witwe **Dolińska** mit einigen Kindern aus der ersten Ehe. Er verstarb unter dem Namen **Doliński.** Und auch seine Kinder aus der ersten Ehe und Nachkommen verwendeten nicht **Odoliński h. Ogończyk,** sondern nur den angenommenen Namen **Doliński.** Es gib 9 unterschiedliche altadlige Familien Doliński, es ist jedoch keine unter dem Wappen **Ogończyk** notiert und auch dieser Namens- jedoch ohne Wappenwechsel ist in keinem Werk erfasst.

Im Zeichen des Flottwelschen Kirchenkampfes kam in den preußischen Gebieten zur polnischen Gegenreaktion [47].

Die Problematik der polnischsprachigen Sonderzeichen wurde auch bei den preußischen Behörden erkannt und nach der Einführung der Standesämter im Jahre 1898 Maßnahmen getroffen, um dem Wildwuchs an Namensverstümmelung Einhalt zu gebieten und festgelegt, dass sie einschreibenfähig sind[48]. Zugleich wurde eine Regelung eingeführt, die bis heute Gültigkeit hat, nämlich dass der Betreffende mit seiner Unterschrift die Richtigkeit der im Dokument auftretenden Daten bestätigt,

---

[47] **„Dziennik Poznański" vom 29. 11. 1883, Seite 1:** „Przemiana nazwisk. … Czytelnicy przypomną sobie, jak się to w jednej gminie nazwisko **Rajczyk** na **Reitzig**; w innej znow **Łoza** na **Lose** i **Bedłka** na **Bethke**; tu **Wódkiewiecz** na **Wuttke**, tam zaś **Stulpiak** na **Stolpe** przemieniło. … W urzędzie stanu cywilnego w Górczynie, pod Poznaniem, miał pewien tamtejszy mieszkaniec czynność pewną do załatwienia. **Urzędnik odnośny napisał nazwisko owego człowieka tak, jak je często na listach urzędowych i w księdze ludności znalazł tj. Schick. Lecz pod spisanym protokułem napisał ów interesant swe nazwisko odmienną orto-grafią, bo Schyk. Landatura znalazłszy przy rewizyi odnośnych książek dwojaką pisownię tego samego nazwiska, kazała urzędnikowi stanu cywilnego wytłumaczyć się z tej niekonsekwencyi. Ten wezwał jeszcze raz przed siebie owego chłopa, aby się dowiedzieć, jak prawnie nazwisko jego pisane być powi-nno. Nie mając metryki, przedłożył ów rzekomy Schick różne urzędowe pisma, w których nie tylko jako Schick i Schyk, ale także jako Schuck był pisany. Zamiast zmniejszyć, powięk-szyła się więc jeszcze niepewność co do właściwej pisowni owego nazwiska. Z nieprzyjemnego tego położenia wyprowadziła wreszcie urzędnika stanu cywilnego dostarczona metryka owego interesanta. Lecz jakież było jego zdziwienie, gdy tam żadnego z trzech, gdyż ani Schicka, ani Schyka, ani wreszcie Schucka, lecz – Gzika znalazł. 'Tak, powiada teraz dopiero chłop, mój ojciec zwal się Gzik, ale mnie już w wojsku przezwali Schyk, więc myślałem, że się tak muszę nazywać, bo tak też w moim pasie wojskowym stoi.'** Oto tak już daleko doszło co do pisowni nazwisk polskich w skutek nieuszanowania przez urzędy polskiej tychże orto-grafii. Przejrzawszy spisy ludności w biurach komisarzy obwodowych, księgi niektórych urzędników stanu cywilnego i wykazy dzieci szkol-nych, przekonamy się, że coraz bardziej unikają kreski nad miękkiem ń,ż,ś,ć i nad twardym ł; tak samo kropki nad niby miękkiem ż. Jeżeli tak dalej pójdzie, to z czasem stracą polskie nazwiska zupełnie swe charakterystyczne znamiona. Nazwisko – to droga spuścizna po przodkach, której nikomu nie wolno samowładnie przemieniać, którą każdy uszanować powinien. Bądźmy więc baczni na to, aby nazwisk naszych w jakichbądź urzędach nie zmieniano. Żądajmy natychmiast sprostowania porobionych pod tym względem pomyłek – inaczej będzie pełno Schicków w miejsce Gzikow."

[48] Wird ausführlich mit Angabe der gesetzlichen Grundlage behandelt bei Kościński, Konstanty: Imiona i nazwiska w obec prawa, sądów i urzędów jako też informacya o urzędach stanu cywilnego; podręcznik dla ludu polskiego, Poznań 1907, Seite 33, http://www.wbc.poznan.pl/dlibra/docmetadata?id=35196.

damit spätere Einwendungen nicht gemacht werden können. Eine Verweigerung der Unterschrift führte zu einer Geldbuße und langwierigen rechtlichen Auseinandersetzungen.

Bei der im Bezug auf die anfangs dargestellte planmäßige Identitätsvernichtung berechtigte Aufregung, gilt es bei dieser Thematik nachfolgende Tatsachen zu berücksichtigen.

Die Zeit nach dem Zerfall der Adelsrepublik fällt in eine Epoche, in denen die Schreibweise der polnischsprachigen Namen (vor allem Bauern) noch nicht zu Ende gefestigt war und deren Träger, häufig Analphabeten, waren nicht auf eine ihnen nicht bekannte Schreibweise ihres Namens fixiert, geschweige den in der Lage diese Schreibweise bei den Beamten und Priestern durchsetzen. Vielfach wird auch übersehen, dass auch die große Masse insbesondere des Klein-Adels schreib- und leseunkundig war[49].

Die Beamten und Priester schrieben so, wie sie es als richtig angenommen haben. Im Falle deutschsprachiger Beamten wurden sie ohne die Kenntnis der polnischen Sprache mit der Problematik der Schreibweise polnischer und litauischer, manchmal auch aus dem kyrillischen transliterierter Namen, konfrontiert und haben bewußt oder mit geringen Achtsamkeit versucht, die gehörte Lautfolge in die von ihnen gewohnte Rechtschreibung zu pressen. Und der Varianten der polnischen Schreibweisen gib es reichlich.

Bei dieser Gelegenheit ist es wert, zu erkennen, dass einige der Änderungen der Recht-schreibung im Verständnis des Beamten oder Priesters auf eine - für offizielle Zwecke – **bessere** Wiedergabe des phonetischen Namensklanges als in der polnischen Schreibweise zielten. Und ein preußischer Beamter verwendete natürlich die ihm natürliche deutsche Rechtschreibung. Daher las er den polnischen Namen **Kosecki** als „**Kozeki**“ und hörte er den Namen „**Kosecki**“ schrieben er ihn klanglich als „**Kossetzki**“ nieder. So versuchten sie, zumindest in der Ära vor Bismarck, nach ihrem Verständnis im gut gemeinten im Sinne den bestehen Klang zu registrieren ohne ihn absichtlich zu verzerren.

Zugleich muss man bedenken, dass im XIX. Jhdt. kein so großer Wert auf die Schreibweise und das graphisches Aussehen der Namen gelegt worden ist wie heute, denn schließlich war, wie in den Jahrhunderten zuvor, nicht Schriftlichkeit die Haupt-

[49] So wird überliefert als nach der ersten Teilung 1772 in Preußen in einem Landkreis 25 Personen als Schultheise neu bestellt waren, kein einziger des Schreibens und Lesen kundig war.

kommunikationsader, sondern das gesprochen Wort. Dies ist in der Zeit der elektronischen Kommunikation, in der ein jedes Zeichen von ausschlaggebender Bedeutung ist, schwer verständlich. In früheren Zeiten war dies jedoch, insbesondere in kleinen Konglomerationen völlig anders.

So könnte es sein, dass in seinem Heimatdorf die Familie von **Jędrasiak** von anderen **Jędraszak** oder **Jędrasiak** [50] genannt wurde, ohne sich zu vergegenwärtigen, dass es nicht ein und der selber Name ist, schließlich ist es geschrieben nur ein kleiner Lautunterschied am Namensende, ohne den Kern zu beeinflussen und ohne eine fühlbare Sinnänderung der Abkunft von **Jędras** oder **Jędreks**. Und es geschah, daß bei der Geburt mehrerer Kinder (manchmal auch von unterschiedlichen Personen niedergeschrieben) in einem Fall eine andere Namensversion notiert wurde als bei einer anderen Geburt. Somit können die jeweiligen Nachkommen bis zum heutigen Tag „ihre" Namensrechtschreibung führen und zugleich fest davon überzeugt zu sein, dass „ihre" richtig ist, und die andere verdreht. Auch so kann eine Art Familienlegende über den unverständlichen deutschen Beamten entstehen, welche die Namen verdrehten.

In der Tat recht spät und je nach Gebiet unterschiedlich, z. B. in Großpolen, so ab 1900 wurde begonnen die Namen offiziell zu überprüfen, bei den eine Vielzahl von möglichen Schreibversionen auftrat. Deren Spuren kann man durch Korrekturvermerke bei den Heiratsurkunden ab Mitte des XIX. Jhdt. beobachten. So z. B. wenn im Heiratseintrag von Maciej **Kowalski** hinzugefügt worden ist: „Im Jahr 1905 wurde der Familienname amtlich als **Kowalczyk** festgelegt"[51]. Offenbar haben die Betroffenen zuerst nur die Version von „Kowalczyk" verwendet und einmal wurde eine Unstimmigkeit der Namensführung bei dem Heiratseintrag aufgefallen. Die amtlichen Nachforschungen führten dann zu der Feststellung der frühesten oder, falls nicht ermittelbar, der überwiegend verwendeten Namensform. Die Nichteinhaltung der Namenskonvention in den Heiratsdokumenten entsprang noch einer Zeit als die Namensfestigung noch nicht abgeschlossen war.

Somit handelte es sich bei diesen **Namenskorrekturen** nicht um Namens**änderungen**, sondern um eine **Vereinheitlichung der Namensführung**, die von der eingangs dargelegten, bewußt unter Zwang vollzogenen Namensänderung zu unterscheiden ist. Früher waren vielfach verschiedene Namensversionen möglich, weil es natürlich in Betracht gezogen wurde, dass ein Name auf unterschiedliche Weise geschrieben werden könnte. Durch das System persönlicher Beziehungs-

[50] Um nur zwei mögliche Schreibvarianten zu bemühen.

[51] "w roku 1905 urzędowo ustalono brzmienie nazwiska na Kowalczyk".

geflechte bestand eine andere, unmittelbarere Identifikationsebene, die im Zuge der gesellschaftlichen Veränderungen im XX. Jhdt. weggefallen ist, so dass die Indentitätwahrnehmung eingeengt wurde. Eben durch diese Konzentration der Wahrnehmung auf ein prägendes, unveränderliches Axiom wie den eigenen Namen, stellt eine ungewollte Namensänderung eine Vergewaltigung der eigenen Identität dar. Daher handelt es sich wie eingangs behauptet um eine schwere Menschenrechtsverletzung – den Raub der eigenen Identität.

Und hier wird offenbart, dass die kollektivistische Weltauffassung nicht mit der vorrevolutionären individualistischen Auffassung des ständischen Systems vereinbar ist, denn diese fußt auf einem individuellen Personengeflecht, welches nur im Einzelfall betrachtet und dargestellt werden kann. Daraus folgt, dass zumindest nach Zerfall der Res Publica ein reines Studium der Kirchen-Matrikeln nicht ausreicht und zumindest durch Studium von Adressbüchern, Massenmedien, und noch besser durch Steuertabellen, Grundbuchakten, Gläubigenlisten u. ä., ergänzt werden muss. Somit kann die Beschäftigung mit der eigenen Tradition häufig wahrlich detektivische Fähigkeiten abverlangen und zu einem spannenden Krimi werden.

Beispiel einer Steuertabelle aus der Zeit des Zerfalls der Res Publica 1772 – hier für Tarnobrzeg mit Angabe des Steuerpflichtigen, der Kinderanzahl und Ortes

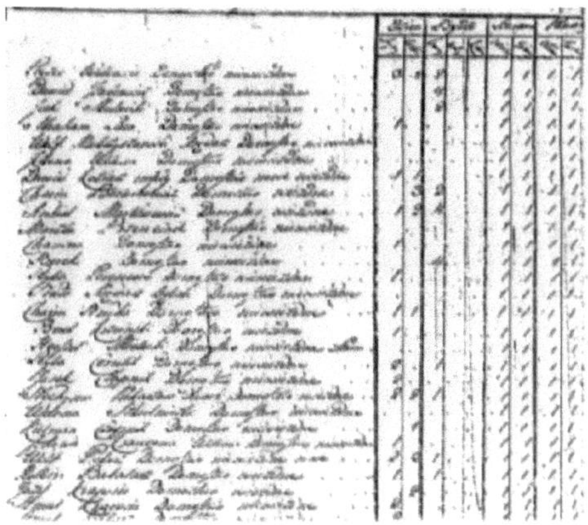

Im Unterschied dazu Beispiel einer Steuertabelle aus der Zeit nach dem Zerfall der Res Publica zum Habsburger Erblanden zugehörig im Jahre 1791 – hier für Tarnobrzeg mit Angabe des Steuerpflichtigen (erstmalig mit Vornamensangabe) und vielen weiteren Angaben

oder Grundbuchaufzeichnungen, die nicht unbedingt in Staatsarchiven zu finden sein müssen, wie hier wie hier am Beispiel aus dem Tarnowski Archiv in Krakau (Sigle 199):

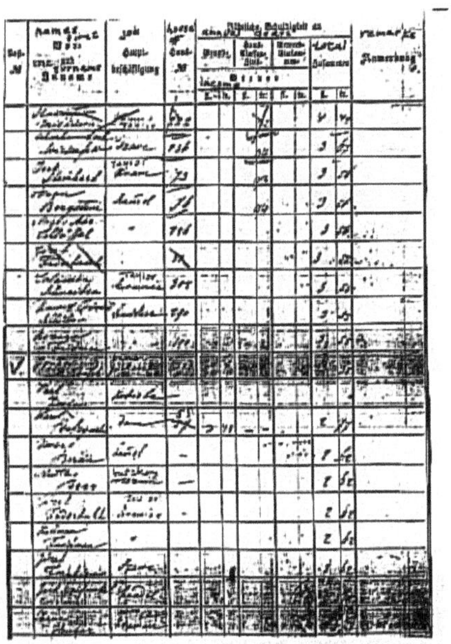

Die mangelnde Einheitlichkeit von Schreibweisen in Urkundenbücher stellt daher ein großes Problem dar: Auch wenn die Texte normiert sind, weiß man als Suchender, der einen Namen vor sich hat, nicht unbedingt, wohin die Normierung geführt hat.

Halten sich die Urkundenbücher weitgehend an die originale Schreibweise von Namen, kann der Suchende nur schwer alle Varianten im Auge haben. Man kann in 2 Schritten suchen: zu einer Namensform verwandte Namensformen suchen, unter den Ergebnissen die Varianten aussuchen und dann mit diesen Varianten suchen.

Seit den sechziger Jahren des XX. Jhdt. wurden in Polen die Namensangelegenheiten durch PWRN – Urząd Spraw Wewnętrznych [Amt für innere Angelegenheiten, seit 1973 Wydział Spraw Wewnętrznych [Abteilung für innere Angelegenheiten] przy Prezydium Wojewódzkiej Rady Narodowej [Presidium des Wojewodschafts-nationalrates] behandelt und sind in den jeweiligen Archiven der Wojewodschaften zugänglich. Die Entscheidungen von amteswegen wurden an die Standesämter [Urząd Stanu Cywilnego] und in die Einwohnermeldeämter [Biuro Dowodów Osobistych - heutige Bezeichnung], die für die Ausgabe der Personalausweise zuständig waren, weitergegeben.

Es bestand keine zentrale Stelle an die Änderungen mitgeteilt wurden. Somit sind die Veränderungen im Familienverband kaum nachzuvollziehen. Auch dies dient dem kollektivistischen Bestreben individuelle Beziehungen abseits von staatlichen Strukturen und Einflussnahme zu schwächen.

Um den letzten Stand von Daten der Vorfahren zu eruieren, ist es möglich kostenfrei einen Antrag an das für die Ausgabe der Personalausweise der betreffenden Vorfahren zuständige Einwohnermeldeamt [BDO, Biuro Dowodów Osobistych przy Urzędzie Miasta oder UmiG] zur Überprüfung der Akten [sprawdzenie w teczce dowodowej] zu stellen. Voraussetzung ist, dass die Serie und Nummer des Personal-ausweises sowie die ausstellende Behörde bekannt sind. Sofern man über diese Daten nicht verfügt, ist es möglich im BDO die Personaldaten der Vorfahren zu erhalten. Man kann dann eine amtlich beglaubigte Kopie des Bescheides [decyzja oder orzeczenie] aus den Akten erhalten[52].

Nehmen wir als Beispiel den Autor Emilian von Żernicki-Szeliga, welcher publizistisch vor dem Ersten Weltkrieg aktiv war. Welche Möglichkeiten einer Namensschreib-weise bestehen in der Republik Polen heute?

1. **von Żernicki-Szeliga** – dem steht entgegen, dass das polnische Recht [53] nur zweiteilige Familiennamen kennt, demnach ist diese Form nicht eintragungs-fähig, da sie dreigliederig ist.

[52] Die Gebühr im Jahr 2017 beträgt 5 PLN = knapp 1,00 € für jede Kopieseite.

[53] Reguliert im Art. 25 § 2 des Familien und Pflegegesetzes [kodeks rodzinny i opiekuńczy].

2. Es verbleiben also die Varianten **von Żernicki** oder **Żernicki-Szeliga**. Da gibt es ein Dilemat, man kann aber davon ausgehen, dass die zweite Option **Żernicki-Szeliga** erster Wahl sein wird - alleine aus dem Grund, dass sie den konstituierenden Charakter bildet, eben der Zugehörigkeit zum Adelstand. Bei Adligen mit ausländischer Herkunft, bei den keine Zugehörigkeit zu einer Wappengenossenschaft, sondern ein Individualwappen besteht, würde man die erste Option wählen, denn bei einem Individualwappen würde der Zusatz entweder als „eigenen Wappens" [herbu własnego] lauten (also nicht eintragungsfähig) oder er würde so benannt wie der Namen des Geschlechtes und führte zu einer Namensverdoppelung wie z. B. Habsburg-Habsburg.
3. Bei der Unterdrückung sowohl des Adelstandes als auch der Wappengenossenschaftszugehörigkeit würde der Name **Żernicki** lauten.

Welche endinstanzliche gerichtliche Urteile mit Rechtskraft gibt es zu diesen Fragestellungen in der Republik Polen?

- Kann in Polen ein Adelsprädikat geführt (auch in einer ausländischen Sprachform) werden? Ja.

Im Urteil des **Wojewodschaftsverwaltungsgerichtes in Posen wurde im Jahr 2005 in dritter Instanz unter der Signatur III SA/Po 4/05** festgestellt: Das Erlassen eines Bescheides auf der Grundlage in ihr angerufener Bestimmung des Art. 10 Absatz 1 des Gesetzes vom 15. November 1956 über die Änderung der Vornamen und Nachnamen ist als fehlerhaft anzusehen, so wie es falsch ist, zu behaupten, dass das angerufene Gesetz **nicht** eine Änderungen polnisch klingenden Namen in nicht polnisch klingende Namen vorsieht[54].

- Kann das Adelsprädikat „von" in polnische Standesamtunterlagen eingetragen werden? Ja.

Im Urteil des **Wojewodschaftsverwaltungsgerichtes in Gliwice vom 15. VI. 2007 unter der II SA/Gl 29/07** wird in III. Instanz ausgeführt: Mit Schreiben vom [...] 2006 hat sich der jetzt klageführende Antragsteller A. B. an die Abteilung für Zivile Angelegenheiten [...] des Wojewodschaftsamtes [Wydziału Spraw Obywatelskich [...] Urzędu Wojewódzkiego] mit der Bitte um Erteilung einer Information gewandt, ob und in welchem Modus es möglich ist, das Adelsprädikat „von" einem Namen hinzuzufügen. Als Antwort auf dieses Schreiben hat der stellvertretende Direktor

[54] „Wydanie decyzji na podstawie powołanego w nich przepisu art. 10 ust.1 ustawy z dnia 15 listopada 1956 r. o zmianie imion i nazwisk należało uznać za błędne, podobnie jak błędne jest twierdzenie, że powołana ustawa nie przewiduje zmiany nazwiska o brzmieniu polskim na nazwisko o brzmieniu niepolskim." Urteil WSA w Poznaniu aus 2005, Signatur III SA/Po 4/05.

der Abteilung für zivile Angelegenheiten in einem Brief vom [...] 2006 den Kläger informiert, dass es eine solche Möglichkeit gibt, sofern die Vorfahren den Namen mit dem Adelsprädikat „von" trugen. Er wies auch auf die Entscheidung des Obersten Gerichts vom 4. Februar 1998, Aktensignatur I CKU 204/97, in welcher diese Position bestätigt wird.

- Kann das Adelsprädikat „von" nach einer Scheidung „weitergereicht" werden"?

Nein, aber es entscheidet der Einzelfall.

Positiv ist noch anzumerken, dass das **Wojewodschaftsverwaltungsgericht in Gliwice vom 15. VI. 2007 unter der II SA/Gl 29/07** zugleich das Recht auf Weitergabe des adligen Namens nach einer Scheidung bei erneuter Heirat abgewiesen hat [hier **„von B."**].

- Kann in Polen der Eintrag eines Adelsranges im Wege einer Korrektur durch das Standesamt erwirkt werden?

Nein, denn es ist keine Korrektur, daher ist ein gerichtliches Namensfeststellungsverfahren durchzuführen.

In der Sache **III SA/Łd 19/05 bei dem Wojewodschaftsverwaltungsgericht WSA in Łodź vom 4. X. 2005** wurde festgestellt, dass der Eintrag eines Grafentitels „hrabia" nicht im Wege einer Korrektur der standesamtlichen Unterlagen zu erreichen sei. Übersetzung eines Urteilelementes: Es ist auch angezeigt festzustellen, dass die Kompetenzen den Leiter des Standesamtes nur berechtigen, offensichtlicher Schreibfehler zu berichtigen, andere Änderungen in den bestehenden Standesamtsunterlagen können nur auf der Grundlage eines Urteils der allgemeinen Gerichtsbarkeit in Fällen erfolgen, die im Art. 33 des Gesetzes vorgesehen sind[55]. Das Urteil bekräftigt damit zugleich, dass die Festlegung der Namensform ausschließlich in die Zuständigkeit der Amtgerichte fällt.

Damit bestätigt es die bisherige Praxis wie des ältesten bekannten Gerichtsverfahren aus dem Jahr 1995 unter der Signatur III. Ns. 917/95/4 (hier in Faksimile ein Auszug aus dem nicht veröffentlichten Urteil in einer amtlichen Übersetzung durch einen gerichtlich bestellten Dolmetscher)[56]:

---

[55] „Wskazać też należy, że kierownik USC jest uprawniony tylko do sprostowania oczywistego błędu pisarskiego , inne zmiany w sporządzonych aktach stanu cywilnego mogą być dokonywane jedynie w wypadkach wskazanych w ustawie przez sąd powszechny (art. 33 ustawy)", Urteil WSA w Łodzi vom 4. X. 2005, Signatur III SA/Łd 19/05.

[56] In der Republik Polen finden alle personendatenbezogene Rechtssachen in nicht öffentlichen Sitzungen statt.

Nr.-9499 Gemäß Beschluss des Amtsgerichts in Poznań vom 27 Februar 1995.---------------------------
Signatur Rechtsakt III. Ns 917/95/4 berichtigt man den Familiennamen der Person, die die vorliegende Urkunde betrifft, durch den Namenszusatz „von". Der Familienname lautet: „von   ". --------

Faktisch kann man feststellen, dass es sich im heutigen Polen um ein erneutes Adelslegitimationsverfahren handelt, den vor dem allgemeinen Gericht muss wie bei den früheren Adelslegitimationsverfahren die salisch-genealogische Abkunft nachgewiesen werden. Als positives Nebenergebnis eines solchen Verfahrens bei der allgemeinen Gerichtsbarkeit in der Republik Polen ist anzumerken, dass auch die Auswirkungen der Menschenrechtsverletzungen der sozialistischen Gesetzgebung in Österreich und in der I. Tschechoslowakischen Republik 1918-1919 aufgehoben werden können, sofern sich die Erbfolge nahtlos durch Personenstandsdokumente aus der Zeit vor der Menschenrechtsverletzungen des Zeitraums 1918/19 dokumentieren lässt. Zugleich wie vor 250, 200 und 150 Jahren dient es mit dazu, sich mit den Traditionen der eigenen Familie zu beschäftigen und in der heutigen kurzlebigen Zeit sich auf den eigenen Stand zu besinnen.

Somit befindet sich dieses Verfahren auch in der Tradition der Habsburgischen Renovationsverfahren[57], in dem Geschlechter des verdunkelten Adels eine Restituierung deren adligen Rechte beantragen konnten. Die Analogie ist insbesondere auch darin zu sehen, dass zum Zeitpunkt der Renovationsverfahren im Kaiserreich Österreich und später Österreich-Ungarn faktisch alle angestammten adligen Privilegien bereits abgeschafft wurden, so dass es sich faktisch um die Feststellung der Namensführung handelt.

- Wird in der Republik Polen das Salische Rechtsprinzip geachtet? Teilweise ja.
Unter **II SA/Gl 29/07 des WSA Gliwice vom 15. VI. 2007** bestätigte das Wojewodschaftsverwaltungsgericht in dritter Instanz indirekt auch das bestehende Salische Rechtsprinzip, in dem er die materiellen Ablehnungen der ersten beiden Instanzen bestätigte. Dabei wollte der Antragsteller den Namen seiner Großmutter **„von B."** führen. Das Standesamt nahm die Namensänderung auf **„B."** vor, verweigerte jedoch die Eintragung des Adelprädikates **„von."** .

---

[57] Den Weg zu einem formellen Renobilitierungsverfahren ebnete das Dekret der Hofkanzlei in Wien vom 12. X. 1840. Auch hier zeigte sich die liberale Einstellung der Habsburger Monarchie, indem es verarmten alten Adelsgeschlechtern ermöglichte, einen ihrem Stand entsprechenden Status wieder zu erlangen. Es betraf nicht nur – oder sogar am wenigsten verarmte Geschlechter- wenn ihre Familientradion lebendig gehalten haben. Somit handelte es sich eher um eine Chance für Geschlechter, die ihr Standesbewußtsein in früheren Genera-tionen verloren haben. Eigenartiger Weise wurde hiervon bis zum Jahr 1848 kaum Gebrauch gemacht, erst nach dem Revolutionsjahr kam es zu häufigeren Anträgen. Eine mögliche Erklärung hierfür ist, dass vergleich-bar der Situation in Galizien, Polen oder den westrussischen Gubernien erst aufwändig fehlende Dokumente beschafft werden mußten.

- Wird in der Republik Polen bei Rechtsentscheidungen die genealogische Abkunft geachtet? Ja.

Ähnlich wurde in der Sache in dritter Instanz unter **WSA in Lublin vom 27. III. 2012 unter der Signatur III SA/Lu 35/12** zur unberechtigten Nutzung des adeligen Prädikates **„von"** durch einen unberechtigten, da unadligen, Antragsteller geurteilt. Zwar wurde im Urteil mit einer Bezugnahme auf das Urteil des Obersten Gerichtes von 1998 der Klage des Antragstellers stattgegeben, jedoch wegen Verfahrensfehler des Standesamtes und nicht in der Sache [58] selber: Zu Beginn ist festzustellen, dass die Auffassung des Wojewoden zutreffend ist und die **„von"** Präposition kein Name sei.

- Kann ein deutschsprachiges Adelsprädikat „von" in die polnischen Standesamt-unterlagen eingetragen werden? Ja.

Bereits am 4. II. 1998 stellte das Oberste Gericht der Republik Polen [SN] im Urteil unter der Signatur I CKU 204/97 über das **„von"** fest:

Dieser Begriff entspricht dem französischen **„de"** dem niederländischen **„van"** oder dem polnischen **„z"** und wird in der juristischen Literatur als Adelsprädikat bezeichnet. Seine wesentliche Funktion ist es, die Bedeutung von Namen zu betonen. Die Erfüllung nur als ein Unterscheidungsmerkmal kann nicht als Titel behandelt werden. In den meisten der Gesetzgebungen ist es als integraler Bestandteil des Namens anerkannt und es fehlt ein berechtigter Grund, um sie unter polnischen Bedingungen anders zu verstehen[59].

Und dies zu Recht, den die Verfassung der Republik Polen aus dem Jahr 1935 hat die Verfassung aus dem Jahre 1921 aufgehoben, in der eine Aufhebung des Adelstandes verankert war. Da in der Verfassung von 1935 noch später diese Frage nicht reguliert und ausgeklammert wurde, gilt im Bezug auf den Adelstand die Regelung, welche vor dem in Kraft treten der Verfassung aus dem Jahre 1921 galt, d. h.

[58] „Na wstępie należy zgodzić się z Wojewodą, że przyimek von nie jest nazwiskiem." Urteil des WSA in Lublin vom 27. III. 2012, Signatur III SA/Lu 35/12.

[59] „Określenie to, odpowiadające francuskiemu „de", holenderskiemu „van", czy też polskiemu „z", w literaturze prawniczej nazywane jest partykułą szlachecką. Jej istotna funkcja sprowadza się do podkreślenia znaczenia nazwiska. Spełniając jedynie rolę wyróżnika nie może być traktowana jako tytuł. W większości ustawodawstw uznawana jest jako integralna część nazwiska, i brak też uzasadnionych powodów, aby odmiennie ją rozumieć w warunkach polskich." Urteil des Obersten Gerichtes der Republik Polen [SN] in Warschau vom 4. II. 1998, I CKU 204/97:

Rechtsstand des IV. resp. III. Königreich Polen als auch die der Res Publica von 1795 als deren Rechtsnachfolger sich die polnische Republik heute definiert. [60]

Dennoch ist die Fragestellung komplizierter und es wird in entsprechenden juristischen Diskussionsforen engagiert diskutiert [61], denn: Auf der Grundlage der geschilderten Situation, da nach dem in Kraft treten der Verfassung von 1935 und auch der späteren Verfassungen keine Normativakten bezüglich des Adelsstandes in den Gebieten der II. und III. Republik Polen ergangen sind, gilt in den jeweiligen Gebieten, die im Jahre 1918 zur II. Republik Polen vereinigt wurden, auf der Grundlage der Rechtsfortsetzung in Teilelementen auch das Recht der jeweiligen Teilungsmächte. Im Bezug auf die Adelslegitimationsverfahren würde es bedeuten, dass eine adelslegitimierte Familie im Gebiet des Königreiches Galizien und Lodomerien oder des Königreiches Preußen ansässig heute in den Grenzen der II. und III. Republik Polen einen Anspruch auch auf die deutschsprachigen Adelsprädikate erheben kann. Für die Gebiete des III. und IV. Königreiches Polen ergibt sich kein Unterschied, denn es wurden mit dem Stand im Dworjanstwo (sei es durch Adelslegitimation oder Standeserhöhung) keine Adelsprädikate verliehen.

Somit hat die Publikation der Stammfolgen auch einen unmittelbaren praktischen Sinn.

---

[60] „1. Jesli Konstytucja z 1935 roku, uchyliła zapisy Konstytucji z 1921 roku i nie wprowadziła nowych uregulowań w danej kwestii, to jest oczywiste, że po 1935 roku, obowiązywał stan prawny taki jak przed 1921 r..
2. Ponieważ żadna późniejsza Konstytucja nie regulowała tej kwestii, to stan zprzed 1921 roku obowiązuje do dziś, czyli kwestia tytułów szlacheckich nie jest uregulowana."

[61] „3. Nie słyszałem o ustawie ws. tytułów szlacheckich, a jeśli była by wydana, to powinna być aktem nadal obowiązującym, a nie jest (a przynajmniej nie ma w wykazie takich aktów). Wśród aktów nadal obowiązujących, sa jeszcze ustawy przedwojenne, które nie zmieniły się zasadniczo, pomimo trzykrotnych zmien Konstytucji np. ustawa prawo wekslowe z 28 kwietnia 1936 roku.
4. Ustawy i inne akty prawne o tej randze, muszą być zgodne z Konstytucją. To chyba jasne. Jeśli zaczyna obowiązywać nowa Konstytucja, to "stare" ustawy:
- obowiązują tylko w okresie przejściowym, zakreslonym w nowej Konstytucji, nowa Konstytucja nie wchodzi zwykle z dnia na dzień i tak jak ustwy zwykłe, ma vacatio legis;
- po okresie przejściowym, obowiązują tylko te zapisy ustawowe, które nie są sprzeczne z nową Konstytucją, np. jak cytowane wyżej prawo wekslowe;
- po okresie przejściowym, wszystkie ustawy sprzeczne z nową Konstytucją, jak najbardziej idą do kosza.
5. Teoretycznie, jeśli sytuacja prawna jest taka jak wyże opisano i nie wydano później, tzn po 1935 roku, żadnego aktu normatywnego w tej sprawie, to można by sie doszukiwać, na zasadzie ciągłości prawnnej z przepisami obowiązującymi w państwach zaborczych, przed ozyskaniem przez Polske niepodległości w 1918 roku. Mogło by sie okazać, że na części terenów Polski można używać tytułów szlacheckich, a na innych terenach nie można."

Etwas anders sieht es mit der Eintragung von Rängen wie baron, hrabia ... aus – egal ob in einer polnisch- oder einer fremdsprachigen Version, denn diese sind als Titel zu verstehen und Titel (auch wissenschaftlicher Art wie z. B. **„Dr.“**) werden generell nicht in polnische Personalstandsdokumenten eingetragen. Dabei bleibt anzumerken, dass auch bei diesem Fall auf der Grundlage der Rechtsfortsetzung aus dem II. Königreich Polen und Res Publica traditionell keine Rangtitel – außer der dynastisch-fürstlichen Titeln aus dem Großfürstentum Litauen – anerkannt wurden.

Eine Ausnahme bildet jedoch die Eintragung von Rängen bei einer Heirat mit ausländischen Bürgern, die einen solchen zusammengesetzten Namen tragen; diese werden als Ausnahmefall eingetragen.

1.3. Bevölkerungsentwicklung und das Erlöschen von Geschlechtern

In der zweiten Hälfte des XVII. und XVIII. Jhdt. waren Epidemien ein fester Bestandteil des Lebens. Pestepidemien gab es in den Jahren 1651-1663, 1665, 1667, 1679, 1693 und 1695, und die Pest kehrte mit noch größerer Kraft in den Jahren 1708-1711 zurück.

Dazu traten noch oft Krankheiten wie Typhus, Dyphterie und Pocken, welche die Konstitution der Bevölkerung schwächten wie auch die unheilbare Lepra. In Verbindung mit dem niedrigen Niveau der Medizin und Hygiene sowie schwierigen Lebensbedingungen bedeutete dies, dass **das Reproduktionsalter von nur etwa 35% der geborenen Individuen erreicht wurde**.

In Zahlen umgesetzt: auf eine in den Stammfolgen auftretende verheiratete Person kommen statistisch 2 weitere Personen, die in die Stammfolge Eingang hätten finden müssten. Betrachtet man die Genealogien für diese Zeit, stellt man sofort fest, dass dies bei landadeligen Geschlechtern fast in keinem Fall erreicht wird. Sogar die Stammfolgen der dynastischen Familien sind von den zu erwartenden Tatsachen weit entfernt. Daher kam es im XX. Jhdt. immer wieder zu wundersamen „Geschlechteraufweckungen" von in der Literatur für erloschen erklärten Geschlechtern wie z. B. des Geschlechts der Fürsten Chowanski h. Pogoń Litewska[62].

Die Lebenserwartung der Landbevölkerung in der Zeit der ausgehenden Adelsrepublik lag mit 27-28 Jahren recht niedrig. Unter dem Adel war es etwas besser, aber das Alter von 50 Jahren erlebten nur etwa 12,5% der geborenen Population dieses Standes; unter den Bauern nicht mal 10 Prozent. Noch schwieriger war es, als Frau dieses Alter zu erreichen. **Es wurden in diesem Zeitraum durchschnittlich 6 Kinder pro Ehe geboren** und jede Geburt stellte eine ernsthafte Lebensbedrohung der Mutter dar, denn deren Sterblichkeit lag zwischen 5 und 11 Prozent [63].

Aus dem Mittelalter und der frühen Neuzeit wissen wir immer nur von den Kindern,

[62] Nachkommen von Narimunt, dem zweitgeborenen Sohn des Großfürsten Gediminas von Litauen, Vorvater des Begründers der litauisch-polnischen Union. Fürsten Chowanski gehörten zum direkten Familienumfeld der Großfürsten von Moskau und waren betroffen von dem späteren Zaren Iwan Grozny veranlassten Ermordung von Mitgliedern seiner eigenen Familie. Im Jahre 1682 haben Chowanski in einem Staatsstreich versucht, die Romanow zu stürzen und sich des Zarentrons zu bemächtigen.

[63] Gloger, Zygmunt: Encyklopedja staropolska ilustrowana [Illustrierte Altpolnische Enzyklopädie], 4 Bände, Warschau 1900-1903. Wegen der Bedeutung des Werkes wird versucht es elektronisch verfügbar zu machen: Volltextsuche und Downlad unter: https://pl.wikisource.org/wiki/ Encyklopedia_staropolska. Brückner, Alexander, Professor der Slawistik an der Universität Berlin: Encyklopedia staropolska, 2 Bände, 1937-1939; Reprint: 1990.

die einerseits ihre Kindheit überlebt haben und die andererseits so wichtig oder reich wurden, dass sie in den Quellen oder Urkunden überhaupt vorkamen. Wer z. B. kein Amt oder eine Würde bekleidete, nie ein Stück seines väterlichen Erbgutes veräußerte, aber auch nichts hinzukaufte oder verklagt worden ist, wurde niemals aktenkundig. Die dritte Hürde ist der fortwährende Verlust der Urkunden durch Brände, Überschwemmungen, mangelnde Vorsorge, Verschleppung durch durchziehende Truppen, Zerfall des Papiers oder bewusste Vernichtung zur Verschleierung von Herkunft und Abhängigkeiten.

Bei dem Forschungsprojekt "**Eliten der Serenissima Res Publica Coronae Regni Poloniae Magnique Ducatus Lithuaniae 1385 - 1569 - 1795 und in deren Grenzen bis 1918**", setzen wir für die Reproduktion nachfolgende Generationmindestfolgen an:

männlich mit 21 Jahren und weiblich mit 16 Jahren,

jeweils korrigiert um dokumentierte Einträge in Matrikeln, Gerichtsbüchern, Reichstagsprotokollen u. ä. .

So ermitteln wir das späteste Datum der gesuchten Geburt, welches wir mit dem Zeichen „**<**" für „**vor**" kennzeichnen. Analog ermitteln wir den frühesten und spätesten Zeitpunkt des Ableben, welches wir mit dem Zeichen „**>**" für „**nach**" kennzeichnen. Sicherlich hat es eheliche Verbindungen mit jüngeren als einem 21-jährigen Bräutigam und einer 16-jährigen Braut gegeben, dies gehörte sowohl im MA als auch in späteren Zeiträumen zur absoluten Seltenheit.

Eine Obergrenze setzen wir männlicherseits nicht fest, da sie sehr schwer auszumachen ist: Der Gediminide Wladyslaw II. Jagiello als König von Polen und Großfürst von Litauen, war zur Zeit seiner letzten Geburt 76 Jahre alt und noch ältere Väter sind geschichtlich überliefert, es hängt offensichtlich von deren Kondition ab.

Auch weiblicherseits ist eine Obergrenze schwer festzumachen. Generell wäre sie bei 45-50 Jahren auszumachen. Dies gilt jedoch nur im Allgemeinen, denn wie neueste Forschungen zeigen, verschiebt sich die Grenze bei Vielfachgebährenden (10-15 und mehr Geburten) ganz beträchtlich. Offensichtlich führt die eisprunglose Zeit fast komplett zu einer Verlängerung der Empfängnisfähigkeit. Dies belegen die Kindergeburten bei fast 60-jährigen.

Allerdings ist bei unseren Forschungen die Obergrenze von geringer Bedeutung, denn unser Problem bilden Stammfolgen als solche, denn in Genealogien und historiographischen Aufzeichnungen im östlichen Europa werden kaum Zeitdaten angegeben. Wenn überhaupt zusätzliche Daten angegeben werden, erfolgt gegebenen Falls die Angabe von Ämtern und Würden, so dass sich erhebliche Schwierigkeiten bei dem Versuch ergeben, nicht erfasste Personenfunde richtig zeitlich ein- und zuzuordnen.

Wir sind uns bewusst, dass der obiger Ansatz 21/16 Jahre über viele Generationen zu einer gehörigen Zeitverschiebung führt. Erfahrungsgemäß kommen wir bei 5 Generationen auf ein ca. 50 Jahre späteres Datum der Geburt, bei 10 Generationen (nicht so unüblich bei Adelslegitimationsverfahren) auf eine anzunehmende Mindestverschiebung von bis zu 100 Jahren. Dies mag dem Leser als horrend erscheinen, ist es jedoch nicht. Diese Methode ist wesentlich sicherer und genauer (im Laufe der 5 Jahre Laufzeit des Forschungsprogramms ist uns kein einziger Fall bekannt geworden, der außerhalb der so ermittelter Zeitobergrenze lag) als der Ansatz des wichtigsten polnischen Forschungsprogramms mit der umfassendsten Datenbank für das östliche Europa, der aus obig dargestellten Gründen pauschaliert die Datensicherheit mit +/- 50 Jahren pro Generation angibt (d. h. einer Zeitspanne von 100 Jahren) und dies bereits ab dem XVIII. Jahrhundert abwärts [64].

Als mögliche Ursachen für den Rückgang sowohl der Zahl der Adligen als auch der Anzahl der Adelsfamilien können grundsätzlich folgende Faktoren angenommen werden, die sich vermutlich gegenseitig verstärken können. Dabei ist zu unterscheiden das faktische vom scheinbaren Erlöschen eines Geschlechtes.

Unter den faktischen Ursachen wären zu nennen:

1. Die **Auswanderung** eines Adligen oder gar ganzer Adelsfamilien in östliche Gebiete der Res Publica aber auch in das Großfürstentum Moskau, Schweden, Länder der Böhmischen Krone, Königreich Ungarn oder Gebiete des HRR begleitet durch einen Verlust des privilegierten Statuses in anderen Adelsrechtssystemen könnte eine Ursache für den zahlenmäßigen Rückgang des Adels gewesen sein.
2. Die **Familiengröße** ist ebenfalls als ein Faktor zu sehen, von dem das Aussterben der Adelsfamilien im späten Mittelalter und der Frühen Neuzeit abhing, denn in einer Zeit extrem hoher Kinder- und Jugendsterblichkeit war es für den Fortbestand einer Familie bedrohlich, wenn es nur wenige Familienmitglieder gab.
3. Die **Macht einer Familie** könnte ein anderer möglicher Grund für das

[64] Datenbank Dr. Minakowski über die Geschlechter des Vierjährigen Reichstages, Rezension in: http://de.szlachta.wikia.com/wiki/Rezension_Datenbank_Minakowski.

Aussterben einzelner Adelsfamilien gewesen sein, denn mächtigere Familien konnten einerseits unter positiveren Bedingungen leben als weniger mächtige Adelsgeschlechter, andererseits waren sie aber auch gerade wegen ihrer Macht anderen Gefahren ausgesetzt als weniger mächtige Geschlechter.

4. Der **Familienreichtum** war möglicherweise ebenfalls ein Faktor, der Aussterben bei Adelsgeschlechtern beeinflusst hat. denn wohlhabendere Adelsfamilien konnten sich eine bessere und gesündere Ernährung, bessere Kleidung und Bildung, modernere Kampfausrüstung [65], besseres und gesünderes Wohnen sowie eine bessere medizinische Versorgung leisten.

Zu den zweitgenanten Ursachen zählen sicher:

5. In den Zeiten der Umbrüche der Industriellen- und heute Informationsrevolution durch einen **Bewusstseinsverlust** der eigenen Familientradition so wie der Verzicht aus das Führen der Adelstitel und Ränge[66].
6. Ein scheinbares Erlöschen einer Familie durch **Vergessen** in den tradierenden Medien. Diese wohl häufigste Form kann man an einigen Beispielen verdeutlichen.

In einem Fall wurde sogar seit dem XIX. Jhdt. und noch zu Beginn der 90-er Jahre des XX. Jhdt. vom einem Professor, ausgewiesenem Spezialisten der Historischen Grund-

---

[65] Um die Proportionen zu verdeutlichen: Die Ausrüstung eines schweren Reiters, der über mehrere Jhdt. im Landaufgebot der Szlachta der Res Publica zum Einsatz kam, d. h. eines aufwendig geschulten Pferdes mit Ersatzpferd, Vollausrüstung und 1-3 Hilfspersonen, entsprach dem Wert bis zu drei mittelgroßen Dörfern. Da-für bot eine solche Ausrüstung und Ausbildung eine mit dem Fahrer enes neuzeitlichen Panzers vergleichbare Überlebenschance im Kampf.

[66] So haben z. B. viele der Teilungsfürsten, Nachkommen von Gediminas und Rurik, die Führung deren Für-stentitel [kniaź] seit dem XVI. Jhdt. unterlassen, ohne jedoch auf den Fürstenrang als solchen zu verzichten. Einige Familien haben nach einigen Jahrhunderten dann die Führung des Fürstentitel wieder aufgenommen, viele andere jedoch nicht. Dieses angestammte Recht findet sich sogar in einigen Nobilitierungen des Heiligen Römischen Reiches wieder, in dem ein entsprechendes Privileg "de non usu"erteilt wurde. Es handelt sich um die Berechtigung, den Adel oder die Rangtitulatur fallweise oder zeitweise nicht zu führen. Bei der Vornahme "bürgerlicher" Handlungen beispielsweise wurde so kein Präjudiz im Bezug auf den Fortbestand des Adels bzw. dessen Wiederaufnahme gesetzt. Dieser Brauch hat sich - wie das Beispiel des **Michael Prinz zu Salm-Salm** im Deutschen Bundestag zeigt - bis heute erhalten.
Diese Regelung bestand nicht im Geltungsbereich der Adelsrepublik, den die Vornahme "bürgerlicher" Hand-lungen war mit dem Adelstand unvereinbar. Diese starre Haltung ist als einer der Gründe der Verarmung weiter Teile der Szlachta im XVII. und XVIII. Jhdt. anzusehen. Dieser Tatbestand musste jedoch nach der Beschuldigung nicht dem Adelstand anzugehören amtlich festgestellt werden. Eine solche Anschuldigung wurde hatte vor einem Gericht verhandelt zu werden.

wissenschaften, in einem Sammelwerk zu Stammfolgen der Gediminiden und Rurikiden das Geschlecht der Chowański als im XIX. Jhdt. erloschen ausgewiesen.

Bis – im Jahre 2007 als Ergebnis eines fast 100-jährigen genealogischen Studiums - in Moskau eine über 500-seitige Monographie dieses weiterhin blühenden Geschlechtes erschien. Man sollte annehmen, dass die Fürsten Chowanski darin erschöpfend vorgestellt werden.

Jedoch bereits vor der Drucklegung des Buches wurde von den Autoren ein „vergessener" Zweig mit mehreren Hunderten heute lebender Familienangehörigen entdeckt[67], die im Werk nicht berücksichtigt werden konnten.

Beispiel des Weges zum „Vergessenwerden" am Beispiel der erwähnten Linie der Fürsten Chowański: Karte 1 = Umsiedlung von den ukrainischen Gebieten in den zentralen Bereich von Altlitauen (hier südlich von Vilnius, der Hauptstadt Litauens, und westlich von Minsk, der heutigen Hauptstadt Weißrusslands

[67] Dies wurde vom Herausgeber im Werk auch noch vermerkt, dieser Zweig konnte jedoch im Werk nicht mehr berücksichtigt werden und ist immer noch als Baustelle in Bearbeitung.

Karte 2 = Wechsel aus einem Teil der Res Publica (Großfürstentum Litauen) und Zuwanderung in den zweiten Reichsteil der Res Publica (II. Königreich Polen)
(als Beispiel einer zum Trend des Drangs nach Osten gegenläufigen Wanderung).

Ein anderes Beispiel: Bis heute wird die Fehlinformation tradiert, dass die Reichsgrafen [de Leszno] Leszczyński h. Wieniawa mit den Töchtern von Stefan, Wojewoden von Kalisch, wie Maria, seit 1725 Gattin des Ludwik XV, Königs von Frankreich und Navarra, erloschen ist. Danach war letztes männliche Mitglied des Geschlechtes Stanislaus I. **Reichsgraf Leszczyński h. Wieniawa**, * 1677, + 1766, König von Polen und Großfürst von Litauen, Herzog von Lothringen und Bar.

Faktisch blühte das Geschlecht, wie die nachstehende Adelslegitimierung und die Linie der in Preußen landsässigen **de Leszno Leszczyński h. Wieniawa** belegen, fort. Die weiterblühenden Linien haben jedoch weder die Anerkennung des Grafenstandes beantragt noch erhalten oder geführt[68].

---

[68] **A0.** ? **de Leszno Leszczyński h. Wieniawa**, * [1780 <], + [],
oo ? **? h.** ?, * [1785 <], + [],
B1. Michał [de Leszno] **Leszczyński h. Wieniawa**, * [1801 <], + [1843 <],
oo ? **? h.** ?, * [1806 <], + [],
C1. Józef [de Leszno] **Leszczyński h. Wieniawa**, * [1822 <], + [> 1843], Adelslegitimiert im Jahr 1843 im III. Königreich Polen (unter Romanows), nach Adam Boniecki lautete die Vornamen Józef Wincenty [Quelle: AGAD, 2/3, Seite 291, nach: Sęczys, Elżbieta: Szlachta wylegitymowana w Królestwie Polskim w latach 1836-1861(1867) [Im (III. Königreich Polen in den Jahren 1836 - 1861 (1867) legitimierter Adel], 2. korrigierte Auflage, Warszawa 2007 in: Seria szlachta polska, Seite 376 und Boniecki (h. Bończa), Adam: Herbarz polski, Warszawa 1899 ff, Band 14, Seite 153],
B2. Józef [de Leszno] **Leszczyński h. Wieniawa**, * [1801 <], + [1843 <?],

Dieser historischen Verwischung wird Vorschub geleistet, indem in westlichen Erarbeitungen wie auch modernistischen Publikationen die Zugehörigkeit zu der entsprechenden Wappengenossenschaft unterdrückt wird. Polnischerseits besteht die historische Verwischung dadurch, dass systematisch, auch bei eingewanderten und indigenierten Geschlechtern, dass geführte Adelsprädikat „von" / „de"sowie ggfs. die bestehenden Adelsränge ignoriert und in der Literatur generell nicht die angetroffenen Vornamen, sondern in polonisierter Form aufgeführt werden.

Es kann jedoch als gesichert festgestellt werden, dass quellenmäßig im ausgehenden Mittelalter und der Frühen Neuzeit bekannte Geschlechter, wenn sie im

---

oo ? **? h. ?**, * [1806 <], + [],

C1. Michał Juljan [de Leszno] **Leszczyński h. Wieniawa**, * [1822 <], + [> 1843], Adelslegitimiert im Jahr 1843 im III. Königreich Polen (unter Romanows), nicht erfasst durch Elżbieta Sęczys, [Quelle: Boniecki (h. Bończa), Adam: Herbarz polski, Warszawa 1899 ff, Band 14, Seite 153],

A0. ? **de Leszno Leszczyński h. Wieniawa**, * [1776 <], + [],

oo ? **? h. ?**, * [1781 <], + [],

B1. Ernst Wilhelm Heinrich Ferdinand [de Leszno] **Leszczyński h. Wieniawa**, * Magdeburg 28. X. 1797, + Berlin 23. II. 1863, königlich preussischer Oberstleutnant, [Quelle: Kurt von Priesdorff: Soldatisches Führertum. Band 9, Hanseatische Verlagsanstalt Hamburg, ohne Jahr, Seite 282-287],

oo Laurette Antonie Berta **von Winterfeld eigenen Wappens**, * Stettin 23. X. 1803, + Boostedt 18. V. 1870, [Quelle: Kurt von Priesdorff: Soldatisches Führertum. Band 9, Hanseatische Verlagsanstalt Hamburg, ohne Jahr, Seite 282-287],

C1. Paul Stanislaus Eduard **[de Leszno] von Leszczynski [h. Wieniawa]**, * Stettin 29. XI. 1830, + Repten 12. II. 1918, königlich preussischer General der Infanterie, seit 1905 Mitglied des preussischen Herrenhauses, [Quelle: Kurt von Priesdorff: Soldatisches Führertum. Band 9, Hanseatische Verlagsanstalt Hamburg, ohne Jahr, Seite 282-287],

oo Berlin 19. V. 1862 mt Hedwig Klara **von Winterfeld eigenen Wappens,** * Nieden 14. VI. 1835, + Repten 20. Januar 1901, [Quelle: Kurt von Priesdorff: Soldatisches Führertum. Band 9, Hanseatische Verlagsanstalt Hamburg, ohne Jahr, Seite 282-287],

D1. Paul **[de Leszno] von Leszczynski [h. Wieniawa]**, *Repten 20. VIII. 1863, + Repten 21. V. 1884, [Quelle: Kurt von Priesdorff: Soldatisches Führertum. Band 9, Hanseatische Verlagsanstalt Hamburg, ohne Jahr, Seite 282-287],

D2. Hedwig **[de Leszno] von Leszczynski [h. Wieniawa]**, * Karlsruhe 5. Mai 1872, + [], [Quelle: Kurt von Priesdorff: Soldatisches Führertum. Band 9, Hanseatische Verlagsanstalt Hamburg, ohne Jahr, Seite 282-287],

oo Berlin 5. V. 1872 mit Wolfgang **Gans Edler Herr zu Putlitz eigenen Wappens**, * Retzin 3. I. 1857, + Gundelsheim 31. V. 1931, preußischer Hauptmann a. D., Herr auf Barskewitz, 1907-1918 Reichstagsabgeordnete, [Quelle: Kurt von Priesdorff: Soldatisches Führertum. Band 9, Hansea-tische Verlagsanstalt Hamburg, ohne Jahr, Seite 282-287],

Zeitraum zwischen dem Dreißigjährigen Krieg / den ukrainischen Freiheitskriegen Mitte des XVII. Jhdt. und der Auflösung der Res Publica Serenissima zur Zeit der Französischen Revolution nicht notiert werden, als ausgestorben angesehen werden müssen. Daher ist eine große Anzahl der in den gedruckten heraldisch-genealogischen Sammelwerken erwähnten Geschlechter erloschen, wobei keine wissenschaftlich gesicherten Schätzungen über die Prozentzahl anzutreffen sind.

Völlig anders verhält es sich bei den Geschlechtern, die vielfach als Briefadel bezeichnet werden. Es sind neuadelige Häuser, welche vielfach durch eine Nobilitierung von verdienten Offizieren und Beamten begründet wurden. Bei Militärangehörigen, welche den größten Personenanteil stellten, auf die sich die Standeserhöhungen bezogen, bestanden strikte Restriktionen bei der zur Familiengründung erforderlichen Heiratsgenehmigung des Dienstherrn. Dadurch war die Nachkommenschaft, wenn überhaupt, nicht zahlreich oder das Geschlecht konnte aus biologischen Gründen häufig nicht fortgesetzt werden.

Bei katholischen Würdenträgern, bedingt durch das Zölibat, kam der erblich verliehene Adelstand faktisch einem persönlichen Adel gleich. Bei der Gruppe des Adelstandes mit mosaischem Hintergrund hat die Zeit der totalitären Systeme des XX. Jhdt. zu großen Verlusten geführt.

Ebenfalls scheint die geringere Traditionsbindung der neuadligen Familien zum beschleunigten Verlust des adelständischen Bewusstseins zu führen. Auch der sozialistische Terror sowie von Links als auch von Rechts im XX. Jhdt., sowohl im rechtlichen [69] als auch biologischen Sinne [70], hat tiefe Auswirkungen sowohl bei briefadeligen Familien als auch beim Altadel im östlichen Europa hinterlassen. Der kollektivistische Terror hat, auch ohne einen Verlust des Adelstandes mit sich zu bringen, vielfach zur Flucht geführt. Im Unterschied zum Aufgehen der exilierten ständischen Oposion der Länder der böhmischen Krone zu Beginn des 30-jährigen Krieges in der Bevölkerung der protestantischen Nachbarländer, brachte die erzwungene Emigration des XX. Jhdt. eine Entwurzelung vielfach auch in außereuropäischen Kulturkreisen und damit zum faktischen Erlöschen nicht weniger Geschlechter.

---

[69] Adelsfeindlichen kollektivistischen Gesesetzgebungen nach dem Ersten Weltkrieg wie in Österreich oder der I. Tschechoslowakischen Republik (1918-1938), dort abzielend auf die Namenstradition oder Bodenreformen und Verstaatlichungen in vielen Ländern Mittel- und Osteuropas.

[70] Gezielte Ermordung von Angehörigen des Adelstandes und Klerus während des Roten Terrors im Kaiserreich Russland, Baltikum, Ungarn, und Spanien, oder durch Glodomor in der Ukraine und Holocaust in Europa.

Leider wurde dem Vorschlag des Teilnehmers **rafal1368** auf historiker.org [71] im Jahre 2009 zur Ergänzung von Wappenbüchern durch Angehörige der jeweiligen Familie [72] nicht befolgt. Sein Beitrag gibt ein beredetes Zeichen dafür, wie scheinbar ein Geschlecht pauperisiert resp. erlöschen kann und seine Nachkommen unauffindbar und zum verdunkelten Adel werden. Berücksichtigt wurden nicht:

A0. **? Ciechomski h. Wąż**, * [1743 <], + [],
oo ? **?**, * [1748 <], + [],
    B1. Michał **Ciechomski h. Wąż**, * [1764 <], + [],
    oo ? **? h. ?**, * [1769 <], + [],
        C1. Wincenty **Ciechomski h. Wąż**, * [1785 <], + [],
        oo ? **? h. ?**, * [1790 <], + [],
            D1. Mateusz **Ciechomski h. Wąż**, * [1806 <], + [> 1851],
            oo ? **? h. ?**, * [1811 <], + [> 1851],
                E1. Ludwik **Ciechomski h. Wąż**, * 1827, + [],
                oo ?
                E4. Feliks **Ciechomski h. Wąż**, * 1833, + [],
                oo ?
                E2. Jan Kazimierz **Ciechomski h. Wąż**, * 1834, + [],
                oo ?
                E3. Wojciech Alfred **Ciechomski h. Wąż**, * 1848, + [],
                oo ?
                E4. Alfred Gustaw Teofil **Ciechomski h. Wąż**, * 1851, + [],
                oo ?

Allein an diesem Beispiel erfahren wir, wie durch die nicht komplette Wiedergabe vier Söhne "unterschlagen" worden sind, da sie nicht zur Kenntnis der Wappenbuchautoren gelangten. Gerade ab Ende des XVII. und dann verstärkt im XVIII. Jhdt., dem Jahrhundert des Zerfalls durch die Pragmatische Sanktion, Wirren der französischen Revolution und der napoleonischen Kriege bemerken wir Hand in Hand mit der Pauperisierung weiter

[71] 28/06/2010, 9:19 "Ze swej strony mogę wskazać odnośnie rodziny **CIECHOMSKICH**, że: Mateusz CIECHOMSKI, syn Wincentego, a wnuk Michała miał nie tylko syna Feliksa ur. w 1833 r., ale także synów: Ludwika (ur. w 1827 r.), Jana Kazimierza (ur. w 1834 r.), Wojciecha Alfreda (ur. w 1848 r.) oraz Alfreda Gustawa Teofila (ur. w 1851 r.)." Forum historiker.org, http://www.historycy.org/bez_grafik/index.php/t69905.html, Zugang 5. II. 2016.

[72] "Proponuję by w tym wątku osoby zajmujące się genealogią swoich rodzin podawały informa-cje, które stanowią uzupełnienie polskich herbarzy Bonieckiego, Uruskiego, Żychlińskiego, Niesieckiego i innych autorów."

Adelskreise ein öffentliches Vergessen blühender Geschlechter. An diesem Beispiel wird zugleich die praktische Umsetzung der Regeln demonstriert nach denen die Stammfolgenabhandlungen vorgestellt werden.

Die Angaben in dem obigen Beispiel reichen nicht aus um sie als gesicherte Stammfolgenelemente anzuerkennen, denn sie erfüllen nicht die vier Grundmerkmale gesicherter Datenherkunft:

1. fehlende Verwendung von Klarnamen und zumindest der Angabe der e-mail Adresse, d. h. der Möglichkeit zur Verifikation des ermittelnden Forschers,
2. verifizierbare Angabe der Quelle, aus der die Informationen gewonnen wurden,
3. Angabe nicht nur des Jahres der Geburt, sondern der kompletten Geburtsdaten (ein häufig gemachter Fehler),
4. Angabe des Geburtsortes als Grundlage zu einer möglichen Verifizierung.

Dennoch können anhand des obigen Beispiels die demographischen Konsequenzen nachvollzogen werden:
Wies die Res Publica zur Zeit ihrer größten Ausdehnung zu Beginn des XVII. Jhdt. an die 11 Millionen Einwohner auf, so verzeichneten deren Nachfolgerstaaten heute eine Bevölkerung von knapp über 100 Millionen auf. Dies entspricht, trotz der dramatischen Bevölkerungsverluste (wie an anderer Stelle beschrieben wird, allein 60 % bis 1717), des dreißigjährigen Krieges, der napoleonischen Wirren, der Negativselektion seit Ende des XVIII. Jhdt., der Bevölkerungsverlusten durch die polnischen Aufstände, den ersten und zweiten Weltkrieg sowie der Zeit des rechts- und linkssozialistischen Terrors im XX. Jhdt., dem Multiplikationsfaktor 10 in vierhundert Jahren.

Der Zeitraum von 400 Jahren entspricht je nach Lehrmeinung 10 bis 13 Generationsfolgen. Die Konsequenzen: der Verlust von 4 Söhnen bei einer Person (wenn er vor 400 Jahren einträte) würde - alleine statistisch gerechnet - mit zwei reproduktionsfähigen männlichen Nachkommen in einer Generation einem Verlust von 4 Söhnen x Faktor 13 = 52 männlichen Nachkommen in der heutigen Zeit entsprechen! Allein in den 180 vorgestellten Jahren seit 1840 = 6 Generationsfolgen, würde es 24 verdunkelten Söhnen entsprechen.

Über fehlende Komplettheit auch von wichtigen amtlichen Quellen wie den Steuerlisten oder Aufstellungen für das Militäraufgebot [pospolitte ruszenie] führt Andrzej Pszczółkowski [73] beispielhaft an [74]:

In freier Übersetzung: **Mostowy** [Mostowi, Mostowa, Mostowiak, Mostowianka] **h. Jasieńczyk**. Stammsitzdorf: Krajewo-Mostowe (im achtzehnten Jahrhundert wurde es dem Gut Małokrzynowłoga zugeschlagen). 1635 war Erbe eines Anteil an dem Dorf Wojciech **Mostowy h. Jasieńczyk**, Sohn von Jan. Danach gibt es keine Erwähnung der Familie mehr (nicht einmal in der Tabelle der Kopfsteuer der Provinz Wielkopolska von 1676). Dagegen erwähnt die Statistik aus der Mitte des XIX. Jhdt. gleich drei Mostowy-Namensträger: Franciszkus der einen Teil von Kobylak-Konopek erbt, Jan - auf Kobylaki Włódki und Wojciech - auf Ulatowo-Żyły. Im Jahr 1990 bewohnten 18 Personen mit dem Namen **Mostowy / Mostowa** die Wojewodschaft Ciechanów, 26 die Wojewodschaft Ostroleka und 38 die von Allenstein. Insgesamt entsprach dies 22 % der Personen dieses Namens in Polen[75].

Bei dem Namen **Mostowi** handelt es sich um zum Familiennamen verfestigten Beinamen der altadligen Familie **Krajewski h. Jasieńczyk**, möglicher Weise nahm ein Familienmitglied das Amt als Mostowy = Brückenmeister ein, wurde nach diesem Amt gerufen bis sich der Ruf zum Rufnamen und dann zu Familiennamen verfestigte. Auch dieser Namenswandel wurde weder in den Wappenbüchern noch bei dem elektronischen Wappenidentifikationssystem von Tadeusz Gajl erfasst.

Aus diesem Grunde erfolgt in der Serie StudIaS Stammfolgen zu den Stammfolgen auch eine ausführliche Analyse der jeweiligen Namensverteilung, um den Namensträgern eine zielgerichtete Forschung zu erleichtern.

---

[73] Herr Andrzej Pszczółkowski ist Mitglied in der komisja wywodowa des Polnischen Adelsverbandes in Warschau, (vergleichbar dem Deutschen Adelsrechtsausschuß - ARA) spezialisiert auf genealogisch-heraldische Fragen Masowiens.

[74] "**Mostowy** [Mostowi, Mostowa, Mostowiak, Mostowianka]. Wieś gniazdowa: Krajewo-Mostowe (w XVIII w. wchłonięta do dóbr małokrzynowłoskich). W 1635 r. dziedzicem części tej wsi był Wojciech Mostowy syn Jana. Potem o nich głucho (nawet w regestrze pogłównego prowincji wielkopolskiej z 1676 r. Mostowi nie występują w ogóle). Tymczasem statystyki z połowy XIX w. wymieniają trzech Mostowych: Franciszka dziedziczącego na części Kobylak-Konopek, Jana – na Kobylakach Włódkach i Wojciecha – na Ulatowie-Żyłach. W 1990 r. 18 osób o nazwisku Mostowy/Mostowa zamieszkiwało teren województwa ciechanowskiego, 26 - ostrołęckiego, a 38 - olsztyńskiego. Łącznie stanowiło to 22 % osób noszących to nazwisko w Polsce. … Mostowi to usamodzielnione przezwisko KRAJEWSKICH" h. **Jasieńczyk**!]. In: Pszczółkowski, Adam: Herbarz małokrzynowłoski," nach: http://akson.sgh.waw.pl/~apszczol/kmherb.htm, Zugang 5. II. 2016. apszczol@sgh.waw.pl.

[75] Auch hier kam die in den StudIaS Stammfolgen angewendete Methode der Analyse der Namenshäufigkeit zum Einsatz.

Es sind keine wissenschaftlichen Untersuchungen bekannt, die sich mit der statistischen Auswertung des Ausmaßes des Erlöschens des Neuadels befasst haben. Dennoch ist es wahrscheinlich keine Übertreibung, wenn geschätzt wird, dass nicht mehr als 10% der neuadeligen Häuser in der vierten Generation nach der Standeserhebung im Mannesstamm blühen. Obwohl die von Prof Voitowicz geäußerte Hypothese, dass mit einem höheren sozialen Status die Aussterbewahrscheinlichkeit überproportional ansteigt, empirisch bisher nicht belegt werden konnte, verstärken die Forschungsergebnisse auf dem Gebiet der Historischen Grundwissenschaften diese Theorie.

2. Vertretung des historischen Adels in den Gebieten der Res Publica

Cilane - Europäische Adelskommission

Die Europäische Adelskommission genannt Cilane oder C.I. L.A.N. E., „La Commission d'information et de liaison des associations de noblesse d'Europe“, ist eine Austausch- und Vernetzungsorganisation europäischer Adelsverbände. Sie wurde 1959 in Paris gegründet und dient zur Vernetzung der Mitglieder von und Jugendarbeit der Adelsorganisationen, ihre Geschäftssprache ist Französisch.

2.1. Estland

Es besteht eine Regionalabteilung des Russischen Adelsverbandes.

2.2. Lettland

Es besteht eine Regionalabteilung des Russischen Adelsverbandes.

2.3. Altlitauen als heutiger Sammelbegriff für die Gebiete des Großfürstentum Litauen

Die Situation in Litauen ist gekennzeichnet durch die weitgehende Polonisierung des alt-litauischen Adels. Fast alle dynastischen Fürstenhäuser, die polnische Historiographie für sich vereinnahmt hat, sind als litauischer oder zumindest altlitauischer Adel und heute - wenn man die Auswirkungen der Französischen Revolution bei der Umwertung zum neuzeitlichen Nationalitätenbegriffs akzeptiert - als litauische, ukrainische oder weißrussische Szlachta anzusehen.

Vorschub der Polonisierung der altlitauischen Eliten leistete im Kirchenkampf gegen die Orthodoxie ab Ausgang des XVI. Jhdt. die katholische Kirche Polens. Zugleich fanden unter polnischem Einfluss bedeutsame Umdeutungen faktischer Begebenheiten statt – kaum jemanden ist im westlichen Europa bekannt, dass sich unter den “polnischen” Jagiellonen um das dynastische litauische Herrschergeschlecht der Gedimiden versteckt.

Nur so ist es zu verstehen, dass Litauisch als Umgangssprache des Adels und die Amtssprache in den litauischen Stammländern durch die polnische Sprache weitgehend verdrängt wurde. Während jedoch bei den Prusen und Kaschuben diese

Assimilierung in einer fast kompletten Eliminierung einer Ethnie – fast wie bei den lausitzer Sorben in Sachsen – endete, konnten sich Litauer in einem Landesteil noch behaupten. Dennoch bildet Litauen ein Paradebeispiel einer erfolgten Inkulturierung.

Kaum im westlichen Europa notiert wurde das polnische "Husarenstück" der Besetzung von rund einem Drittel litauischen Territoriums nach dem Ersten Weltkrieg um es der II. Republik Polen einzuverleiben. Das II. Königreich Litauen und die danach entstandene Republik Litauen musste darauf hin die Hauptstatt nach Kaunas verlegen, da Vilnius mit den besetzten Gebieten durch die polnische Republik annektiert wurde.

Ebenfalls ist im Westeuropa kaum bewusst, dass die heutige Republik Polen sich auch nach dem Zweiten Weltkrieg trotz dessen Westverschiebung nicht nur bedeutsamere Teile der westlichen Ukraine und Weißrusslands einverleibt habe, sondern dass auch einige Gebiete im nord-östlichen Polen zu historischen Gebieten des Großfürstentums Litauen gehören.

Vor diesem Hintergrund ist auch die Position der heutigen litauischen Eliten zu verstehen, welche bestrebt sind einer weiteren Polonisierung des Landes Einhalt zu gebieten. Die Bildung eines nationalen litauischen Adelsverbandes ist erschwert nicht nur durch die Verluste durch das sozialistische Terrorrregime, sondern auch durch die Abwanderung eines großen Teiles des Adels – entweder auf der Flucht ins Exil oder im nicht geringeren Ausmaß nach Polen.

SOCIETY OF LITHUANIAN NOBLES

Die Gesellschaft des litauischen Adels ist Tochtergesellschaft der in den Vereinigten Staaten eingetragenen **Lietuvos Bajoru Karaliskoji Sajunga (The Royal Society of Litauian Bajorai)**, die in Vilnius am 23. April 1994 gegründet und im Litauen als gemeinnützige Organisation geführt wird. Die LBKS ist die Rechtsnachfolgerin der **Lietuvos Bajoru draugija (Gesellschaft der Litauischen Bojaren)**, die in Litauen von 1928 bis 1940 (Besetzung durch die Sowjetunion) tätig war.

Die LBKS unterstützt Aktivitäten zur Steigerung des Interesses an allen Aspekten des kulturellen und historischen Erbes von Litauen, vor allem der Zeitraum von der Antike zur Auflösung des Großherzogtums Litauen 1795. Um seine Ziele zu fördern, hält die LBKS regelmäßige Treffen ab, organisiert gesellschaftliche Veranstaltungen, öffentliche Vorträge und Fahrten zu historischen Stätten und verlegt die Jahresschrift **Lietuvos Bajoras**.

Die LBKS hat kürzlich mit **Lietuvos Bajoru Palikuoniai** (Nachkommen der litauischen Bajorai) ein Buch über seine derzeitigen Mitglieder mit ihren Wappen veröffentlicht. Die Mitgliedschaft in der LBKS ist offen für Männer und Frauen, die aus der Szlachta des Großherzogtums Litauen abstammen. **Die Abstammung wird von dem Adelsnichtbeanstandungsausschuss des LBKS in Vilnius verifiziert.**

Derzeit haben über fünfhundert Personen alle Voraussetzungen für eine Vollmitgliedschaft erbracht. Die zertifizierten Personen werden in die LBKS in einer feierlichen Zeremonie, die alljährlich in der Großen Halle in der Burg von Trakai stattfindet, der historischen Wiege Litauens, aufgenommen.

Die LBKS hat Kapiteln in den größten Städten Litauens und ein Affiliate-Kapitel in den Vereinigten Staaten.

Zusammensetzung des Vorstandes:
Vorsitzende: Undine Nasvytyte
Kanzler: Jonas Ragauskas
Marschall des Senats: Donatas Baikštys

2.4. Republik Polen

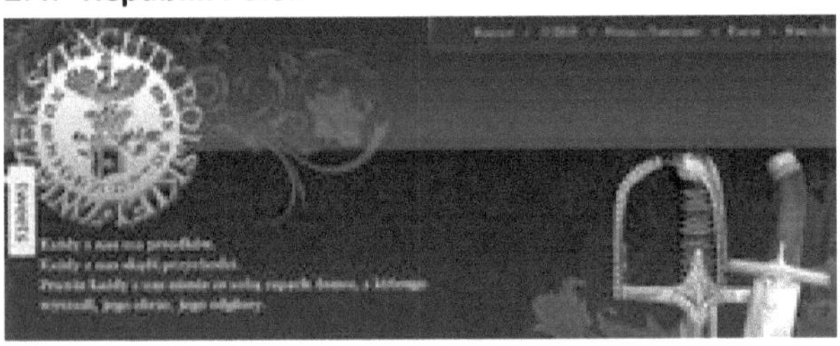

Polnischer Adelsverband - Związek Szlachty Polskiej - Confederation of the Polish Nobility

Verband der Szlachta der Krone Polens.

Daneben besteht noch in Polen der
Związek Szlachty Polskiej Kresów Wschodnich [Verband der Szlachta aus den Ostgebieten]
Bohaterów Warszawy 31, Szczecinek, Tel.: +48 94 712 73 32

Zur zweifelhaften Tätigkeit des "**Verbandes des polnischen Adels aus den Ostgebieten" - Związek Szlachty Polskiej Kresów Wschodnich**, der keine adelsrechtliche Kommission bestellt hat, siehe eigenen Artikel **unter** http://de.szlachta.wikia.com/wiki/Verband_der_Szlachta_aus_den_Ostgebieten.

In USA besteht die **Stiftung Polnischer Adelsgesellschaft - Polish Nobility Association Foundation**, Villa Anneslie, 529 Dunkirk Road, Anneslie, MD 21212-2014, USA.

Es handelt sich um eine obskure Stiftung, die 1960 in den USA als Neugründung der 1918 unter dieser Bezeichnung entstandenen und 1927 restruktuierten Organisation entstand. Die ursprünglich 1918 entstandene Stiftung förderte nach dem ersten Weltkrieg das Ziel der Entstehung einer konstituonellen polnisch-litauischen Monarchie. Die derzeit unter dieser ungeschützten Bezeichnung auftretende Organisation hat die 1960 entstandene Stiftung wenig gemein.

Im Bezug auf einige der dort handelnde Personen siehe „**Zweifelhafter Adelsbezug auf die Szlachta der Adelsrepublik 1385 - 1569 – 1795**“ auf dem Wikia Szlachta.

2.5. Ukraine

Es sind bisher keine Verbandsaktivitäten der historischen Szlachta bekannt. Hierzu muss allerdings angemerkt werden, dass in vielen Oblasten der Ukraine Abteilungen des Russischen Adelsverbandes aktiv sind.

2.6. Weißrussland - Geschichte des “Verbandes des weißrussischen Adels” (ZBS)

Weißrussischer Adelsverband - Згуртаванне Беларускай Шляхты - Association of the Bela-rusian Nobility

Ende 1988 trafen sich mehrere Personen, um die Gründung einer Organisation des historischen Adels in Weißrussland zu diskutieren. Besondere Unsicherheit bestand im Bezug auf die Namenswahl des zu gründenden Verbandes. Zur Diskussion standen die Formulierungen “Weißrussische Union des Adels" und "Verband des Weißrussischen Adels".

Ebenfalls wurde diskutiert, ob man sich als Vertretung der Gesamtheit des alt-litauischen Adels, dass heißt in den Grenzen des Großfürstentums Litauen vor 1569 oder in den Grenzen Großfürstentums Litauen während der Realunion der Res Publica nach 1569 konstituieren sollte.

In den Verhandlungen zur Schaffung der Realunion wurde das Gebiet der heutige Ukraine vom Großfürstentums Litauen abgetrennt und zur Provinz Kleinpolen des II. Königreiches Polen in der Res Publica zugeschlagen. Somit bestand das Großfürstentums Litauen in der Realunion aus westlichen Gebieten des heutigen Russlands, Teilen von Estland und durch Polen annektierten Gebieten in den Grenzen des heutigen Polens sowie den heutigen Staaten Lettland, Litauen und Weißrussland.

Zuletzt entschied man sich für die klein-altlitauische Lösung, d. h. der Verband wird sich auf Geschlechter des historischen Adels in den Grenzen Weißrusslands beschränken.

In den Jahren 1989 bis 1991 wurde die Gründung der Organisation vorbereitet. Die Organisationsstruktur wurde konkretisiert und zum Leiter der Organisationsgründung wurde Herr Peter Hushcha bestimmt.

Am 26. Juni 1992 genehmigte das Organisationskomitee den Entwurf der Verbandssatzung und am 1. November 1992 fand der Gründungssejm des Verbandes des weißrussischen Adels statt, an dem das Statut verabschiedet wurde und der Vorstand gewählt wurde. Zum Vorsitzenden des ZBSH wurde für eine vierjährige Amtszeit Dr. Anatoly Gritskevich gewählt.

Der Verband des weißrussischen Adel [Згуртаваньне Беларускай Шляхты (ЗБШ)] wurde 29. Januar 1993 als gemeinnützige Organisation bei dem Justizministerium der Republik Belarus zur Registrierung angemeldet.

Im Jahre 1996 wurde eine Satzungsänderung, insbesondere im Bezug auf die Definition der historischen Begriffe, beschlossen. Als Großmarschall des Verbandes wurde Dr. Anatoly Gritskevich wiedergewählt.

Verband des belarussischen Adels wurde als gemeinnützige Organisation von dem Justizministerium der Republik Belarus am 5. Juli 1996 unter der Registernummer

0727 in das Vereinsverzeichnis eingetragen. Mit der Registrierung wurde auch das Verbandswappen des ZBSH zertifiziert.

2.7. Die Nationalstaaten übergreifende Aktivitäten

Polnisch-Litauisch-Russischer Adelsclub - Adelsvereinigung im Kaiserreich Russland legitimierten Adels

President of nobiliary club:
Arsentij Nilski-Krasnicki - Арсентий Нильский-Красницкий
E-mail: Nilskij@gmail.com, Krasnicki@mail.ru - Russia, Moscow

---

Vice-president of nobiliary club:
Andrej Mikalajev-Paszkiewicz - Андрей Николаев-Пашкевич
E-mail: andrey.nicolaev@gmail.com - Location: Belarus, Minsk

Official club representative in Russia:
Sergey Wojcicki - Сергей Вуйцицкий
E-mail: club.szlachta@gmail.com - Russia, Moscow

Official club representative in Lithuania:
Borislaw Wolk-Niemierzycki - Борислав Волк-Немержицкий
E-mail: borislav-volk@mail.ru - Lithuania, Vilnius

Official club representative in Belarus:
Andrej Mikalajev-Paszkiewicz -ндрей Николаев-Пашкевич
E-mail: andrey.nicolaev@gmail.com - Belarus, Minsk

Official club representative in regional Volga:
Sergey Zhagat-Dadian - Сергей Жагат-Дадиани
E-mail: zhagat@mail.ru - Russia, Tol'yatty

2.8. Editierungsgrundlage zum Eintrag im Adelslexikon und Wappenlexikon

Das Forschungsprojekt **"Eliten der Serenissima Res Publica Coronae Regni Poloniae Magnique Ducatus Lithuaniae 1385-1569-1795 und deren Gebieten bis 1918"** und auf ihm basierende **WIKIa Szlachta** bevollgt nachstehenden Editierungsregeln:

1. Boniecki´s wissenschaftlicher Anspruch, nur Daten anzugeben, die er persönlich in Quellen ermittelt hat, qualifiziert die Angaben in seinem Wappenbuch zum Eintrag im Adelslexikon. Die Folge dieses Vorgehen führte jedoch auch zur Konsequenz, dass frühere Daten und nicht von ihm persönlich verarbeitete Daten von ihm nicht berücksichtigt wurden. Bei der Datenmenge kommen bei Boniecki auch natürlich Fehler vor. Aber diese Fehler beziehen sich nicht auch die Zugehörigkeit zum Adelstand, sondern die Zuordnung von Personen zu Linien oder Familien gleichen Namens der Zugehörigkeit anderen Geschlechtern oder Wappengenossenschaft. Daher können seine Angaben als historisch korrekt angegeben werden, über die Zuordnungen von einzelnen Individuen zu Familien kann und muss ggfs. diskutiert werden.
2. Ähnliche Klassifizierung trifft auch die Publikation von Graf Uruski und für die Provinz Großpolen die Arbeit von Prof. Dworzaczek, der auch ausschließlich Szlachtafamilien erfasste.
3. Dies um so mehr, denn ein Teil der Angaben kann wegen der Quellenverluste der zwischenzeitlich vergangenen 100 Jahre, des I. und II. WK als auch der kommunistischer Herrschaft nicht mehr verifiziert werden können.
4. Vergleichbar mit Abstrichen gilt das vorgesagte für die frühen gedruckten Werke, wobei hier als Zeitobergrenze das Wappenbuches Niesiecki der Ausgabe Bobrowicz anzusehen ist.
5. Die aus diesen Werken in das Adelslexikon eingestellten Angaben erfüllen den Ansatz der Redaktion des WIKIa Szlachta, im Adelslexikon nur klassifizierte Familien der Szlachta aufzunehmen. Dies wäre zu realisieren durch die Einstellung der vorerwähnten Texte in den Bereich des Adelslexikon, die in der originalsprachlichen Version nach Abschluss der Vorbereitungsarbeiten in Angriff genommen wird. Eine schrittweise Umsetzung dieser Texte wäre wünschenswert, ob dies zu realisieren ist, wird sich zeigen. Beginn der Umsetzung in die deutsche Sprache wurde bereits 2013 gestartet mit dem Werk von Prof. Dworzaczek über den Adel Großpolens.
6. Bei neueren Monographien und Publikationen ist im Einzelfall zu Prüfen, ob die in ihnen aufgeführten Daten den Anforderung zur Aufnahmen in das Adelslexikon erfüllen. Über die positiv klassifizierte Titel wird ein Nachweis

durch die im WIKIa Szlachta publizierten Rezensionen geführt.

7. Besondere langfristige Zielsetzung des WIKIa Szlachta ist der Anschluss der so erfassten historischen Geschlechter zu bestehenden blühenden Linien.

2.8.1. Richtlinie für die Fortschreibung des Adelslexikons

1. Die Qualifikation der Familienverbänden ist bei Familien erfüllt, die im Geschlechtshandbuch des deutschen Adels, des Brünner Taschenbuches, der GTÖ, des Almanach der böhmischen Adels- und Rittergeschlechter (Vavřínek) oder des Goldenen Buches des Polnischen Adels oder unter Kapitel 8. genannten Werke erfasst sind. Bei bestehenden Familienverbänden sind diese für die Eintragungen in Eigenverantwortung nach den Maßstäben des GHdA, zuständig.
2. Bei Familienverbänden deren Familien nicht in den obigen Werken erfasst sind, muss die Eigenverantwortung mit der Redaktion geklärt werden.
3. Bei beabsichtigten Einträgen von Familien ohne Familienverband oder durch individuelle Forscher kann ein Eintrag erst nach der Prüfung der Quellenlage erfolgen. Dies könnte bei größerem Anfall ein Problem darstellen, da die Redaktion des WIKIa ehrenamtlich tätig ist, und im größeren Umfang dies deren zeitliche Möglichkeiten übersteigt.
4. Zum System der Darstellung der Stammfolgen bestehen keine Vorgaben. Es wäre jedoch eine einheitliche Präsentationsform erwünscht, entweder in sprachlicher Form wie bei obigen Normwerken oder nach einem bekannten Listungssystem. Die Darstellung nach Listensystemen wird bevorzugt, da die Sprachabhängigkeit vermindert wird und die vorgestellten Daten sprachunabhängig verstanden werden.

Vergleichbares Problem besteht bei eindeutig adligen Geschlechtern, die keiner der bekannten klassifizierten Familie mit Zuordnung zur einer Wappengenossenschaft zugeordnet werden können. Dies trifft manchmal auch Szlachta-Familien mit Eintrag im GHdA. In solchen Fällen wird es erforderlich, ohne eine Anbindung an historisch bekannte Geschlechter einen zusätzlich Eintrag zu generieren,.

2.8.2. Vereinheitlichung der Namensschreibweise

1. Es wird von einer Gleichbürtigkeit des Adels nach dem Adelsrecht der Res Publica verfahren, d. h. in den Indices und Eintragsnamen wird die erkannte gebräuchliche nicht lateinische originalsprachliche Namensform ohne

Adels-ränge jedoch mit Prädikaten angegeben.

2. Einzige Ausnahme – in Übereinstimmung mit den obigen Grundsätzen – Bilden die Fürstentitel dynastischer Familien litauischen, russischen oder tatarischen Ursprungs, die im Lexikoneintragstitel Erwähnung finden. So z. B wird das adlige Haus **Chowański** nicht unter **Chowański-h-Pogoń-Litewska** geführt, sondern unter **Chowański-Fürst-h-Pogoń-Litewska**. Wegen anderen Schreibweisen wird es Verweise geben wie bei diesem Fall **Chowanski-h-Pogoń-Litewska-siehe-Chowański-Fürst-h-Pogoń-Litewska** und **Howanski-h- Pogoń-Litewska-siehe-Chowański-Fürst-h-Pogoń-Litewska** oder **Khovansky-h-Pogoń-Litewska-siehe-Chowański-Fürst-h-Pogoń-Litewska**. Dies bedeutet, dass sämtliche ausländische Gnadenakte (z. B. des Heiligen Römischen Reiches oder die päpstlichen Titel) im **Lexikoneintragstitel** unberücksichtigt werden. Sie finden natürlich ihre Berücksichtigung im Lexikoneintrag. Da in der Adelsrepublik neben Latein die polnische Sprache landesweit Amtsprache war, wird in der Regel der Name in der polnischen Sprachform angegeben. Soweit es möglich ist, werden nach der Grundform alle sprachlichen Namensabwandlungen in alphabetischer Reihenfolge angegeben **(DE für Deutsch, LAT für Lateinisch, LIT für Litauisch, RU für Russisch, UA für Ukrainisch und BY für Weißrusssisch)**. Wünschenswert wäre (zumindest bei großer Namensveränderung wie im Beispiel Chowański auch die EN für englische und FR für französische Namensform anzugeben).
3. Bei **erstmaliger** Standeserhöhung erfolgt im **Lexikoneintragstitel** die Bezeichnung entsprechend der Titulierung im Diplom z. B. bei einer Nobilitierung außerhalb des Geltungsrechtes der Res Publica als Ritter von Xxx oder Edler (Edle) von Xxx.
4. Auf die preußische Form **"v."** wird zu Gunsten des **"von"** verzichtet, da sie amtlich nur regional Verwendung fand und über dies es zu Verwechslungen mit der in der Literatur vielseitigen Abkürzung **"v."** für bei "**voto"** oder "**vel"** kommen kann. Mit dem Vorgenannten wird z. B. das Geschlecht **Wiłucki** unter dem Eintrag **Wiłucki-von-h-Wiłucki** sowie Verweis **Wilucki-von-h-Wilucki-siehe-Wiłucki-von-h-Wiłucki** und nicht unter **Wilucki-v.-h-Wiłucki-siehe-Wiłucki-von-h-Wiłucki** geführt. **Zunamen / Beinname (przydomek)** oder **Rufnamen / Spitznamen (przezwisko)**, auch wenn sie erblich geworden sind, werden generell unter Verweisen auf den Familienanmen geführt. **Ausnahmen bestehen bei den heute noch verwendeter Doppelform wie Dunin-Borkowski, wobei der Verweis auf Borkowski gesetzt wird**.
5. Generell wird bei den Adelshäusern von Familien und nicht von Geschlechtern (ród) gesprochen, denn fast alle uradligen polnischen und

litauischen Adelshäuser sind auf eine Vielzahl von Linien und Zweigen mit unterschiedlichen Familiennamen, aber in der Regel der Zugehörigkeit zu einer und der selben Wappengenossenschaft, aufgespaltet. Zur Vereinfachung wird auch für die blühenden Gechlechterlinien die Bezeichnung Familie geführt wie z. B. für die Familie **Nałęcz des Wappens Nałęcz**, wobei diese Familie das eigentliche (Ur-)Geschlecht für die Mitglieder der Wappengenossenschaft Nałęcz darstellt. Dies gilt auch für nobilitierten oder indigenierten Kernfamilien oder Linien zu, für die ebenfalls eine Bezeichnung als Geschlecht zutreffend wäre. Wegen der Unangebrachtheit im Vergleich zu den vorgenannten altadeligen Familien wird jedoch die einheitliche Klassifizierung als Familie auch für diese Adelsgruppen verwendet.

6. Von Geschlechtern wird nur im Kontext des **polnischen Altadels bis zu dessen Aufgehen in dem einheitlichen Ritterstand der Adelsrepublik gesprochen**, wobei hier als Entstehungsgrenze die Massenadoption im Jahre 1413 in Horodlo angesetzt wird. Hierdurch entstand die Verschmelzung des polnischen mit dem litauischen Altadel zur Szlachta der Res Publica. In der wissenschaftlichen Literatur besteht unentschiedene Diskussion, über die Zeitgrenze sowohl für die definitive Verschmelzung dieser beiden Adelsgruppen als auch über den Zeitpunkt, ab welchem von der Res Publica (Adelsrepublik) gesprochen werden kann. Die diskutierte Zeitspanne umfasst den Zeitraum von 1385 bis zur Umwandlung der Reiches zur Realunion im Jahre 1569. Um eine sprachliche Klarheit bemüht, setzt die Redaktion als Zeitpunkt der Entstehung eines einheitlichen Adels der Res Publica die Massenadoption im Jahre 1413 in Horodlo an. Somit hat die Bezeichnung **„polnischer Adel"** nach diesem Zeitpunkt bis 1772-1795, außerhalb der Reichshälfte der Krone des II. Königreiches Polen keine adelsstandesrechtliche Berechtigung. Ein solcher Fall ist der Redaktion nicht bekannt und war in der Konstruktion des Adelsrechtes des Reiches auch nicht vorgesehen.
7. Der neu kreierter Adel des Herzogtums Warschau mit den Napoleonischen Gnadenakten sowie des III. Königreiches Polen als Personalunion mit Russland und des IV. Königreiches Polen als Regentschaftskönigreich 1916 – 1918 wird wiederum, sofern die Begünstigten nicht älteren adelsrechtlichen Titeln zugeordnet werden können, als Geschlecht des **polnischen Adels (polnische Szlachta oder polnisches Dworjanstwo)** tituliert. Folgelogisch werden die Standeserhöhungen bürgerlicher Familien im **Heiligen Römischen Reich** als **Reichsadel, Kaiserthum Österreich / Kaiserreich Österreich / der österreichischen Erbländer** als **österreichischer** und im **Königreich Preußen** als **preußischen Adel** sowie im **Kaiserreich**

Russland als **russischer Adel (Dworjanstwo)** bezeichnet.

8. Erfolgte nach dem Untergang der Res Publica in den Teilungsmächten ein Gnadenakt, so wird versucht, die hiervon betroffenen Kernfamilien ihren Stammfamilien zuzuordnen. Sofern ein Familienzusammenhang nicht erkannt werden kann, und dies trifft z. B. in vielen Fällen des systemmässigen Adelstandes in Österreich und Russland zu, werden diese Standeserhöhungen so lange als eigener Lexikoneintragstitel behandelt bis ein quellenmäßiger Nachweis der Zugehörigkeit erfolgt.
9. Adlige Häuser, die zeitweilig zur Szlachta der Adelsrepublik zugeordnet oder dieser gleichgestellt waren (wie die baltischen Ritterschaften), werden als Szlachta aufgeführt.

Sicherlich sind diese Entscheidungen der Redaktion diskussionswürdig und wir bitten um kritische Diskussionsbeiträge.

2.8.3. Sprachliche Regelungen

1. Es wird angestrebt alle Personennamen im Nominativ Masculin Singular anzugeben. In Fällen, die bedauerlicher Weise bei polnischsprachig aufgeführten Familiennamen gar nicht so selten sind, in den nicht eine eindeutige Rückführung auf Nominativ Masculin Singular herbeigeführt werden kann, wird die Originalangabe der Quelle in eckigen klammern [] neben der vermuteten Nominativform aufgeführt.
2. Wegen internationaler Gepflogenheiten und der Übersichtlichkeit wegen wird im Adelslexikon nicht „des Wappens“ angegeben, sondern die bekannte Abkürzung „h“ für „herb“ verwendet.
3. Abwandlung des Wappen werden als „h. XXX-Abwandlung“ angegeben, es sei den, dass sich in allgemeiner Literatur statt „Wappensabwandlung XXX“ (odmiana herbu xxx) der Familienname für den Wappennamen durchgesetzt habe.
4. Für die Wappennamen (Wappenrufe) wird die vereinheitlichte Nomenklatur gemäß dem Wappenidentifikationssystem nach Tadeusz Gajl & Milewski verwendet.
5. Aus rationellen Gründen wird die Redaktion bei der Kategorie „Genealogien“ bei internationalen Bedeutung der behandelten Familien die englische Namensform verwenden.

2.8.4. Methodisch bedingte Abgrenzungsfehler

A. Seit bald 100 Jahren bestehen die beiden multinationalen Reiche der Habsburger und Romanows nicht mehr und an deren Stelle sind nationalstaatliche Strukturen entstanden. Folglich bestehen Probleme sowohl bei der Bezeichnung als auch bei der Klassifizierung der Szlachtafamilien.

1. Als Beispiel kann man Bukowina nehmen. Erst gehörte es zum Saum der Adelsrepublik. Nach Auflösung der Res Publica wurde es als Kronland zum Königreich Galizien und Lodomerien zugehörig. Wegen dem personellen Wechsel mit den ukrainischen Landesteilen aber auch Bevölkerung aus anderen Kronländern ist eine saubere Trennung nicht möglich. Nach dem Zerfall des Romanow-Reiches muss der dortige Adel wegen der staatlichen Zugehörigkeit zum Königreich Rumänien zuzuordnen werden. Daher wäre er als rumänischer Adel anzusprechen, wegen langer historischen Verbindung **wird er jedoch in den WIKla Strukturen erfasst**.
2. Als anderes Beispiel kann man das Baltikum nehmen. Nach dem Zerfall des Romanow-Reiches nach 1917 und auf einem Restgebiet der Wiederentstehung der Eigenstaatlichkeit Litauens entstanden auch Estland und Lettland. Die Nationalisierung in diesen Ländern hat dazu geführt, dass die dort vorherrschende adlige Struktur auch aus der Zeit der Adelsrepublik durch den fast vollkommenen Exodus der Ritterschaften verschwunden ist. Verbleiben sind nur Reste der aus kaiserlich-russischen Nobilitierungen für die Letten und Esten sowie eingewanderte Linien des russischen Dworjanstwo. **Diese führen nicht zu einer Erfassung im WIKla Szlachta**.
3. Die Enklave von Kaliningrad, des ehemaligen Königsberg, erfuhr einen fast 100% Austausch der Bevölkerung, so dass zu Recht für dieses Gebiet eine Regionalgruppe des Russischen Adelsverbandes gebildet wurde. Die dort angesiedelten Adelsfamilien (z. B. Mitglieder der russischen Linien des Fürstenhauses Chowanski) entstammen in der neuen "Nach-Romanow-Zeitrechnung" ebenfalls aus Linien des russischen Dworjanstwo. Sie führen ebenfalls **nicht zur Erfassung im WIKla Szlachta**.
4. Die westlichen Gebiete der Ukraine gehören eindeutig zum Aufgabengebiet des WIKla Szlachta. Die Krim hat ebenso wenig zum Gebiet der Adelsrepublik gehört wie die heutigen Ostgebiete der Ukraine, in den sich ebenfalls Regionalgruppen des Russischen Adelsverbandes gebildet haben. Daher muß willkürlich eine Grenze gezogen werden.
5. Nach der Auflösung des Großherzogtums Krakau wurde dieser Landesteil dem Bereich Galizien, Lodomerien/Bukowina zugeordnet. Ethnisch ist jedoch der Adel des westlichen Teiles der ehemaligen Provinz Kleinpolen der Adelsrepublik eindeutig polnisch, so dass die dort vorkommenden

Adelsstrukturen als eindeutig polnisch anzusprechen sind.

B. Bereits bei den Adelslegitimationen und Gnadenakten wird es schwierig, eine künstliche Abgrenzung nach regionalen Aspekten zu durchzuführen.

C. Historisch ist nachgewiesen, dass der Adel sowohl in einer Gesellschaftsform

1. eines Staatswesen in der Form einer Monarchie ohne Adel ebenso denkbar ist,
2. einer ständischen Adelsrepublik wie sie historisch in Venetien, Dalmatien, Novgorod, Pskov oder eben der litauisch-polnischen Adelsrepublik vorkam, wobei wenn im deutschsprachigen Umfeld von einer Adelsrepublik gesprochen wird, die letztere gemeint ist, wie auch
3. eine Nichtmonarchie mit althergebrachten Adelsstrukturen bestehen kann.

So weist die norwegische Monarchie trotz des Fehlens historischer Verwerfungen so gut wie keine Adelsstruktur auf. Ganz abgesehen von der Sonderform der Monarchie ohne einen Monarchen wie in Ungarn nach dem I. Weltkrieg, besteht eine Vielzahl von Staaten in der Form einer bürgerlichen Republik mit gewachsenen und stabilen adligen Strukturen. Sie besteht und ist soziologisch wegen Wegfall der rechtlich authorisierenden Neubildungsmechnismen als eine geschlossene gesellschaftliche Gruppe anzusehen.

Wegen des Galton-Watson Prozesses, adelsfeindlichen Gleichmachungsauswirkungen der Umwelt als auch möglicher Weise der von Prof. Voitovic postulierten besonderen Selektion nimmt sie im Verhältnis zu der Gesamtbevölkerung ab.

Die multi-ethnischen Reiche der Habsburger und Romanows als Vorläufer der Europäischen Union bringen noch eine Besonderheit mit sich. Sowohl Böhmen mit Mähren und Schlesien, Österreich und Ungarn mit Habsburg als auch Russland mit Romanows haben im den bestehenden Dynastien einen möglichen Kristalisierungspunkt.

Diese Frage für Deutschland ist schon schwieriger zu beantworten, denn Wittelsbacher sind für den preußisch-protestantischen Norden ebenso wenig denkbar wie auch das Haus Preußen für den Rest Deutschlands. Ebenso gilt es für die Länder, die auf den Gebieten der Adelsrepublik entstanden sind, wie Litauen, Polen, die Ukraine oder Weißrussland als eine problematische Fragestellung.

Die neu entstandenen Staaten wie die Ukraine und Weißrussland ebenso wie die

Slowakei haben keinen entsprechenden Kristalisierungspunkt. Sogar Litauen [76] (aber ohne Weißrussland) und Polen [77] (hier mit der Westukraine) haben nach einer 400 Jahre dauernden Epoche der Königs- und Großfürstenpräsidentur keine eindeutigen Tronprätendenten.

Eine Ausnahme bildet neben Habsburg auch Russland, welches nicht nur unangefochten Kronprätendenten hat, sondern dessen letzter regierende Zar Michael II. (Nikolaus II. dankte bekanntlich zu Gunsten seines Bruders ab) nicht abgedankt ist, sondern die weiteren Geschicke des Landes in die Hand des Volkssouveräns gelegt habe. Damit ist eine Rechtsnachfolge für die Stammländer mit Grenzen vor 1772 geregelt.

In den folgenden knapp 150 Jahren bildete sich auf der Grundlage des russischen Uradels, der Szlachtafamilien und der Nobilitierungen im Russischen Imperium eine homogene Schicht des Dworjanstwo, die in den westlichen Gebieten von dem Teil der Szlachta, die aus unterschiedlichen Gründen nicht im Dworjanstwo eine Aufnahmen gefunden hat, ergänzt wird. Somit bestehen es in den heutigen Gebieten von Litauen, Weißrussland und der Ukraine adlige Elemente des nicht im Dworjanstwo aufgegangenen Adels der Res Publica als auch dem russisch-imperialen Dworjanstwo.

Bedauerlicher Weise erfolgte die Matrikulierung des Dworjanstwo nicht zentral in St. Petersburg, sondern gesplittert in den Gubernien. In Anbetracht der Weite des Landes als auch der regionalen und ethnischen Unterschiede war es, auch im Hinblick auf die Aufgaben der regionalen Adelsversammlungen, ein Gebot der Stunde. Somit wurden die Geschlechter nicht zentral, sondern in den Gubernien nur die einzelnen Familienzweige erfasst. Diese Regelung war durch die Kommunikationsprobleme früherer Zeiten bedingt und ist im Bezug auf einen Familienzusammenhalt über Jahrhunderte als extrem kontraproduktiv anzusehen.

Dies hat z. B. zur Folge, dass die russischen Linien des Fürstenhauses Chowanski des

---

[76] Mit Herzog Wilhelm Karl von Urach, Graf von Württemberg, dem Haus Urach als designiertem König des II. Königreiches Litauen (1918) hat Litauen in **Herzog Wilhelm Albert von Urach** einen geborenen Tronprätendenten. Am 11. Juli 1918 wurde Herzog Wilhelm II. von Urach von dem litauischen Landesrat der Lietuvos Taryba (DE - Litauischer Staatsrat, PL - Litewska Rada Państwowa), als **Mindaugas II.** zum König von Litauen gewählt. Es kam jedoch wegen nicht zur Investitur und am 2. November 1918 hat die Taryba unter dem militärischen Druck der Sowjets die Wahl widerrief.

[77] Allerdings gibt es nach wie vor Diskussionen über die Rolle der Habsburger als Könige von Galizien und Lodomerien, also großerer Teile der ehemaligen Res Publica hier des polnischen und Ukrainischen Reichsteiles. Zuletzt in: Tracz, Adam: Ostatni król Polski Karol Stefan Habsburg [der letzter polnischer König – Karl Stefan Habsburg, 1916-1918], Historia polskich Habsburgów, Żywiec 2012, 394 Seiten.

Wappens Pogoń Litewska in ingesamt sieben Gubernien (im Zeitraum von 1778 bis kurz vor dem I. Weltkrieg) registriert wurden. Einige Familienlinien schafften es mit der Prozedur in einer Gubernie in die Fürstenkategorie, in einer anderen Gubernie nur in die Adelskategorie (auch einige Linien des Hauses Rurik wurden erst nach fast 150 Jahre dauernder Verifikationsprozedur kurz vor dem I. Weltkrieg registriert). Folge dieser Struktur der Matrikulierung ist, dass die genealogischen Zusammenhänge der Geschlechter häufig ohne intensivste Forschungen nicht mehr erkennbar sind.

Diesem gewichtigen Nachteil steht in der Situation des nachrevolutionären Osteuropa ein praktischer Vorteil entgegen.

Vergleichbar der Regelung in Finnland, welches bis 1917 ebenfalls dem Reich der Romanows angehörte und heute eine eigene geschlossene Ritterschaft aufweist, scheint es gerechtfertigt, vergleichbar Finnlands Vorbild, in nicht russisch-ethnischen Gebieten eine vergleichbare Struktur zu wählen. Somit bietet sich die Gelegenheit, analog zu der Situation in Finnland, die regionalen Strukturen zu nutzen, um die Zugehörigkeit zum polnischen, litauischen, weißrussischen und ukrainischen Adel zu definieren. Wegen der eingangs beschriebenen Situation in Estland, Lettland und dem Kalinigrader Gebiet bietet es sich an, dass die Regionalgruppen des Russischen Adelsverbandes dessen integralen Bestandteil bilden.

Faktisch haben sich auch in Litauen, der Ukraine und Weißrussland Regionalverbände des Russischen Adelsverbandes gebildet. Gleichzeitig besteht in Weißrussland ein Adelsverband, der sich als Vereinigung der Szlachta der Res Publika anssässig im Großfürstentum Litauen versteht. Durch die Leiterinen der Weißrussischen und Ukrainischen Sektionen der RvS Stiftung wurde in der StudIaS Reihe eine Zusammenstellung Weißrussischen Adelsverband als adlig anerkannten Geschlechter Weißrussland in deutscher Sprache publiziert [78].

Die Situation des polnischen Adels ist eindeutig sowohl territorial als auch durch die

---

[78] **GEN 39.** Rozava, Katsiaryna & Schlesinger, Nina von (Hrsg.): **Verzeichnis des alt-litauischen Adels in Weißrussland, Band I**: Zusammenstellung von 238 betitelten Adelshäusern sowie 191 Familien mit dem Prädikat "**фон**" = "**von**"mit Herkunft aus Gebieten des Heiligen Römischen Reiches oder Kaiserreiches Österreich die vom Weißrussischen Adelsverband als alt-litauischer Adel Weißrusslands gezählt werden, VIII + 200 Seiten.

GEN 40. Rozava, Katsiaryna & Schlesinger, Nina von (Hrsg.): **Verzeichnis des alt-litauischen Adels in Weißrussland, Band II:** Zusammenstellung von 12.083 Familien und 2.627 Namensverweisen, welche vom Weißrussischen Adelsverband als alt-litauischer Adel Weißrusslands angesehen werden, VIII+260 Seiten.

Staatenbildung des Herzogtums Warschau und des (III.) Königreiches Polen (entstand gemäß den Beschlüssen des Wiener Kongresses als Personalunion mit dem Kaiserhaus von Russland) als auch des IV. Königreiches Polen von 1916-1918 definiert. Einzige methodische Problematik besteht, wie zuvor aufgeführt, in dem Gebiet um Krakau, das bedingt durch den Anschluss an Österreich und dessen späteren Eingliederung zu Galizien eine eigene Zuordnungsproblematik darstellt.

Daher werden Familien, die im Legitimierungsverfahren als eindeutig dem Adel aus dem Gebiet des Großherzogtums Krakau resp. nach dessen Auflösung aus **diesen Gebieten der ehemaligen Provinz Kleinpolen dem polnischen Adel zugeordnet**. Geschlechter und Familien bei denen **keine solche Herkunft zum Zeitpunkt der Legitimierung oder des Gnadenaktes hervorgeht, werden durch deren Zugehörigkeit zum Galizischer oder Bukowiner Adelsstand als ukrainischer Adels angesprochen.**

D. Im den Preußen zugefallenen Gebieten ergibt sich die Problematik, dass familienindividuell über deren Herkunft entschieden werden müsste. Somit kann man annehmen, dass all die Familien, deren Familienvorstände dem preußischen König huldigten, durch den WIKIa Szlachta zu erfassen sind. Wegen der in den Jahrhunderten entstandenen Familienverbindungen ist eine Trennung schwierig zu bewerkstelligen. Deshalb werden im WIKIa Szlachta alle in den ehemaligen Gebieten und Lehen der Adelsrepublik landsässigen und dort funktionierenden Geschlechter und Familien als Angehörige der Szlachta ohne ethnische Unterscheidung erfasst.

3. Wie starte ich die Suche nach den Familienwurzeln?

Bei manchem beginnt es vielleicht mit einem alten Fotoalbum seiner Großmutter. Ein anderer bestaunt eine Familien-Chronik, geschrieben von einem entfernten Verwandten. Oder die von Opa schon so oft erzählte, langweilige Geschichte wird plötzlich zum zündenden Funken. Irgendwann regt sich in vielen Menschen das Interesse, nach den eigenen Wurzeln zu forschen und mit der Ahnenforschung zu beginnen. Dies ist besonders für Familien mit "Wanderungshintergrund" nicht einfach, da vielfach ab der 2. Generation sich die Auswirkungen des sprachlichen Babylons bemerkbar machen. Dennoch ist die Kenntnis der eigenen Wurzeln eine unverzichtbare Grundlage der Familientradition und des Bewusstseins, ein Mitglied des europäischen historischen Adels zu sein. In unser heutigen kurzlebigen Zeit ist es besonders bedeutsam, sich des eigenen Urprungs nicht im nationalen, sondern im kulturellen Sinne - in Sinne des **Sarmatismus** der **Szlachta** - bewusst zu sein.

Wer sich der Ahnenforschung widmen will, kann dies als lebenslanges Hobby verstehen, denn fertig wird man mit der Erstellung seines Familien-Stammbaumes nie. Je tiefer man in die Vergangenheit zurückgeht, desto mehr "Baustellen" werden sich bilden. Schon nach 10 Generationen ist man bei 1024 Personen angelangt!

3.1. Generation Personenanzahl Bezeichnung und die Kekulé-Nummern

0	1	Proband / selbst
1	2	Eltern
2	4	Großeltern
3	8	Urgroßeltern
4	16	Alteltern
5	32	Altgroßeltern
6	64	Alturgroßeltern
7	128	Obereltern
8	256	Obergroßeltern
9	512	Oberurgroßeltern
10	1024	Stammeltern
11	2048	Stammgroßeltern
12	4096	Stammurgroßeltern
13	8192	Ahneneltern
14	16384	Ahnengroßeltern

15	32768	Ahnenurgroßeltern
16	65536	Urahneneltern
17	131072	Urahnengroßeltern
18	262144	Urahnenurgroßeltern
19	524288	Erzeltern
20	1048576	Erzgroßeltern
21	2097152	Erzurgroßeltern
22	4194304	Erzahneneltern
23	8388608	Erzahnengroßeltern
24	16777216	Erzahnenurgroßeltern

In der Genealogie ist es üblich, die Vorfahren innerhalb eines Stammbaumes mit der sog. Kekulé-Nummerierung zu versehen. Dieses 1898 eingeführte Nummerierungs-System vergibt dem Probanden (Ausgangsperson) die Nr. 1. Jeder Vater einer Person erhält den doppelten Wert, jede Mutter den doppelten Wert plus 1. Alle männlichen Vorfahren eines Probanden haben gerade Zahlen, alle weiblichen Vorfahren ungerade Zahlen.

Nachfolgendes Schema erläutert das System:

```
Generation 0 (Proband)                          1
                                  ______________|______________
                                  |                            |
Generation I (Eltern)             2                            3
                           _______|_______              _______|_______
                           |              |             |              |
Generation II              4              5             6              7
                         __|__          __|__         __|__          __|__
                         |    |         |    |        |    |         |    |
Generation III           8    9        10   11       12   13        14   15
                        _|_  _|_       _|_  _|_      _|_  _|_       _|_  _|_
                        | |  | |       | |  | |      | |  | |       | |  | |
Generation IV          16 17 18 19    20 21 22 23   24 25 26 27    28 29 30 31
```

3.2. Wie sehen die Schritte der Ahnenforschung aus?

Zunächst einmal sollte man sich entscheiden, wie man die Ergebnisse seiner Ahnenforschung festhalten will. Wer über keinen Computer verfügt, kann sich Ahnentafel-Vordrucke in vielen Variationen aus dem Handel besorgen. Anbieten tut sich jedoch die Organisation seiner Stammbaum-Daten auf dem PC. Es gibt ene Vielzahl sowohl unentgeldlicher als auch kostenpflichtiger elektronischer Lösungen für den Familienforscher. Die Installation einer Test-Version ist zu empfehlen, da die Programme in ihrer Benutzerfreundlichkeit stark variieren.

Dann kann es mit der Informationsbeschaffung schon losgehen. Zunächst wird man sich in der Familie umhören, die Eltern und Großeltern befragen, vielleicht zusammen in alten Fotos herumstöbern. Das Erinnerungsvermögen der Gesprächspartner entscheidet über das weitere Vorgehen. Nicht selten lernt man auf diesem Wege andere, entfernte Verwandte kennen, die wiederum etwas mehr wissen, andere Fotos zeigen und manche Geschichte erzählen können. Anschließend weiß man dann, warum sich Opa und Oma X und Onkel und Tante Y seit 15 Jahren nicht mehr grün sind. Es ist interessant, auch mal andere Versionen der Verwandtschaftsgeschichten zu hören, das erweitert den Horizont ungemein.

Nach dem Mündlichen das Schriftliche: wo vorhanden, müssen für die genauen Daten Geburts-, Heirats- und Sterbeurkunden her. Wenn nicht oder nicht mehr vorhanden, können diese Urkunden beim jeweiligen Standesamt als Kopie nachgefordert werden, ein entsprechender Verwandtschaftsnachweis ist vorzulegen. Was gibt es noch für Möglichkeiten?

Vielleicht existiert auf irgendeinem Dachboden der Verwandtschaft ein schon mal vor Zeiten angefertigter Stammbaum oder sogar eine Familien-Chronik. Viele Großeltern haben auch noch einen sogenannten Arier-Nachweis in ihrem Besitz, eine Abstammungs-Urkunde aus dem dritten Reich, die Ahnenforschern das Leben sehr erleichtert. Ein wichtiger Faktor bei der Recherche ist natürlich schließlich das Internet.

Es gibt eine Vielzahl von Quellen, die online erkundet werden können. Einige interessante Datenbanken findet man am Ende der Abhandlung unter Materialien gelistet.

Ein wichtiger Tip: notieren Sie zu jeder Information, die Sie in Ihre Unterlagen übertragen, die Quellen-Angabe! Sie wissen nach zwei Jahren garantiert nicht mehr, woher Sie die Geburtsdaten von UrGroßtante haben, ob aus einer Urkunde oder von jemandem, der sich nur vage erinnern konnte. Dies kann später jedoch einmal wichtig sein, z. B. beim Abgleich mit Daten anderer Ahnenforscher.

Da die Personenstandsregister erst seit 1874 in den Standesämtern geführt werden, muss bei allen Recherchen, die darüber hinaus gehen, auf Kirchenbücher oder andere alte Dokumente zurückgegriffen werden. Die Kirchenbücher, in denen Geburts- bzw. Tauf-, Trauungs- und Sterbedaten aufgezeichnet wurden, können bis in den Anfang des XVII. Jh. zurückgehen. Kirchenbücher können auf Anfrage in den Kirchenarchiven eingesehen werden. Alternativ kann man in den Genealogie-Forschungsstellen der Mormonen-Kirche Mikrofilme digitalisiert einsehen, denn ab September 2017 kann man dort keine Kirchenbücher mehr zur Ansicht bestellen. Gerade für die Ahnenforschung im Bereich des östlichen Europa kann sich dies als praktisch erweisen. So spart man sich oft die Fahrt ins Archiv. Erfreulicher Weise werden immer mehr digitalisierte Dokumente im Internet zugänglich, wobei nicht nur Kirchenbücher, sondern auch Grundbücher, Urbare und andere Quellen zugänglich werden, die geeignet sind, das Kulturumfeld der eigenen Familie zu ergründen.

In den Grundbüchern und Grundbuchakten kann man je nach Periode und lokalem Recht vor allem finden: ehe-, erbrechtliche und Erbauseinandersetzungsverträge, Auflassungsverhandlungen, Kauf-, Schenkungs-, Tausch- und Widerkaufverträge, Erbscheine oder Testamente bei Eintragungen eines Eigentümers, Übergabeverträge bzw. Überlassungsverträge. Später Notarurkunden, Eintragungsanträge oder -bewilligungen für die Einräumung von Grunddienstbarkeiten wie Wege-, Überfahrt-, Altenteil-, Wohn- und andere Nutzungsrechte und von Vorkaufsrechten und ferner Auflassungsvormerkungen zur Einschränkung der Verfügungsgewalt des Eigentümers über das Grundstück oder für die Eintragung von Hypotheken und die Bestellung von Grundschulden. Desweiteren umfassen Hypotheken-und Grundakten Anträge und Bewilligungen für die Löschung der im Grundbuch eingetragenen Belastungen, gerichtliche Urteile und Anordnungen etwa zur Zwangsversteigerung und -verwaltung des Grundstücks sowie Mitteilungen des Katasteramtes über die Fortführung des Liegenschaftskatasters in Form von Auszügen aus den Katasterunterlagen.

3.3. Verwendete Nomenklatur der Stammfolgen

Die Angabe **unbekannten Wappens** bei einer Namensnennung bedeutet, dass die Person adlig ist, aber

1. das geführte Wappen nicht überliefert ist (wie häufiger beim alten Adel),
2. bei dem Briefadel im Gnadenakt keine Wappenvergabe erfolgte, der Wappenruf nicht bekannt ist, oder bei systemmässiger Nobilitierung in Österreich [79] oder Russland keine Wappenverleihung [80] erfolgte,

[79] Zum Beispiel bei frühen Verleihungen des Militärischen Maria Theresia Ordens. Für Untertanen der von den Habsburgern regierten Länder war mit der Verleihung des Ritterkreuzes des Militär-Maria-Theresien-Orden bis 1895 die Erhebung in den erblichen österreichischen Ritterstand oder ungarischen Adelstand ver-bunden. Die Verleihung des Großkreuzes brachte bis 1895 den Anspruch auf Erhebung in den

3. bei mehreren Familien gleichen Namens jedoch unterschiedlicher Wappenzugehörigkeit, eine Aussage über das geführte Wappen nach dem derzeitigen Forschungsstand nicht eindeutig getroffen werden kann erfolgt die Angabe **? Wappens / h. ?**. In diesem Fall werden die in Frage kommenden Wappengenossenschaften in der Regel aufgelistet oder auf die Anzahl möglicher Wappengenossenschaften hingewiesen.
4. Die ausschließliche Angabe **? Wappens / h. ?** bei einer Namensnennung bedeutet, dass nicht bekannt ist, ob die Person adlig ist, dies jedoch nicht ausgeschlossen wird.

Als alte [nach preußischer Nomenklatur uradelige] Geschlechter gelten im Bereich des Res Publica die Familien, deren gesicherte Stammfolge vor 1505 (Privileg "Nihil novi") beginnt. Als neuadelig sind Geschlechter anzusehen, welche nach 1505 nobilitiert worden sind. Bei quellenmässig gesichertem Namens- und / oder Wappenwechsel in gesicherter Stammfolge gilt der altadliger Status als gewährt. Adelslegitimationen, Adelsbestätigungen, Indigenats- und Inkolatsverleihungen wie auch vergleichbare Gnadenakte sind **nicht** als Nobilitierungen anzusehen.

Bei Adelsentsetzung oder sonstigem Verlust des Adelstandes ist der Familienname bei den Nachkommen **ohne Wappenzusatz** anzuführen. Namen (sowohl Personen als auch Ortschaftsnamen) sind im **Nominativ maskulin** anzugeben, etwaige Variationen in eckiger Klammer anzugeben [81]. Unbekannter Vorname = unfettes "?", unbekannter Familienname = **fettes "?"**, unbekannte Wappengenossenschaft = **fettes "h. ?"**, Ämter und Funktionsbezeichnungen sind in deutsche Analogbezeichnung zu setzen und die Originalbezeichnung aus der Quelle in eckigen Klammern nachzustellen.

Bei Berechnung von Daten (Hochrechnung von Geburts- und Todesdaten aus den Quellen) ist die Mindestgenerationsfolge männlich 21 Jahre, weiblich 16 Jahre anzusetzen und bei Stammfolgenelementen jeweils eine Generation weiter zurückzuführen, um durch die errechneten frühesten/spätesten Auftretensdaten eine Zuordnung zu erleichtern.

---

erblichen Frei-herrenstand sowie den Geheimratstitel mit der Anrede „Exzellenz“ und Mitgliedschaft im Hofstaat ein. Nach der Statutenänderung vom 8. III. 1895 stand allen inländischen Mitgliedern des Ordens ab der Verleihung der persönliche Ritterstand zu und sie konnten diese zudem um die Erhebung in den erblichen Herrenstand (in Österreich als Frei-herr, in Ungarn als Báró = Baron) unter Ausschluss der sonst üblichen Gebühren und Taxen ansuchen (in diesem Fall wurde im Gnadenakt auch ein Wappen verliehen).

[80] Nach der Rangtabelle, vergleiche hierzu die entsprechende Publikation in der StudIaS Reihe.

[81] Dies gilt auch bei Unsicherheit bei einer Namens-Rückführung aus den kyrillischen Alphabeten.

3.4. Verwendete Generationsbezeichnungen

A - 1. Generation	**B** - 4. Generation	**C** - 3. Generation	**D** - 4. Generation
E - 5. Generation	**F** - 6. Generation	**G** - 7. Generation	**H** - 8. Generation
I - 9. Generation	**J** - 10. Generation	**K** - 11. Generation	**L** - 12. Generation
M - 13. Generation	**N** - 14. Generation	**O** - 15. Generation	**P** - 16. Generation
Q - 17. Generation	**R** - 18. Generation	**S** - 19. Generation	**T** - 20. Generation
U - 21. Generation	**W** - 22. Generation	**V** - 23. Generation	**X** - 24. Generation
	Y - 25. Generation	**Z** - 26. Generation.	

Kurzmuster [um der Redaktion die Datenintegration bei Datennachsendung zu erleichtern]:

A1. ? **Name h. Wappenruf** [bei Individualwappen den Namen unter dem er in der Literatur bekannt ist oder falls kein vergeben mit Anmerkung **eigenen Wappens**], * Geburtsdatum mit Ortsangabe [Tag arabisch, Monat römisch, Jahreszahl, ggfs. in eckiger Klammer errechnetes Datum = früheste Nachkommen, gesichertes Auftreten - 21 Jahre], + Todesdatum mit Ortsangabe [Tag arabisch Monat römisch Jahreszahl, ggfs. in eckiger Klammer errechnetes Datum], sofern bekannt Datum und Ort der Bestattung [Tag arabisch Monat römisch Jahreszahl], Religion, weiterführende Informationen, [Quelle:],

oo Datum der Eheschließung mit Ortsangabe [etwaig **I. voto**, **II. voto** ...] mit ? **? h. ?** Geburtsdatum mit Ortsangabe wie oben [errechnetes Datum = frühestes Nachkommen - 16 Jahre], + Todesdatum mit Ortsangabe wie oben, Datum und Ort der Bestattung, Religion, Sohn/Tochter des Vorname(n) **Name h. Wappenruf,** Geburtsdatum mit Ortsangabe wie oben, + Todesdatum mit Ortsangabe wie oben, Datum und Ort der Bestattung, und der Vorname(n) **Name h. Wappenruf,** Geburtsdatum mit Ortsangabe wie oben, + Todesdatum mit Ortsangabe wie oben, Datum und Ort der Bestattung, weiterführende Informationen, [Quelle:],

> **B1.** Vorname(n) **Name h. Wappenruf,** wie oben, [Quelle:],
>
> **oo** Datum der Eheschließung mit Ortsangabe [etwaig **I. voto**, **II. voto** ...] mit Vorname(n) **Name h. Wappenruf,** wie oben, [Quelle:],

Anfragen aller Art sind zu richten an die Deutsche Sektion der gemeinnützigen rechtsfähigen „**Ritter von Schlesinger Stiftung**“ [82], unter rvsf-d@web.de.

[82] Selbstdarstellung unter: http://de.szlachta.wikia.com/wiki/Ueber_uns, Zugang 10. 11. 2016.

4. Kartenmaterial zur Darstellung des geschichtlichen Kontextes

Nicht nur an Geschichte Interessierten, sondern auch für Historiker ist es angebracht, Material zur Hand zu haben, mit dem sich die Veränderungen in Europa zwischen 900 – 1900 n. C. abbilden lassen. Es hilft beim Begreifen und richtiger Einordnung der historisch bekannten Prozesse. Dazu dient die nachstehende jahrhundertsweise Zusammenstellung von Übersichtkarten Europas [83]. Zuerst wird im dem jeweiligen Jhdt. eine Übersichtgesamtkarte von Europa vorgestellt um dann auf der nächten Karte die Veränderungen im östlichen Europa detailierter verfolgen zu können.

4.1.1. Europa im Jahr 900

[83] Die Karten werden verwendet nach Zustimmung von http://www.euratlas.net/history/europe/.

4.1.2. Osteuropa im Jahr 900

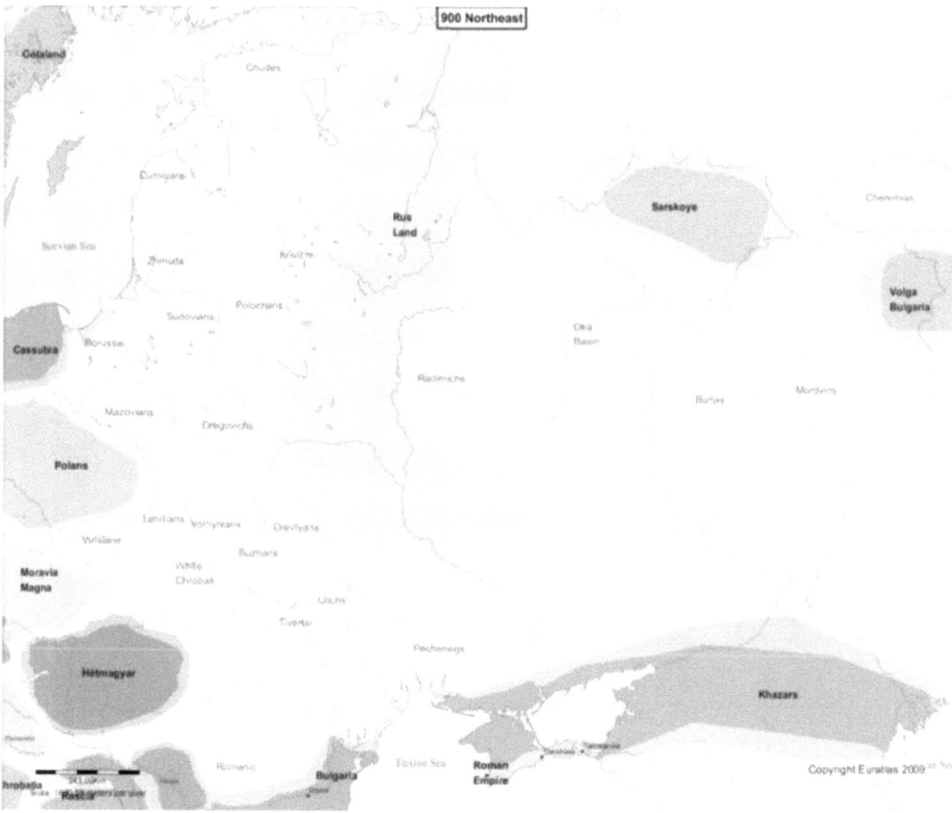

4.2.1. Europa im Jahr 1000

4.2.2. Osteuropa im Jahr 1000

4.3.1. Europa im Jahr 1100

4.3.2. Osteuropa im Jahr 1100

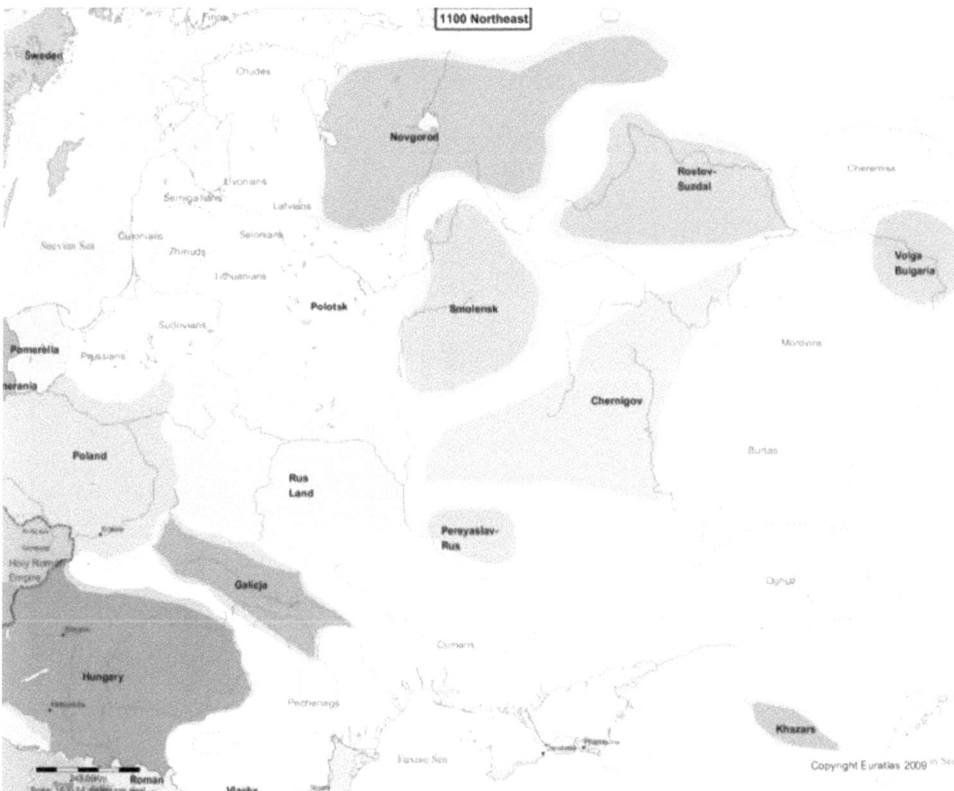

4.4.1. Europa im Jahr 1200

4.4.2. Osteuropa im Jahr 1200

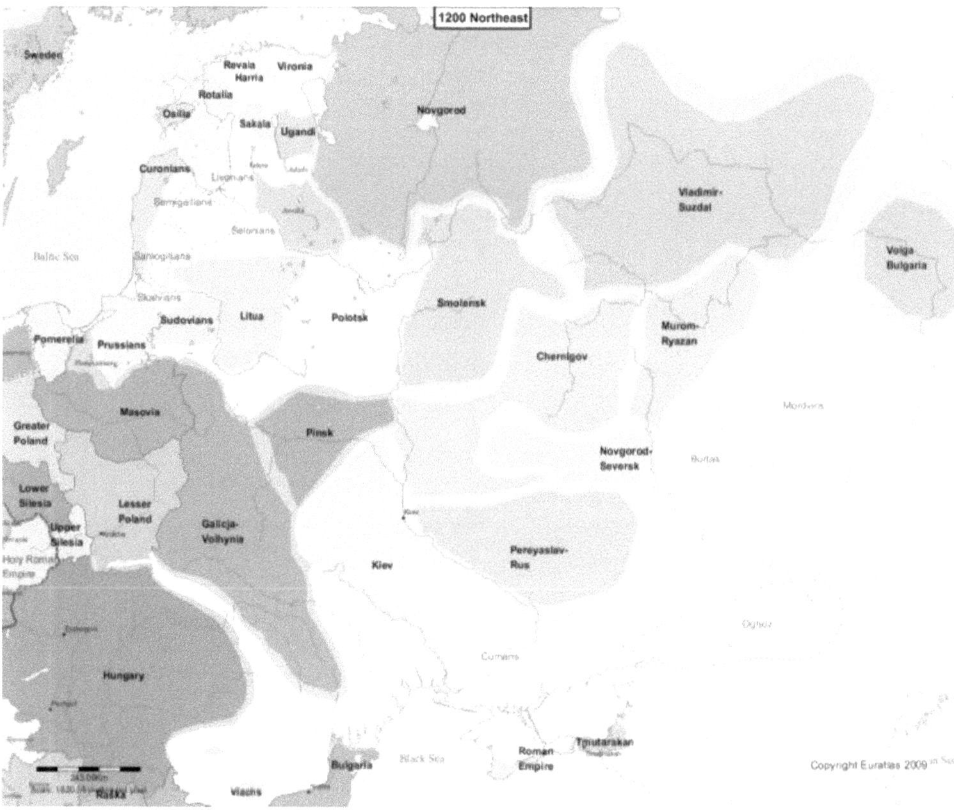

4.5.1. Europa im Jahr 1300

4.5.2. Osteuropa im Jahr 1300

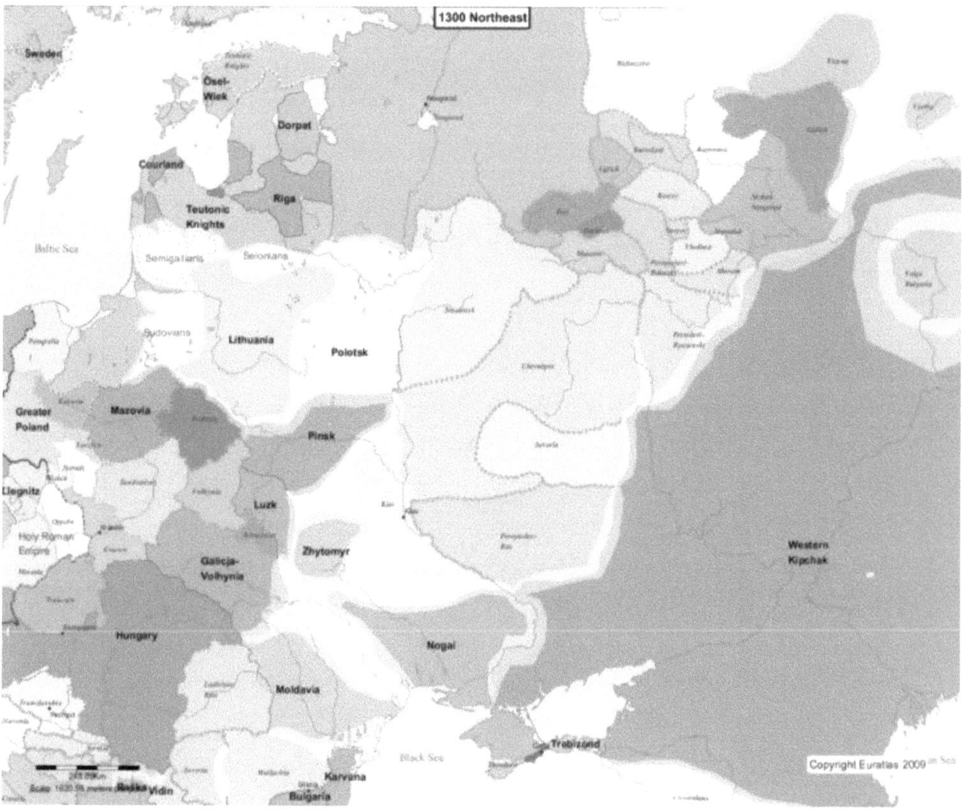

4.6.1. Europa im Jahr 1400

4.6.2. Osteuropa im Jahr 1400

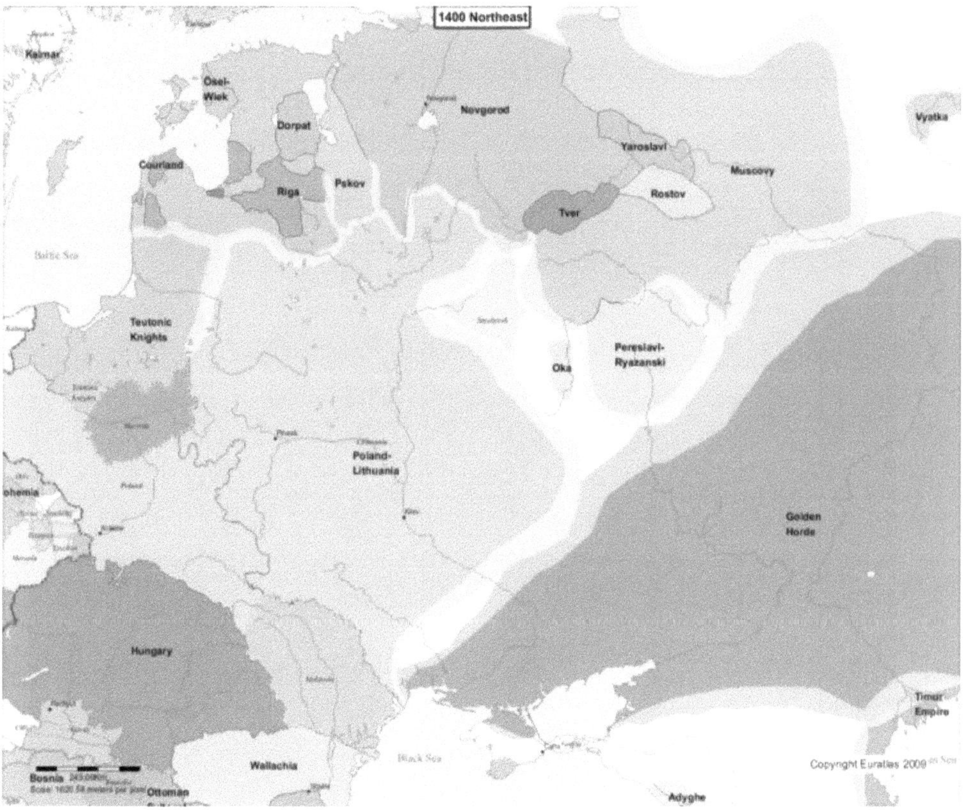

4.7.1. Europa im Jahr 1500

4.7.2. Osteuropa im Jahr 1500

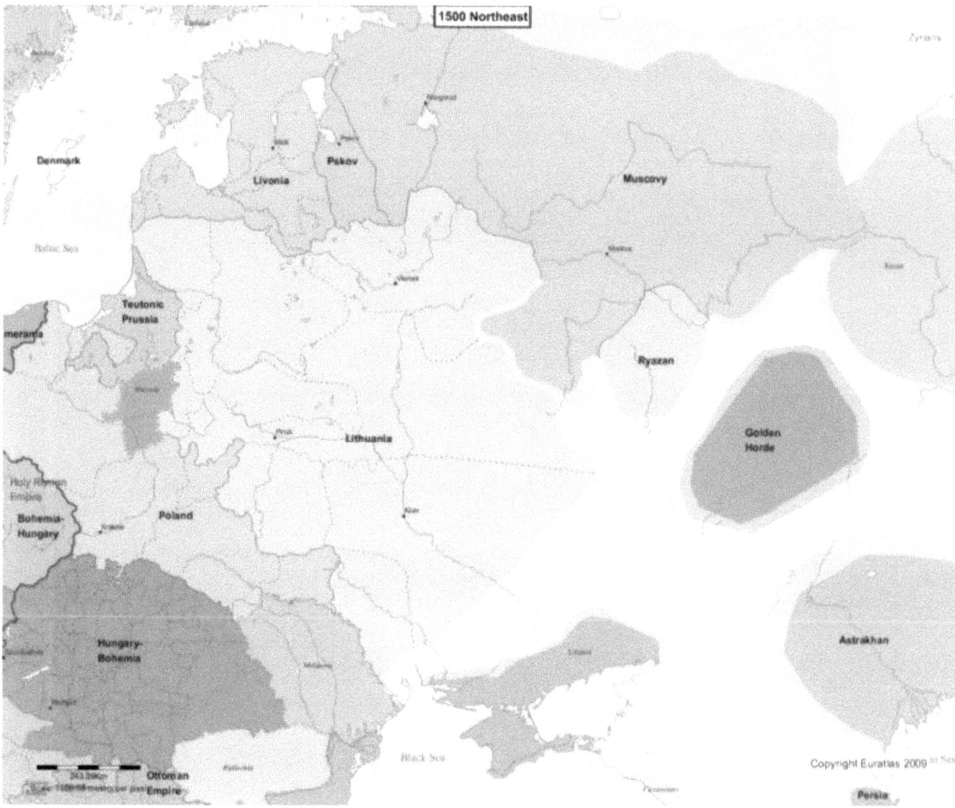

4.8.1. Europa im Jahr 1600

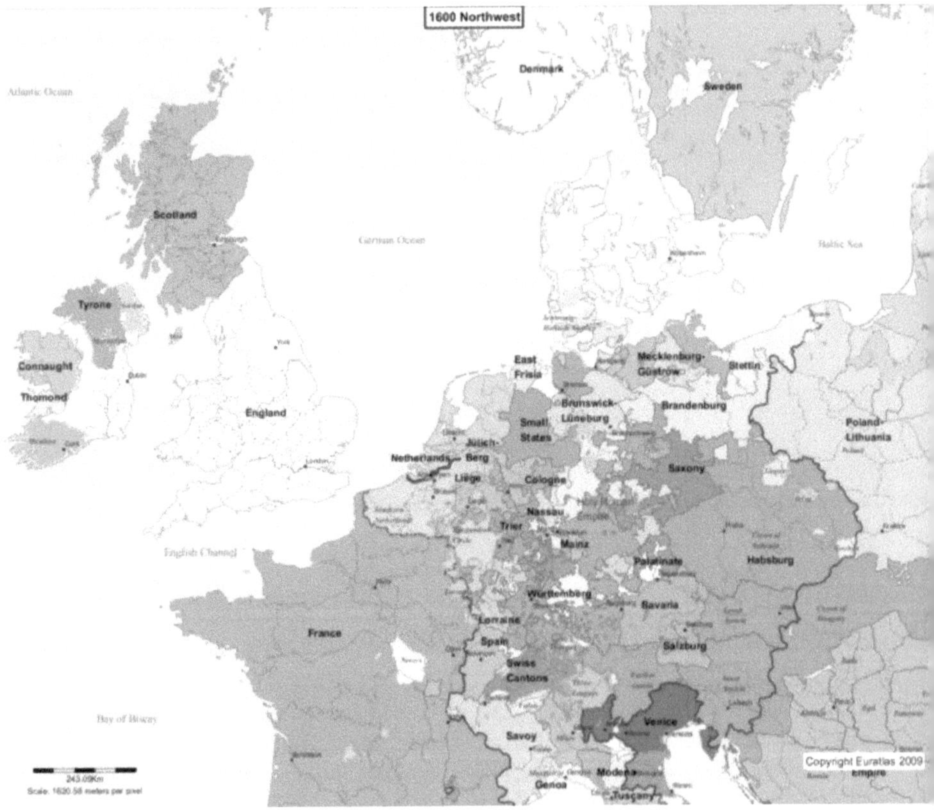

4.8.2. Osteuropa im Jahr 1600

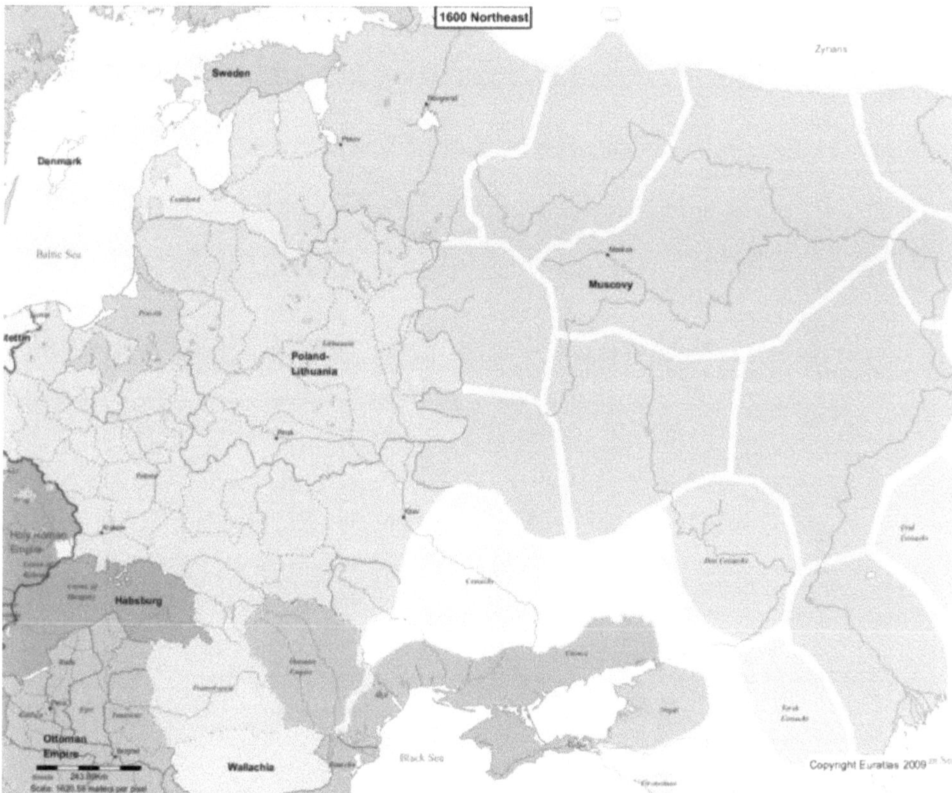

4.9.1. Europa im Jahr 1700

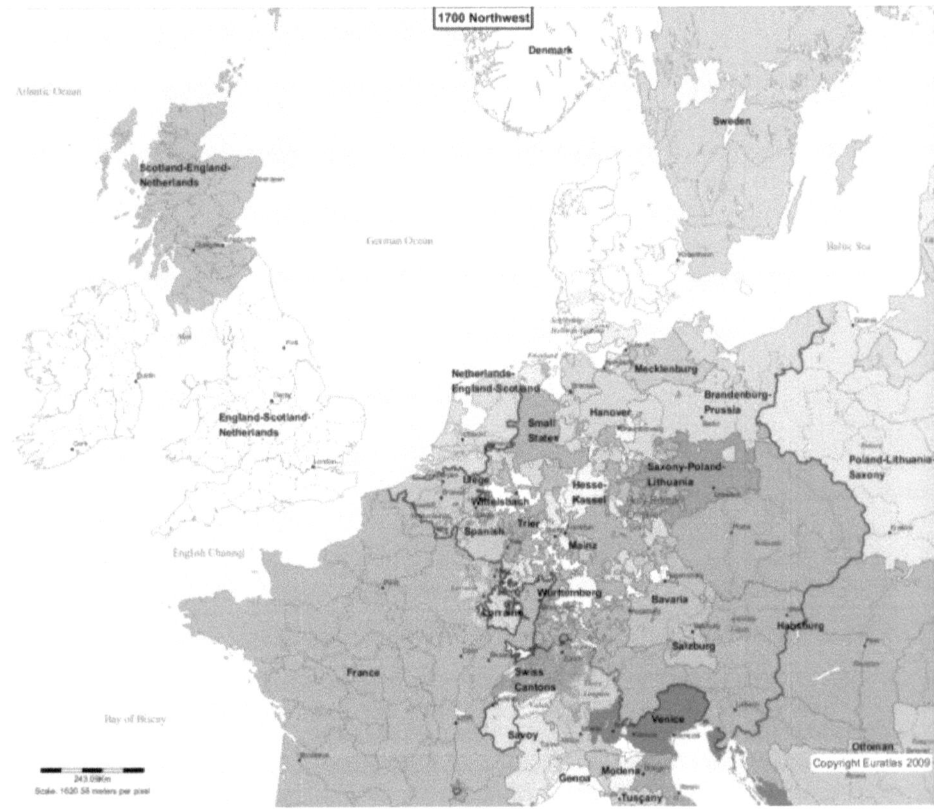

4.9.2. Osteuropa im Jahr 1700

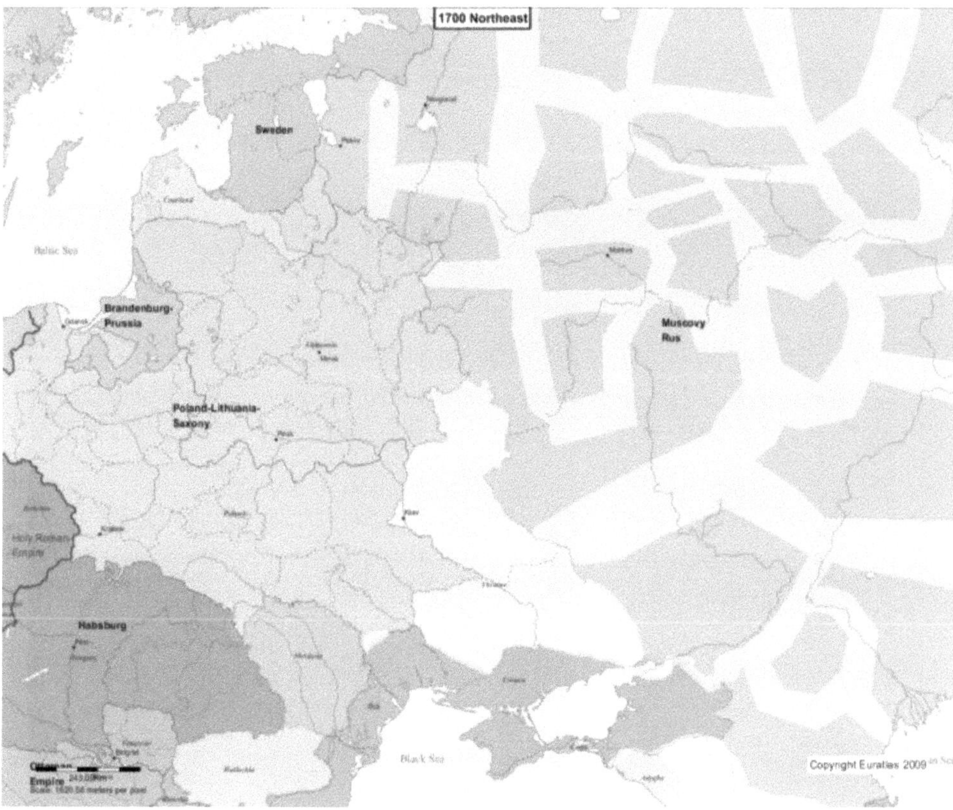

4.10.2 Europa im Jahr 1800

4.10.2 Osteuropa im Jahr 1800

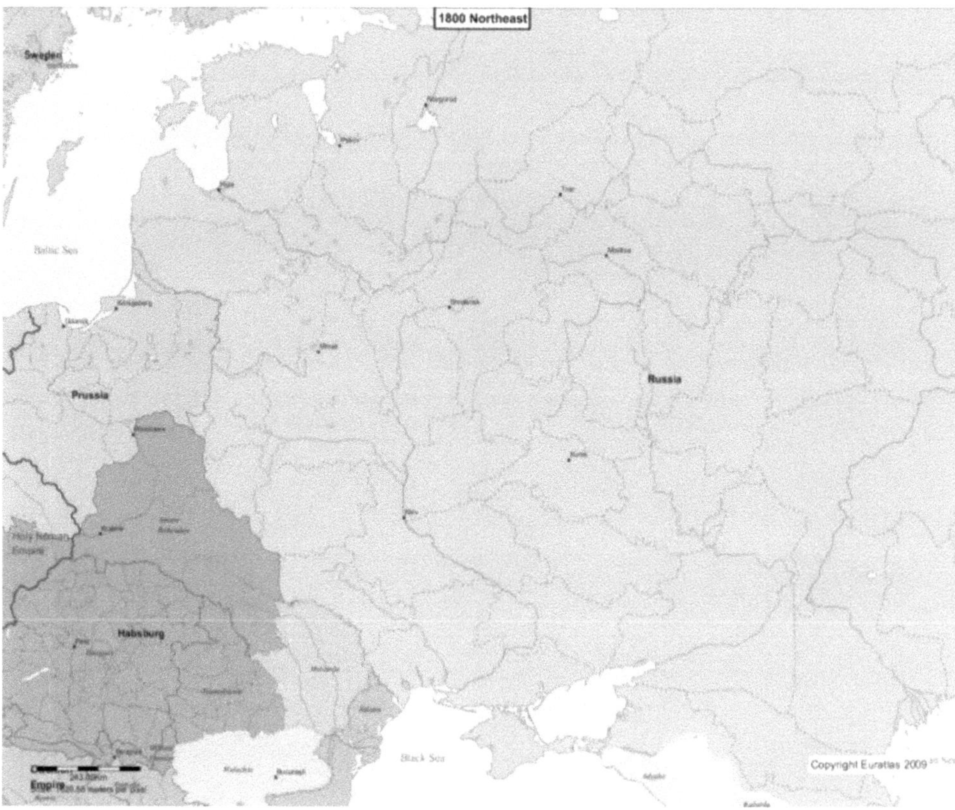

4.11.1 Europa im Jahr 1900

4.11.2 Osteuropa im Jahr 1900

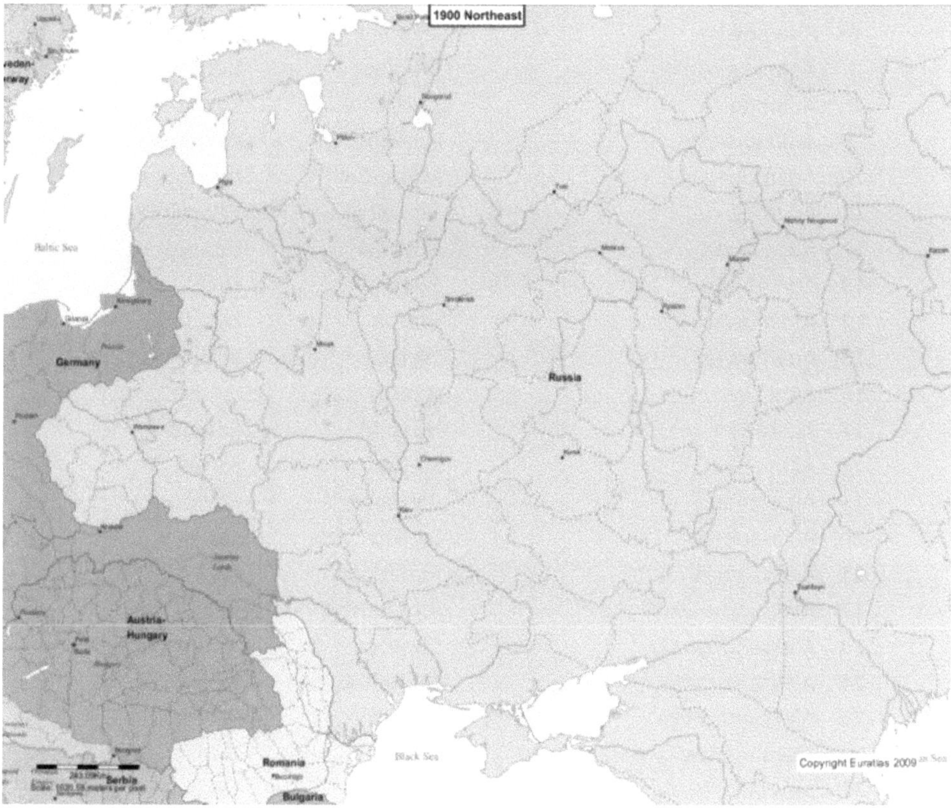

5. Lokalisierung von 5717 Ortschaften in Wolhynien

#	Ortschaft-Miejscowość	Gemeinde-Gmina	Kreis-Powiat
	A	5717	
1	Abramowiec	Turzysk	Kowel
2	Adamczuki	Pulemiec	Luboml
3	Adamków	Klewań	Równe
4	Adamów	Czaruków	Łuck
5	Adamów	Poddębce	Łuck
6	Adamówka	Kniahinin	Dubno
7	Adamówka	Krupiec	Dubno
8	Adamówka	Kupiczów	Kowel
9	Adamówka	Ludwipol	Kostopol
10	Adamówka	Maciejów	Kowel
11	Adamówka	Mikulicze	Włodzimierz
12	Adamówka	Młynów	Dubno
13	Adamówka	Szczurzyn	Łuck
14	Adamówka	Werba	Dubno
15	Adamówka	Werba	Włodzimierz
16	Adolfów	Dąbrowica	Sarny
17	Agatówka	Hoszcza	Równe
18	Albin	Klesów	Sarny
19	Aleksandrja	Aleksandrja	Równe
20	Aleksandrja	Bielska Wola	Sarny
21	Aleksandrja	Poddębce	Łuck
22	Aleksandrówka	Aleksandrja	Równe
23	Aleksandrówka	Chorów	Horochów
24	Aleksandrówka	Czaruków	Łuck
25	Aleksandrówka	Deraźne	Kostopol
26	Aleksandrówka	Dubno	Dubno
27	Aleksandrówka	Kisielin	Horochów
28	Aleksandrówka	Kisorycze	Sarny
29	Aleksandrówka	Kiwerce	Łuck
30	Aleksandrówka	Kniahininek	Łuck
31	Aleksandrówka	Kostopol	Kostopol
32	Aleksandrówka	Kupiczów	Kowel

33	Aleksandrówka	Młynów	Dubno
34	Aleksandrówka	Werba	Włodzimierz
35	Aleksandrówka	Zdołbica	Zdołbunów
36	Aleksandrówka Holendery	Kupiczów	Kowel
37	Aleksandrówka Nowa	Rożyszcze	Łuck
38	Aleksandrówka Stara	Rożyszcze	Łuck
39	Aleksandrowo	Rożyszcze	Łuck
40	Aleksiejówka	Buhryń	Równe
41	Aleksiejówka	Klesów	Sarny
42	Alfredówka	Ludwipol	Kostopol
43	Ambuków	Chotiaczów	Włodzimierz
44	Amelin	Tuczyn	Równe
45	Anatolja	Czaruków	Łuck
46	Andresówka	Werba	Włodzimierz
47	Androszówka	Szumsk	Krzemieniec
48	Andruga	Włodzimierzec	Sarny
49	Andruha Mała	Uhorsk	Krzemieniec
50	Andrusijów	Międzyrzec	Równe
51	Andrzejówka	Czaruków	Łuck
52	Andrzejówka	Tuczyn	Równe
53	Anielin	Malin	Dubno
54	Anielówka	Deraźne	Kostopol
55	Anielówka	Szczurzyn	Łuck
56	Anielówka	Werba	Włodzimierz
57	Annonówka	Olesk	Włodzimierz
58	Annowal	Kostopol	Kostopol
59	Annówka	Korzec	Równe
60	Antolin	Ludwipol	Kostopol
61	Antonijów	Tuczyn	Równe
62	Antonin	Dąbrowica	Sarny
63	Antonin Klimowski	Pulemiec	Luboml
64	Antonowa	Stepań	Kostopol
65	Antonowce	Uhorsk	Krzemieniec
66	Antonowiecka Huta	Uhorsk	Krzemieniec
67	Antonówka	Antonówka	Sarny
68	Antonówka	Beresteczko	Horochów

69	Antonówka	Berezne	Kostopol
70	Antonówka	Kołki	Łuck
71	Antonówka	Kupiczów	Kowel
72	Antonówka	Mikulicze	Włodzimierz
73	Antonówka	Rożyszcze	Łuck
74	Antonówka	Silno	Łuck
75	Antonówka	Szczurzyn	Łuck
76	Antonówka	Tuczyn	Równe
77	Antonówka (I	II)	Werba
78	Antonówka Borek	Werba	Włodzimierz
79	Antonówka Kociór	Werba	Włodzimierz
80	Antonówka Mohyleńska	Werba	Włodzimierz
81	Antonówka Stara	Kniahininek	Łuck
82	Antonówka Szepelska	Kniahininek	Łuck
83	Antopol	Równe	Równe
84	Anusin Dubnicki	Werba	Włodzimierz
85	Anusin Rudeński	Werba	Włodzimierz
86	Apanawszczyzna	Kisielin	Horochów
87	Apolonja	Szczurzyn	Łuck
88	Arestów	Równe	Równe
89	Armatniów	Poddębce	Łuck
90	Arsenowicze	Wielick	Kowel
91	Arszyczyn	Młynów	Dubno
92	Astrachanka	Ludwipol	Kostopol
93	Augustów	Kisielin	Horochów

B

94	Babaci	Luboml	Luboml
95	Babczyn	Luboml	Luboml
96	Babicze	Mikulicze	Włodzimierz
97	Babiczyn	Stary Oleksiniec	Krzemieniec
98	Babie	Kołodno	Krzemieniec
99	Babie	Szczurzyn	Łuck
100	Babin	Buhryń	Równe
101	Babin	Korzec	Równe
102	Babin	Luboml	Luboml

103	Babino Tomachowska	Buhryń	Równe
104	Babka	Rafałówka	Sarny
105	Babołoki	Kniahinin	Dubno
106	Babśka	Datyń	Kowel
107	Bacaje	Szumsk	Krzemieniec
108	Bachów	Niesuchoiże	Kowel
109	Badówka	Sijańce	Zdołbunów
110	Bagno	Hołowno	Luboml
111	Bagno	Kołki	Łuck
112	Bagon	Zabłocie	Kowel
113	Bagryjów	Krymno	Kowel
114	Bahon	Lubitów	Kowel
115	Bahońcy	Huszcza	Luboml
116	Bajew	Połonka	Łuck
117	Bajonówka	Aleksandrja	Równe
118	Bakoły	Stary Oleksiniec	Krzemieniec
119	Bakonówka	Chorów	Horochów
120	Bakoryn	Malin	Dubno
121	Bakowce	Połonka	Łuck
122	Bakszanka	Siedliszcze	Kowel
123	Bakunicha Włościańska	Warkowicze	Dubno
124	Balarka	Silno	Łuck
125	Balarka	Tesłuhów	Dubno
126	Balarnia	Buderaż	Zdołbunów
127	Bałki	Radziwiłłów	Dubno
128	Banasówka	Kniahininek	Łuck
129	Baraki	Malin	Dubno
130	Baraki Tłusta	Klesów	Sarny
131	Baranie	Krupiec	Dubno
132	Barannie	Sijańce	Zdołbunów
133	Baranówka	Sijańce	Zdołbunów
134	Barany	Krupiec	Dubno
135	Barbarów	Werba	Włodzimierz
136	Barbarówka	Poryck	Włodzimierz
137	Barbarówka	Werba	Włodzimierz
138	Bardeckich	Radziwiłłów	Dubno

139	Barełowo	Zabłocie	Kowel
140	Barmaki	Równe	Równe
141	Barok	Hołowno	Luboml
142	Barwinek	Wyszogródek	Krzemieniec
143	Barysówka	Warkowicze	Dubno
144	Baryszówka	Stary Oleksiniec	Krzemieniec
145	Basowszczyzna	Równe	Równe
146	Basowy Kąt	Równe	Równe
147	Baszarówka	Radziwiłłów	Dubno
148	Baszkowce	Uhorsk	Krzemieniec
149	Baszłyki	Ołyka	Łuck
150	Baszowa	Rożyszcze	Łuck
151	Baszuki	Stary Oleksiniec	Krzemieniec
152	Baszyna	Hoszcza	Równe
153	Bat'ków	Radziwiłłów	Dubno
154	Batkowce	Nowomalin	Zdołbunów
155	Batorówka	Brany	Horochów
156	Batory	Stepań	Kostopol
157	Batyń	Lubitów	Kowel
158	Batyń	Turzysk	Kowel
159	Bazylszczyzna	Warkowicze	Dubno
160	Beata/Beheta	Mikulicze	Włodzimierz
161	Bednarka	Buderaż	Zdołbunów
162	Bedrywa	Kisorycze	Sarny
163	Beheń	Równe	Równe
164	Beheta	Werba	Włodzimierz
165	Bejnarówka	Rożyszcze	Łuck
166	Belinowka	Bereżce	Krzemieniec
167	Belweder	Poddębce	Łuck
168	Berca	Kisorycze	Sarny
169	Berducha	Niemowicze	Sarny
170	Berecz	Maniewicze	Kowel
171	Bereh	Werba	Dubno
172	Berehy	Młynów	Dubno
173	Berehy	Podberezie	Horochów
174	Bereściany	Silno	Łuck

175	Bereście	Dąbrowica	Sarny
176	Beresk	Kisielin	Horochów
177	Beresteczko	Beresteczko	Horochów
178	Beresteczno	Lubitów	Kowel
179	Berestowa	Boremel	Dubno
180	Berestowa	Kupiczów	Kowel
181	Berestowiec	Kostopol	Kostopol
182	Bereszczyzna	Młynów	Dubno
183	Bereza	Górniki	Kowel
184	Bereżanka	Wyszogródek	Krzemieniec
185	Bereżce	Bereżce	Krzemieniec
186	Bereżce	Bereżce	Luboml
187	Berezcia	Lubitów	Kowel
188	Berezie	Czaruków	Łuck
189	Berezina	Kołki	Łuck
190	Bereżki	Lubikowicze	Sarny
191	Berezne	-	Kostopol
192	Berezniak	Stydyń	Kostopol
193	Berezniaki	Kołki	Łuck
194	Bereźniaki	Ludwipol	Kostopol
195	Bereźnica	Berezne	Kostopol
196	Bereźnica	Hołowno	Luboml
197	Bereźnica	Stydyń	Kostopol
198	Bereżnica	Dąbrowica	Sarny
199	Bereżnica	Powursk	Kowel
200	Bereżnica	Siedliszcze	Kowel
201	Bereznyki	Kisorycze	Sarny
202	Berezołuki	Tuczyn	Równe
203	Berezołupy	Szczurzyn	Łuck
204	Berezołupy Małe	Szczurzyn	Łuck
205	Berezołupy Wielkie	Szczurzyn	Łuck
206	Berezoweć	Lubitów	Kowel
207	Berezowicze	Mikulicze	Włodzimierz
208	Berezówka	Ludwipol	Kostopol
209	Berezyna	Bereżce	Krzemieniec
210	Berezyna	Krupiec	Dubno

211	Berezyna	Lubitów	Kowel
212	Berezyna	Luboml	Luboml
213	Berezyna	Ludwipol	Kostopol
214	Berezyna	Podberezie	Horochów
215	Berezyna	Radziwiłłów	Dubno
216	Berezyna	Tesłuhów	Dubno
217	Berezyna	Werba	Dubno
218	Berezyna	Zabłocie	Kowel
219	Berezyna	Zgorany	Luboml
220	Berezyny	Buderaż	Zdołbunów
221	Berezyny	Podberezie	Horochów
222	Bereżyszcze	Stydyń	Kostopol
223	Berle	Bielska Wola	Sarny
224	Bermeszów	Chorów	Horochów
225	Berwineta	Zabłocie	Kowel
226	Bezodnia	Krupiec	Dubno
227	Bezodnia	Stepań	Kostopol
228	Biała	Wiśniowiec	Krzemieniec
229	Biała Glinka	Podberezie	Horochów
230	Biała Krynica	Mikulicze	Włodzimierz
231	Białaszów	Lubitów	Kowel
232	Białaszów/Biełaszów	Chorów	Zdołbunów
233	Białaszówka	Berezne	Kostopol
234	Białka	Berezne	Kostopol
235	Białka Duża	Wyszogródek	Krzemieniec
236	Białka Mała	Wyszogródek	Krzemieniec
237	Białobrzeże	Warkowicze	Dubno
238	Białogródka	Werba	Dubno
239	Białokrynica	Radziwiłłów	Dubno
240	Białopol	Świniuchy	Horochów
241	Białostok	Torczyn	Łuck
242	Białowież	Kisorycze	Sarny
243	Białozórka	Białozórka	Krzemieniec
244	Białozórka	Poczajów	Krzemieniec
245	Białozowszczyna (przedmieście)	Włodzimierz	Włodzimierz
246	Biały Brzeg	Ludwipol	Kostopol

247	Biały Ług	Beresteczko	Horochów
248	Biczal	Aleksandrja	Równe
249	Biczal	Deraźne	Kostopol
250	Biczalskie	Deraźne	Kostopol
251	Biecza	Niemowicze	Sarny
252	Bielasz	Dąbrowica	Sarny
253	Biełaszów	Mizocz	Zdołbunów
254	Bielatycze	Lubikowicze	Sarny
255	Bielczaki	Ludwipol	Kostopol
256	Bielczakowska	Ludwipol	Kostopol
257	Bielecka Dolina	Uhorsk	Krzemieniec
258	Bieletczyzna	Wyszogródek	Krzemieniec
259	Bielewo	Hołowno	Luboml
260	Bielgów	Nowy Czartorysk	Łuck
261	Bielicze	Grzybowica	Włodzimierz
262	Bielicze	Maciejów	Kowel
263	Bielin	Lubitów	Kowel
264	Bielin	Werba	Włodzimierz
265	Bieliński Nywky	Lubitów	Kowel
266	Bielmaż	Chorów	Zdołbunów
267	Bielów	Klewań	Równe
268	Bielska Wola	Bielska Wola	Sarny
269	Biesiadka	Klesów	Sarny
270	Bikierej	Luboml	Luboml
271	Bilawszczyzna	Tesłuhów	Dubno
272	Bilcze	Boremel	Dubno
273	Bilicze	Grzybowica	Włodzimierz
274	Binduga	Bereżce	Luboml
275	Birok	Kniahinin	Dubno
276	Biskupicze	Czaruków	Łuck
277	Biskupicze Górne	Mikulicze	Włodzimierz
278	Biskupicze Małe	Grzybowica	Włodzimierz
279	Biskupicze Ruskie	Mikulicze	Włodzimierz
280	Biskupicze Szlacheckie	Grzybowica	Włodzimierz
281	Biskupie Góry	Chotiaczów	Włodzimierz
282	Biwaki	Poddębce	Łuck

283	Błaszczyków	Stary Oleksiniec	Krzemieniec
284	Błażenik	Werba	Włodzimierz
285	Bleżowski	Kisorycze	Sarny
286	Bliźniacy	Luboml	Luboml
287	Błudów	Międzyrzec	Równe
288	Błudów	Świniuchy	Horochów
289	Bobicze	Mikulicze	Włodzimierz
290	Bobły	Turzysk	Kowel
291	Bobrowca	Poczajów	Krzemieniec
292	Bobrycha	Niemowicze	Sarny
293	Bocianówka	Warkowicze	Dubno
294	Bociuki	Bereżce	Krzemieniec
295	Boczanica	Sijańce	Zdołbunów
296	Bodaki	Wiśniowiec	Krzemieniec
297	Bodiaczów	Podberezie	Horochów
298	Bodiaki	Warkowicze	Dubno
299	Bodjaczów	Kiwerce	Łuck
300	Bodla	Kisorycze	Sarny
301	Bogdanówka	Bereżce	Krzemieniec
302	Bogdanówka	Korzec	Równe
303	Bogdaszów	Równe	Równe
304	Bogudzięka	Grzybowica	Włodzimierz
305	Bogumiłów	Torczyn	Łuck
306	Boguniwszczyzna	Trościaniec	Łuck
307	Bogusławka	Werba	Włodzimierz
308	Bogusławówka	Werba	Włodzimierz
309	Bogusze	Berezne	Kostopol
310	Bogusze	Malin	Dubno
311	Boguszówka	Kniahininek	Łuck
312	Boguszówka	Szczurzyn	Łuck
313	Boholubska Ferma	Kniahininek	Łuck
314	Boholuby	Kniahininek	Łuck
315	Bojanowo	Datyń	Kowel
316	Bojarka	Młynów	Dubno
317	Bojarka	Równe	Równe
318	Bojków	Radziwiłłów	Dubno

319	Bojkowa Dolina	Datyń	Kowel
320	Bojkowiec	Hołoby	Kowel
321	Bokszyn	Międzyrzec	Równe
322	Bokujma	Kniahinin	Dubno
323	Bolarka	Poddębce	Łuck
324	Bołdyń	Kostopol	Kostopol
325	Bolesławice	Aleksandrja	Równe
326	Bolesławówka	Mikulicze	Włodzimierz
327	Bolizuby	Kołodno	Krzemieniec
328	Bołocha	Kiwerce	Łuck
329	Bołochowicze	Rafałówka	Sarny
330	Bołocka	Datyń	Kowel
331	Bołotci	Lubitów	Kowel
332	Bołotja	Górniki	Kowel
333	Bołotkowce	Nowomalin	Zdołbunów
334	Bołoto	Antonówka	Sarny
335	Bołożówka	Szumsk	Krzemieniec
336	Bołtuny	Bereżce	Luboml
337	Bondarowa Nywa	Warkowicze	Dubno
338	Bondary	Bereżce	Krzemieniec
339	Bonówka	Uhorsk	Krzemieniec
340	Bor	Górniki	Kowel
341	Bór	Berezne	Kostopol
342	Bór	Nowomalin	Zdołbunów
343	Bór	Siedliszcze	Kowel
344	Bór	Werba	Włodzimierz
345	Boratyn	Tesłuhów	Dubno
346	Boratyn	Torczyn	Łuck
347	Boratyn Czeski	Połonka	Łuck
348	Boratyn Duży	Połonka	Łuck
349	Boratyn Mały	Połonka	Łuck
350	Borbin	Malin	Dubno
351	Borczyjów	Silno	Łuck
352	Borek	Bielska Wola	Sarny
353	Borek	Ludwipol	Kostopol
354	Borek	Stepań	Kostopol

355	Borek	Sudobicze	Dubno
356	Borek	Werba	Włodzimierz
357	Borek Kuty	Berezne	Kostopol
358	Boremel	Boremel	Dubno
359	Boremelska Droga	Tesłuhów	Dubno
360	Boremszczyzna	Luboml	Luboml
361	Borki	Dederkały	Krzemieniec
362	Borki	Luboml	Luboml
363	Boroczyce	Brany	Horochów
364	Borok	Stepań	Kostopol
365	Borołówka	Ludwipol	Kostopol
366	Borowa	Huszcza	Luboml
367	Borowa	Silno	Łuck
368	Borowe	Kisorycze	Sarny
369	Borowicze	Trościaniec	Łuck
370	Borowina	Kisorycze	Sarny
371	Borówka	Deraźne	Kostopol
372	Borowniki	Trościaniec	Łuck
373	Borowycia	Datyń	Kowel
374	Borsuki	Berezne	Kostopol
375	Borsuki	Łanowce	Krzemieniec
376	Borsuki	Stydyń	Kostopol
377	Borsukówka	Grzybowica	Włodzimierz
378	Borszczowa	Silno	Łuck
379	Borszczówka	Buderaż	Zdołbunów
380	Borszczówka	Hoszcza	Równe
381	Borszczówka	Kostopol	Kostopol
382	Borszczówka	Łanowce	Krzemieniec
383	Borszczówka	Poczajów	Krzemieniec
384	Borszczówka	Sijańce	Zdołbunów
385	Borszczówka Czeska	Buderaż	Zdołbunów
386	Bortnica os.	Dubno	Dubno
387	Bortnica w.	Dubno	Dubno
388	Bortnów	Chotiaczów	Włodzimierz
389	Boruchów	Poddębce	Łuck
390	Boryczów	Dederkały	Krzemieniec

391	Boryskowicze	Brany	Horochów
392	Borysówka	Kisorycze	Sarny
393	Borysy	Sudobicze	Dubno
394	Borzemiec	Jarosławicze	Dubno
395	Borzowa	Siedliszcze	Kowel
396	Bosy Hrud	Hołowno	Luboml
397	Botyń	Poddębce	Łuck
398	Boża Wola	Niesuchoiże	Kowel
399	Boża Wola	Werba	Włodzimierz
400	Bożedarówka	Hołoby	Kowel
401	Bożkiewicze	Młynów	Dubno
402	Bożkiewicze Kosarewo	Młynów	Dubno
403	Bożów	Skobełka	Horochów
404	Brak	Ludwipol	Kostopol
405	Brak	Silno	Łuck
406	Braniów	Międzyrzec	Równe
407	Brany	Brany	Horochów
408	Broczewica	Buderaż	Zdołbunów
409	Bród	Klesów	Sarny
410	Brodcy	Lubikowicze	Sarny
411	Brodki	Siedliszcze	Kowel
412	Brodów	Chorów	Zdołbunów
413	Brodowskie	Chorów	Zdołbunów
414	Brody	Górniki	Kowel
415	Brody	Kostopol	Kostopol
416	Brody	Niemowicze	Sarny
417	Brody	Stepań	Kostopol
418	Broniczówka	Nowy Czartorysk	Łuck
419	Bronisławka	Ludwipol	Kostopol
420	Bronisławówka	Poddębce	Łuck
421	Bronisławówka	Szczurzyn	Łuck
422	Bronne	Berezne	Kostopol
423	Bronniki	Klewań	Równe
424	Browar	Krymno	Kowel
425	Browar	Luboml	Luboml
426	Brunietówka	Kowel	Siedliszcze

427	Bryków	Korzec	Równe
428	Bryków	Szumsk	Krzemieniec
429	Brykowskie	Korzec	Równe
430	Bryniów	Luboml	Luboml
431	Bryszcze	Berezne	Kostopol
432	Bryszcze	Młynów	Dubno
433	Bryszcze (I i II)	Kniahininek	Łuck
434	Brzegi	Werba	Włodzimierz
435	Brzezina	Chotiaczów	Włodzimierz
436	Brzezina	Dederkały	Krzemieniec
437	Brzezina	Diatkiewicze	Równe
438	Brzezina	Grzybowica	Włodzimierz
439	Brzezina	Kniahinin	Dubno
440	Brzezina	Poddębce	Łuck
441	Brzezina	Rafałówka	Sarny
442	Brzezina	Silno	Łuck
443	Brzezina	Włodzimierzec	Sarny
444	Brzeziny	Bereżce	Luboml
445	Brzeziny	Chotiaczów	Włodzimierz
446	Brzozowa Karczma	Kniahininek	Łuck
447	Brzozowy Gród	Kiwerce	Łuck
448	Brzuchowicze	Hołoby	Kowel
449	Brzuszków	Kostopol	Kostopol
450	Bubnów	Mikulicze	Włodzimierz
451	Bubnów	Świniuchy	Horochów
452	Bucharów	Sijańce	Zdołbunów
453	Bucyń	Siedliszcze	Kowel
454	Buda	Kisorycze	Sarny
455	Buda	Lubikowicze	Sarny
456	Buda	Międzyrzec	Równe
457	Buda	Radziwiłłów	Dubno
458	Buda	Szumsk	Krzemieniec
459	Buderaski	Buderaż	Zdołbunów
460	Buderaż	Buderaż	Zdołbunów
461	Buderaż	Werba	Dubno
462	Buderaż Czeski	Buderaż	Zdołbunów

463	Budki	Beresteczko	Horochów
464	Budki	Buderaż	Zdołbunów
465	Budki	Klesów	Sarny
466	Budki	Kupiczów	Kowel
467	Budki	Nowy Czartorysk	Łuck
468	Budki	Poczajów	Krzemieniec
469	Budki	Uhorsk	Krzemieniec
470	Budki	Werba	Włodzimierz
471	Budki Borowskie	Kisorycze	Sarny
472	Budki Kudrańskie	Ludwipol	Kostopol
473	Budki Snowidowickie	Kisorycze	Sarny
474	Budki Ujściańskie	Ludwipol	Kostopol
475	Budniki	Huszcza	Luboml
476	Budy	Kupiczów	Kowel
477	Budy	Werba	Dubno
478	Budy Ossowskie	Turzysk	Kowel
479	Budyszcze	Hołowno	Luboml
480	Budyszcze	Kołki	Łuck
481	Budyszcze	Lubitów	Kowel
482	Budziatycze	Grzybowica	Włodzimierz
483	Budziska	Niemowicze	Sarny
484	Budzisko	Korzec	Równe
485	Buhaje	Kołki	Łuck
486	Buhajówka	Radziwiłłów	Dubno
487	Buhłów	Białozórka	Krzemieniec
488	Buhryń	Buhryń	Równe
489	Buhryński Majdan	Tuczyn	Równe
490	Bujanie	Torczyn	Łuck
491	Buków	Kniahininek	Łuck
492	Bukowa	Buderaż	Zdołbunów
493	Bukowszczyzna	Białozórka	Krzemieniec
494	Bukowszczyzna	Stary Oleksiniec	Krzemieniec
495	Buniawa	Chorów	Horochów
496	Burjany	Nowy Czartorysk	Łuck
497	Burkacze	Beresteczko	Horochów
498	Burki	Niemowicze	Sarny

499	Burki	Włodzimierzec	Sarny
500	Burok Poddeszcze	Zabłocie	Kowel
501	Buryny	Sijańce	Zdołbunów
502	Buśliwka	Lubitów	Kowel
503	Buszcza	Buderaż	Zdołbunów
504	Buszcza	Sudobicze	Dubno
505	Butejki	Stepań	Kostopol
506	Butmer	Szack	Luboml
507	Butyłki	Klesów	Sarny
508	Butyń	Wiśniowiec	Krzemieniec
509	Bużanka	Chotiaczów	Włodzimierz
510	Bużany	Brany	Horochów
511	Bużkowicze	Chorów	Horochów
512	Byk	Hołowno	Luboml
513	Bykowce	Dederkały	Krzemieniec
514	Bylica	Górniki	Kowel
515	Byłka	Zabłocie	Kowel
516	Byr	Luboml	Luboml
517	Byrki	Zgorany	Luboml
518	Byrystke	Datyń	Kowel
519	Bystraki	Korytnica	Włodzimierz
520	Bystryczka	Kisorycze	Sarny
521	Bystrzyca	Szczurzyn	Łuck
522	Bystrzyce	Ludwipol	Kostopol
523	Byteń	Hołoby	Kowel
	C		
524	Cechol	Włodzimierzec	Sarny
525	Cechów	Brany	Horochów
526	Cecylówka	Szczurzyn	Łuck
527	Cecylówka	Tuczyn	Równe
528	Cecylówka	Turzysk	Kowel
529	Cecyniówka	Katerburg	Krzemieniec
530	Cegielnia	Dąbrowica	Sarny
531	Cegielnia	Hołowno	Luboml
532	Cegielnia	Klesów	Sarny

533	Cegielnia	Międzyrzec	Równe
534	Cegielnia	Mikulicze	Włodzimierz
535	Cegielnia	Powursk	Kowel
536	Cegielnia	Silno	Łuck
537	Cegielnia	Trościaniec	Łuck
538	Cepcewicze Małe	Antonówka	Sarny
539	Cepcewicze Wielkie	Antonówka	Sarny
540	Cepcewicze Wielkie - Obołonie	Antonówka	Sarny
541	Cepcewicze Wielkie - Smółki	Antonówka	Sarny
542	Ceperów	Połonka	Łuck
543	Cereczyn	Poryck	Włodzimierz
544	Cerkiewka	Powursk	Kowel
545	Cerkowszczyzna	Chorów	Zdołbunów
546	Cerkwisko	Werba	Dubno
547	Cerkwiszcze	Antonówka	Sarny
548	Cerkwiszcze	Kisorycze	Sarny
549	Cetymie	Bielska Wola	Sarny
550	Cewelicze-Dolne	Chorów	Horochów
551	Cewelicze-Górne	Chorów	Horochów
552	Cezaryn	Poddębce	Łuck
553	Charaług	Międzyrzec	Równe
554	Charki	Górniki	Kowel
555	Charmaci	Krupiec	Dubno
556	Charucza Mała	Międzyrzec	Równe
557	Charucza Wielka	Międzyrzec	Równe
558	Chatki	Bereżce	Krzemieniec
559	Chatki	Międzyrzec	Równe
560	Chiczawka	Sudobicze	Dubno
561	Chilki	Ludwipol	Kostopol
562	Chiniówka	Nowomalin	Zdołbunów
563	Chinocze	Włodzimierzec	Sarny
564	Chlebowo	Górniki	Kowel
565	Chlewce	Lubikowicze	Sarny
566	Chlewiska	Lubikowicze	Sarny
567	Chlewno	Berezne	Kostopol
568	Chlibin	Lubitów	Kowel

569	Chłopczyn	Lubikowicze	Sarny
570	Chłopiszów	Kisorycze	Sarny
571	Chmełyszcze	Datyń	Kowel
572	Chmiele	Bereżce	Krzemieniec
573	Chmieliszcze	Uhorsk	Krzemieniec
574	Chmielnik	Szczurzyn	Łuck
575	Chmielów	Mikulicze	Włodzimierz
576	Chmielówka	Ludwipol	Kostopol
577	Chmielówka	Mikulicze	Włodzimierz
578	Chmielówka	Niesuchoiże	Kowel
579	Chmielówka	Trościaniec	Łuck
580	Chmyżopol	Kostopol	Kostopol
581	Chnywo	Datyń	Kowel
582	Chobułtów	Mikulicze	Włodzimierz
583	Chobut	Hołoby	Kowel
584	Chocin	Aleksandrja	Równe
585	Choczewo	Włodzimierzec	Sarny
586	Chodaki	Szumsk	Krzemieniec
587	Chodkiewicze	Stary Oleksiniec	Krzemieniec
588	Chodosy	Aleksandrja	Równe
589	Chołoniewicze	Silno	Łuck
590	Chołoniów	Skobełka	Horochów
591	Chołopecze	Kisielin	Horochów
592	Chołopiny	Trościaniec	Łuck
593	Chołopje	Krymno	Kowel
594	Chołopy	Ludwipol	Kostopol
595	Chomąt	Warkowicze	Dubno
596	Chomicze	Szack	Luboml
597	Chominy Ostrówki	Berezne	Kostopol
598	Chomut	Górniki	Kowel
599	Chomycze	Szack	Luboml
600	Chopniów	Trościaniec	Łuck
601	Chorłupy	Ołyka	Łuck
602	Chorochoryń Północny	Szczurzyn	Łuck
603	Chorochoryń Południowy	Szczurzyn	Łuck
604	Choromce	Włodzimierzec	Sarny

605	Choromcy	Siedliszcze	Kowel
606	Choromy	Szack	Luboml
607	Choromy	Zabłocie	Kowel
608	Chorostów	Mikulicze	Włodzimierz
609	Chorosze	Lubikowicze	Sarny
610	Chorów	Chorów	Horochów
611	Chorów	Chorów	Zdołbunów
612	Chorupań	Młynów	Dubno
613	Choszki	Lubikowicze	Sarny
614	Chotenka	Kostopol	Kostopol
615	Chotiaczów	Chotiaczów	Włodzimierz
616	Chotowica	Stary Oleksiniec	Krzemieniec
617	Chotówka	Bereżce	Krzemieniec
618	Chotyń	Ludwipol	Kostopol
619	Chotyń	Tesłuhów	Dubno
620	Chotywel	Siedliszcze	Kowel
621	Chrapaczów	Berezne	Kostopol
622	Chrask	Nowy Czartorysk	Łuck
623	Chrenów	Grzybowica	Włodzimierz
624	Chrenów	Sijańce	Zdołbunów
625	Chrescki	Zabłocie	Kowel
626	Chresty	Datyń	Kowel
627	Chrobowicze	Jarosławicze	Dubno
628	Chrobrów	Czaruków	Łuck
629	Chromiaków	Ołyka	Łuck
630	Chruśla	Górniki	Kowel
631	Chrynickie	Boremel	Dubno
632	Chryniki	Boremel	Dubno
633	Chrynów	Grzybowica	Włodzimierz
634	Chrypsk	Pulemiec	Luboml
635	Chutów	Datyń	Kowel
636	Chwałka	Olesk	Włodzimierz
637	Chwastów	Berezne	Kostopol
638	Chwiszczowata	Zabłocie	Kowel
639	Chwoina	Beresteczko	Horochów
640	Chwoina	Zabłocie	Kowel

641	Chwoinowa	Zabłocie	Kowel
642	Chwoja	Górniki	Kowel
643	Chwojanka	Ludwipol	Kostopol
644	Chwojki	Kiwerce	Łuck
645	Chworostów	Olesk	Włodzimierz
646	Chworoszcza	Sudobicze	Dubno
647	Chworozbyt	Klesów	Sarny
648	Chwoszczon	Stare Koszary	Kowel
649	Chwoszczowata	Niemowicze	Sarny
650	Chwoszczyk	Silno	Łuck
651	Chwoszne	Kisorycze	Sarny
652	Chwuszczon	Siedliszcze	Kowel
653	Chwuszczyw	Datyń	Kowel
654	Chypalicze	Chotiaczów	Włodzimierz
655	Ciemny Kust	Lubikowicze	Sarny
656	Cieszyn	Werba	Włodzimierz
657	Ćminy	Nowy Czartorysk	Łuck
658	Cucniów	Chotiaczów	Włodzimierz
659	Cukry	Silno	Łuck
660	Cumań	Silno	Łuck
661	Cumań stacja	Ołyka	Łuck
662	Curków	Mizocz	Zdołbunów
663	Cybuchów	Radziwiłłów	Dubno
664	Cyganki	Górniki	Kowel
665	Cyranka Lepieszówka	Szumsk	Krzemieniec
666	Czabałówka	Krymno	Kowel
667	Czabany	Hołowno	Luboml
668	Czabel	Klesów	Sarny
669	Czaharówka	Warkowicze	Dubno
670	Czajczyńce	Kołodno	Krzemieniec
671	Czajków	Włodzimierzec	Sarny
672	Czapelka	Stydyń	Kostopol
673	Czapla	Sudobicze	Dubno
674	Czarna Łoza	Buderaż	Zdołbunów
675	Czarna Łoza	Kniahinin	Dubno
676	Czarna Łoza	Tesłuhów	Dubno

677	Czarna Niwka	Kisorycze	Sarny
678	Czarne Łozy	Aleksandrja	Równe
679	Czarne Łozy	Buhryń	Równe
680	Czarne Łozy	Szczurzyn	Łuck
681	Czarne Łozy	Torczyn	Łuck
682	Czarneckie	Korzec	Równe
683	Czarno Las	Niemowicze	Sarny
684	Czarnołóżka	Krupiec	Dubno
685	Czarnoplesy	Maciejów	Kowel
686	Czarny Gród	Kisorycze	Sarny
687	Czarny Las	Łanowce	Krzemieniec
688	Czarny Las	Tesłuhów	Dubno
689	Czarny Las	Torczyn	Łuck
690	Czarny Las	Werba	Włodzimierz
691	Czartorja	Berezne	Kostopol
692	Czartorysk	Nowy Czartorysk	Łuck
693	Czaruków	Czaruków	Łuck
694	Czebenie	Rożyszcze	Łuck
695	Czebenie Nowe	Rożyszcze	Łuck
696	Czechowszczyzna	Torczyn	Łuck
697	Czekno	Jarosławicze	Dubno
698	Czemeryn	Ołyka	Łuck
699	Czemyr	Datyń	Kowel
700	Czepelka	Lubikowicze	Sarny
701	Czepołosy	Hołowno	Luboml
702	Czerczyce	Kniahininek	Łuck
703	Czerczyce	Mikulicze	Włodzimierz
704	Czerczycha	Kisorycze	Sarny
705	Czerec	Młynów	Dubno
706	Czeremoszna Wola	Hołowno	Luboml
707	Czeremoszno	Hołowno	Luboml
708	Czeremoszno	Powursk	Kowel
709	Czeremszanka	Siedliszcze	Kowel
710	Czerepaśnik	Aleksandrja	Równe
711	Czerewacha	Maniewicze	Kowel
712	Czerkasy	Stare Koszary	Kowel

713	Czerniachów	Sijańce	Zdołbunów
714	Czerniaków	Grzybowica	Włodzimierz
715	Czerniawa	Buderaż	Zdołbunów
716	Czerniawka	Korytnica	Włodzimierz
717	Czerniawka	Powursk	Kowel
718	Czerniawskie	Wiśniowiec	Krzemieniec
719	Czernica	Korzec	Równe
720	Czernicy	Stepań	Kostopol
721	Czernicze	Kołki	Łuck
722	Czernijów	Kupiczów	Kowel
723	Czerników	Chotiaczów	Włodzimierz
724	Czernobaje	Radziwiłłów	Dubno
725	Czernopeński	Datyń	Kowel
726	Czernyczne	Tuczyn	Równe
727	Czernyło	Berezne	Kostopol
728	Czernyż	Silno	Łuck
729	Czersk	Powursk	Kowel
730	Czerteż	Międzyrzec	Równe
731	Czertianycia	Bielska Wola	Sarny
732	Czerwianka	Górniki	Kowel
733	Czerwińskie	Kisielin	Horochów
734	Czerwona	Bereżce	Krzemieniec
735	Czerwona	Brany	Horochów
736	Czerwona Góra	Młynów	Dubno
737	Czerwonka	Wiśniowiec	Krzemieniec
738	Czerwony Bór	Pulemiec	Luboml
739	Czerwony Kamień	Buderaż	Zdołbunów
740	Czeski Haj	Chorów	Zdołbunów
741	Czesławów (Kraki)	Olesk	Włodzimierz
742	Czesnowienka	Zgorany	Luboml
743	Czestny Chrest	Mikulicze	Włodzimierz
744	Czestny Krest	Mikulicze	Włodzimierz
745	Czetwertnia	Trościaniec	Łuck
746	Czetyń	Kołki	Łuck
747	Czewel	Siedliszcze	Kowel
748	Czmykos	Bereżce	Luboml

749	Czołnica Nowa	Kiwerce	Łuck
750	Czołnica Stara	Kiwerce	Łuck
751	Czopownik	Krymno	Kowel
752	Czortów	Kostopol	Kostopol
753	Czotyrki	Siedliszcze	Kowel
754	Cztery Pale	Beresteczko	Horochów
755	Czudel	Klesów	Sarny
756	Czudla	Rafałówka	Sarny
757	Czudnica	Hoszcza	Równe
758	Czudwy	Deraźne	Kostopol
759	Czuhale	Uhorsk	Krzemieniec
760	Czynki	Krymno	Kowel
761	Czysta Ladyna	Bielska Wola	Sarny
762	Czyste	Datyń	Kowel
763	Czyste	Górniki	Kowel
764	Czysto Łuża	Kisorycze	Sarny
765	Czystołuża	Lubitów	Kowel

D

766	Dąbrowa	Antonówka	Sarny
767	Dąbrowa	Bereżce	Krzemieniec
768	Dąbrowa	Kisielin	Horochów
769	Dąbrowa	Kisorycze	Sarny
770	Dąbrowa	Kisorycze	Sarny
771	Dąbrowa	Kiwerce	Łuck
772	Dąbrowa	Kniahinin	Dubno
773	Dąbrowa	Kołki	Łuck
774	Dąbrowa	Mikulicze	Włodzimierz
775	Dąbrowa	Młynów	Dubno
776	Dąbrowa	Poddębce	Łuck
777	Dąbrowa	Równe	Równe
778	Dąbrowa	Sijańce	Zdołbunów
779	Dąbrowa	Silno	Łuck
780	Dąbrowa	Skobełka	Horochów
781	Dąbrowa	Szczurzyn	Łuck
782	Dąbrowa	Świniuchy	Horochów

783	Dąbrowa	Turzysk	Kowel
784	Dąbrowa	Włodzimierzec	Sarny
785	Dąbrowa gm.Woronczyn	Kisielin	Horochów
786	Dąbrowa Grozowska	Chorów	Zdołbunów
787	Dąbrowa Ptycka	Werba	Dubno
788	Dąbrowica	Dąbrowica	Sarny
789	Dąbrówka	Berezne	Kostopol
790	Dąbrówka	Deraźne	Kostopol
791	Dąbrówka	Diatkiewicze	Równe
792	Dąbrówka	Klesów	Sarny
793	Danczymost	Kostopol	Kostopol
794	Daniczów	Międzyrzec	Równe
795	Daniłówka	Nowomalin	Zdołbunów
796	Daniłówka	Uhorsk	Krzemieniec
797	Datyń	Datyń	Kowel
798	Dawidowa	Huszcza	Luboml
799	Dażwa	Kupiczów	Kowel
800	Dębina	Boremel	Dubno
801	Dębina	Dederkały	Krzemieniec
802	Dębina	Kniahinin	Dubno
803	Dębina	Uhorsk	Krzemieniec
804	Dębina	Wyszogródek	Krzemieniec
805	Dębinki	Podberezie	Horochów
806	Dębiny	Chorów	Zdołbunów
807	Dębiny	Krupiec	Dubno
808	Dębiny Nowe	Krupiec	Dubno
809	Dębowa	Równe	Równe
810	Dębowa Dolina	Klewań	Równe
811	Dębowa Góra	Antonówka	Sarny
812	Dębowa Karczma	Czaruków	Łuck
813	Dębowe	Silno	Łuck
814	Dębowiec	Werba	Włodzimierz
815	Dębówka	Szczurzyn	Łuck
816	Dębowy Ostrów	Silno	Łuck
817	Debry	Włodzimierzec	Sarny
818	Debryca	Deraźne	Kostopol

819	Debryca Mała	Deraźne	Kostopol
820	Deby	Klewań	Równe
821	Dederesze	Bereżce	Krzemieniec
822	Dederkały Małe	Dederkały	Krzemieniec
823	Dederkały Wielkie	Dederkały	Krzemieniec
824	Demenszczyzna	Stare Koszary	Kowel
825	Dementjanówka	Hołoby	Kowel
826	Demidówka	Kniahinin	Dubno
827	Demidowska Droga	Tesłuhów	Dubno
828	Demjany	Krupiec	Dubno
829	Deraźne	Berezne	Kostopol
830	Derażne	Derażne	Kostopol
831	Derć	Kisorycze	Sarny
832	Dereczyn	Poryck	Włodzimierz
833	Derewiańcze Duże	Chorów	Zdołbunów
834	Derewiańcze Małe	Chorów	Zdołbunów
835	Derewiane	Klewań	Równe
836	Derewok	Dąbrowica	Sarny
837	Derewok	Hołoby	Kowel
838	Dermań	-	Zdołbunów
839	Dermanka	Kisorycze	Sarny
840	Dermanka	Kostopol	Kostopol
841	Dermanka	Ludwipol	Kostopol
842	Dermanka	Poddębce	Łuck
843	Dermanka	Sudobicze	Dubno
844	Derno	Ołyka	Łuck
845	Desiatyny	Huszcza	Luboml
846	Detynicze	Sudobicze	Dubno
847	Diatkiewicze	Diatkiewicze	Równe
848	Diatkiewicze	Warkowicze	Dubno
849	Didów Ostrów	Datyń	Kowel
850	Didowicze	Kiwerce	Łuck
851	Didycze	Ołyka	Łuck
852	Diechtiarka	Górniki	Kowel
853	Diuksyn	Deraźne	Kostopol
854	Długa Niwa	Ludwipol	Kostopol

855	Długa Niwa	Międzyrzec	Równe
856	Długi Las	Maciejów	Kowel
857	Długie Łozy	Mikulicze	Włodzimierz
858	Długie Pole	Rafałówka	Sarny
859	Długiepole	Sudobicze	Dubno
860	Długoszyje	Malin	Dubno
861	Długowola	Włodzimierzec	Sarny
862	Dłużek	Werba	Dubno
863	Dmitrówka	Buhryń	Równe
864	Dmitrówka	Kisielin	Horochów
865	Dmitrówka	Rożyszcze	Łuck
866	Dmitrówka	Torczyn	Łuck
867	Dmitry	Buderaż	Zdołbunów
868	Dneha	Luboml	Luboml
869	Dobra	Poddębce	Łuck
870	Dobratyn	Młynów	Dubno
871	Dobratyńskie Nowiny	Młynów	Dubno
872	Dobrowica	Maniewicze	Kowel
873	Dobrowoda	Tesłuhów	Dubno
874	Dobrowolka	Diatkiewicze	Równe
875	Dobry Kraj	Korytnica	Włodzimierz
876	Dobry Ostrów	Kisorycze	Sarny
877	Dobryń	Włodzimierzec	Sarny
878	Dobryń Mosty	Włodzimierzec	Sarny
879	Dobrynia	Lubitów	Kowel
880	Dobrynicza	Datyń	Kowel
881	Dobrzyńsk	Turzysk	Kowel
882	Dołęgów	Mikulicze	Włodzimierz
883	Dołga Niwa	Górniki	Kowel
884	Dołganiec	Kostopol	Kostopol
885	Dołgasowo	Górniki	Kowel
886	Dołgie	Kostopol	Kostopol
887	Dołgonosy	Lubitów	Kowel
888	Dołgonosy	Stare Koszary	Kowel
889	Dołhań	Kisorycze	Sarny
890	Dołhe	Antonówka	Sarny

891	Dołhe	Brany	Horochów
892	Dołhe	Kisorycze	Sarny
893	Dołhi Bród	Klesów	Sarny
894	Dołhi Ostrówek	Klesów	Sarny
895	Dolibiny	Kisorycze	Sarny
896	Dolina Dąbrowa	Deraźne	Kostopol
897	Dolinka	Poryck	Włodzimierz
898	Doliny	Rożyszcze	Łuck
899	Dolny	Kołodno	Krzemieniec
900	Dolsk	Turzysk	Kowel
901	Dołżek	Uhorsk	Krzemieniec
902	Dołżek	Wiśniowiec	Krzemieniec
903	Dołżyca	Kołki	Łuck
904	Domalnys	Lubitów	Kowel
905	Domaninka Duża	Wyszogródek	Krzemieniec
906	Domaninka Mała	Wyszogródek	Krzemieniec
907	Domanowo	Górniki	Kowel
908	Domaszów	Silno	Łuck
909	Domażer	Stydyń	Kostopol
910	Dominopol	Werba	Włodzimierz
911	Doreckoje	Górniki	Kowel
912	Dorocinie	Lubikowicze	Sarny
913	Doroginicze	Chorów	Horochów
914	Dorohostaje Czeskie	Młynów	Dubno
915	Dorohostaje Małe	Młynów	Dubno
916	Dorosinie	Szczurzyn	Łuck
917	Dorosinie Małe	Szczurzyn	Łuck
918	Dorosinie Nowe	Szczurzyn	Łuck
919	Doroszewo	Górniki	Kowel
920	Dorotycze	Niemowicze	Sarny
921	Dorotyszcze	Niesuchoiże	Kowel
922	Doszczenica	Datyń	Kowel
923	Doszno	Datyń	Kowel
924	Dowga	Datyń	Kowel
925	Dowganie	Radziwiłłów	Dubno
926	Dowgieliszki	Nowomalin	Zdołbunów

927	Dowha Nywa	Lubitów	Kowel
928	Dowha Nywa	Luboml	Luboml
929	Dowhanywa	Datyń	Kowel
930	Drańcza	Uhorsk	Krzemieniec
931	Drańcza Polska	Radziwiłłów	Dubno
932	Drańcza Ruska	Radziwiłłów	Dubno
933	Draninka	Krymno	Kowel
934	Drenyna	Siedliszcze	Kowel
935	Drewinie	Poryck	Włodzimierz
936	Drieżna	Siedliszcze	Kowel
937	Droginiczki	Chotiaczów	Włodzimierz
938	Drohobuż	Buhryń	Równe
939	Drozdnie	Lubitów	Kowel
940	Drozdów	Tuczyn	Równe
941	Drozdowo	Krymno	Kowel
942	Drozdycha	Berezne	Kostopol
943	Druchowa	Ludwipol	Kostopol
944	Drużkopol	Brany	Horochów
945	Drygany	Szumsk	Krzemieniec
946	Dub	Luboml	Luboml
947	Dubeczno	Krymno	Kowel
948	Dubeczno Leśniczówka	Krymno	Kowel
949	Dubek	Sijańce	Zdołbunów
950	Dubeńczyk	Krupiec	Dubno
951	Dubeńsk	Krymno	Kowel
952	Dubieński	Sijańce	Zdołbunów
953	Dubina	Bereżce	Krzemieniec
954	Dubina	Hołowno	Luboml
955	Dubina	Niemowicze	Sarny
956	Dubina	Stepań	Kostopol
957	Dubina	Włodzimierzec	Sarny
958	Dubinka	Poryck	Włodzimierz
959	Dubinki	Podberezie	Horochów
960	Dubiszcze	Ołyka	Łuck
961	Dubiszcze	Rożyszcze	Łuck
962	Dubiszcze Nowe	Rożyszcze	Łuck

963	Dubiszcze Stare	Rożyszcze	Łuck
964	Dublany	Kniahinin	Dubno
965	Dubniki	Powursk	Kowel
966	Dubniki	Werba	Włodzimierz
967	Dubno	-	Dubno
968	Dubno	Kisorycze	Sarny
969	Dubno	Lubitów	Kowel
970	Dubowa	Niesuchoiże	Kowel
971	Dubowa	Radziwiłłów	Dubno
972	Dubowe	Lubitów	Kowel
973	Dubowica	Werba	Dubno
974	Dubówka	Włodzimierzec	Sarny
975	Dubrowa	Hołowno	Luboml
976	Dubrowa	Kisorycze	Sarny
977	Dubrowa	Krymno	Kowel
978	Dubrowa	Sijańce	Zdołbunów
979	Dubrowa	Szumsk	Krzemieniec
980	Dubrowa	Tesłuhów	Dubno
981	Dubrowa	Zabłocie	Kowel
982	Dubrowica	Kisorycze	Sarny
983	Dubrowka	Krymno	Kowel
984	Dubrówka	Włodzimierzec	Sarny
985	Dubrowki	Lubitów	Kowel
986	Duby	Górniki	Kowel
987	Duchcze	Rożyszcze	Łuck
988	Duchów	Bereżce	Krzemieniec
989	Duchowszczyzna	Siedliszcze	Kowel
990	Duczyn	Maniewicze	Kowel
991	Dudy	Torczyn	Łuck
992	Dujewo	Mikulicze	Włodzimierz
993	Duliby	Hoszcza	Równe
994	Duliby	Olesk	Włodzimierz
995	Dumka	Rożyszcze	Łuck
996	Dunaj	Kisielin	Horochów
997	Dunajewszczyzna	Poczajów	Krzemieniec
998	Dunajki	Buderaż	Zdołbunów

999	Dunajów	Bereżce	Krzemieniec
1000	Duniowa	Siedliszcze	Kowel
1001	Durakówka	Dąbrowica	Sarny
1002	Duszewo	Zabłocie	Kowel
1003	Duszki	Krymno	Kowel
1004	Dutków	Kisorycze	Sarny
1005	Duża Sołpa	Ludwipol	Kostopol
1006	Duże Siedliszcze	Ludwipol	
1007	Duży Porsk (Wielki Porsk)	Wielick	Kowel
1008	Dworczyszcze	Górniki	Kowel
1009	Dworek	Sijańce	Zdołbunów
1010	Dworeszcza	Siedliszcze	Kowel
1011	Dworyszcze	Lubitów	Kowel
1012	Dworyszcze	Maniewicze	Kowel
1013	Dworyszcze	Sudobicze	Dubno
1014	Dworzec	Bereżce	Krzemieniec
1015	Dworzec	Równe	Równe
1016	Dworzec	Silno	Łuck
1017	Dworzec	Stepań	Kostopol
1018	Dworzec	Warkowicze	Dubno
1019	Dworzyszcze	Silno	Łuck
1020	Dylanka	Lubitów	Kowel
1021	Dymitrówka Nowa	Kniahininek	Łuck
1022	Dyweń	Międzyrzec	Równe
1023	Dziadowiec	Połonka	Łuck
1024	Dziatkiewicze	Diatkiewicze	Równe
1025	Dziechciarnia	Beresteczko	Horochów
1026	Dziechciarnia	Stydyń	Kostopol
1027	Dziegciów	Chotiaczów	Włodzimierz
1028	Dziesięcina	Świniuchy	Horochów
1029	Dziewiczy Bród	Stepań	Kostopol
1030	Dzików	Klewań	Równe
1031	Dzikowiny	Beresteczko	Horochów
1032	Dzwiniacze	Wiśniowiec	Krzemieniec

E

1033	Edwardówka	Werba	Dubno
1034	Edwardpole	Korytnica	Włodzimierz
1035	Elizabetpol	Werba	Włodzimierz
1036	Eljaszówka	Nowomalin	Zdołbunów
1037	Elżbietyn	Rożyszcze	Łuck
1038	Emilin	Werba	Włodzimierz
1039	Emilin Nowy	Rożyszcze	Łuck
1040	Emilin Stary	Rożyszcze	Łuck
1041	Emiljanów	Szczurzyn	Łuck
1042	Emilówka	Turzysk	Kowel
1043	Ewin	Werba	Włodzimierz

F

1044	Falemicze	Mikulicze	Włodzimierz
1045	Falińskiego	Stary Oleksiniec	Krzemieniec
1046	Falków	Kniahininek	Łuck
1047	Falkowszczyzna	Malin	Dubno
1048	Fedkowce	Wiśniowiec	Krzemieniec
1049	Fedorówka	Buhryń	Równe
1050	Fedorpol	Werba	Włodzimierz
1051	Ferdynandów	Ołyka	Łuck
1052	Ferma	Górniki	Kowel
1053	Ferma	Kisielin	Horochów
1054	Ferma	Korytnica	Włodzimierz
1055	Ferma Tołpyżyńska	Boremel	Dubno
1056	Figura	Hołoby	Kowel
1057	Fiki	Krupiec	Dubno
1058	Filipówka	Berezne	Kostopol
1059	Fiłyki	Bereżce	Krzemieniec
1060	Fiodorpol	Werba	Włodzimierz
1061	Fojniki	Berezne	Kostopol
1062	Folwark	Niemowicze	Sarny
1063	Folwarki Duże	Katerburg	Krzemieniec
1064	Folwarki Małe	Katerburg	Krzemieniec
1065	Fosyczyn	Kisorycze	Sarny
1066	Franciszkówka	Szczurzyn	Łuck

1067	Francuzy	Rożyszcze	Łuck
1068	Frankopol	Ludwipol	Kostopol
1069	Frankówka	Hoszcza	Równe
1070	Frankowszczyzna	Młynów	Dubno
1071	Franopol	Grzybowica	Włodzimierz
1072	Franówka	Rożyszcze	Łuck
1073	Frydrychówka	Rożyszcze	Łuck
1074	Fundum	Chotiaczów	Włodzimierz
1075	Fusów	Podberezie	Horochów

G

1076	Gaiki Siteńskie	Krupiec	Dubno
1077	Gaj	Deraźne	Kostopol
1078	Gaj	Wielick	Kowel
1079	Gaj Nowy	Wielick	Kowel
1080	Gaje	Bereżce	Krzemieniec
1081	Gaje	Poczajów	Krzemieniec
1082	Gaje Lewiatyńskie	Radziwiłłów	Dubno
1083	Gaje Małe	Radziwiłłów	Dubno
1084	Gaje Morozowskie	Radziwiłłów	Dubno
1085	Gandżaba	Werba	Włodzimierz
1086	Garncarskie Hucisko	Uhorsk	Krzemieniec
1087	Gazno	Zabłocie	Kowel
1088	Giedrojsówka	Antonówka	Sarny
1089	Gielany	Bereżce	Krzemieniec
1090	Głęboczek	Deraźne	Kostopol
1091	Głęboczek	Silno	Łuck
1092	Głęboczyca	Olesk	Włodzimierz
1093	Głęboka	Beresteczko	Horochów
1094	Głęboka Dolina	Mikulicze	Włodzimierz
1095	Głęboka Dolina	Silno	Łuck
1096	Głęboka Dolina	Tesłuhów	Dubno
1097	Głęboka Dolina	Werba	Dubno
1098	Głębokie	Maniewicze	Kowel
1099	Glenyszcza	Datyń	Kowel
1100	Glincze	Szczurzyn	Łuck

1101	Glinianka	Krupiec	Dubno
1102	Gliniszcze	Ludwipol	Kostopol
1103	Gliniszcze	Rożyszcze	Łuck
1104	Glinki	Kisorycze	Sarny
1105	Glinki	Równe	Równe
1106	Glinne	Berezne	Kostopol
1107	Glinne	Kołki	Łuck
1108	Glińsk	Diatkiewicze	Równe
1109	Glińsk Czeski	Diatkiewicze	Równe
1110	Głuboczanka	Ludwipol	Kostopol
1111	Głuboczek	Ludwipol	Kostopol
1112	Głuboczycha	Poczajów	Krzemieniec
1113	Głuchowina	Stydyń	Kostopol
1114	Głuchy	Krymno	Kowel
1115	Głuszków	Ludwipol	Kostopol
1116	Głuszyca	Lubikowicze	Sarny
1117	Głuszyckie	Lubikowicze	Sarny
1118	Gnidawa	Kołodno	Krzemieniec
1119	Gniezdyczno	Stary Oleksiniec	Krzemieniec
1120	Gniła Łoza	Poczajów	Krzemieniec
1121	Gnilak	Silno	Łuck
1122	Gniłowa	Wiśniowiec	Krzemieniec
1123	Gnojno	Werba	Włodzimierz
1124	Godomicze	Trościaniec	Łuck
1125	Godowicze	Maciejów	Kowel
1126	Goleniec	Powursk	Kowel
1127	Goły Bór	Werba	Włodzimierz
1128	Gończy Bród	Hołoby	Kowel
1129	Góra	Włodzimierzec	Sarny
1130	Gorgule	Krupiec	Dubno
1131	Górka	Niesuchoiże	Kowel
1132	Górka	Silno	Łuck
1133	Górka Olszańska	Kniahininek	Łuck
1134	Górka Połonka	Połonka	Łuck
1135	Górka Zaborolska	Kniahininek	Łuck
1136	Gorkij Med.	Datyń	Kowel

1137	Górna	Ludwipol	Kostopol
1138	Górne	Włodzimierzec	Sarny
1139	Górniki	Dubno	Dubno
1140	Górniki	Górniki	Kowel
1141	Górno	Powursk	Kowel
1142	Górów	Grzybowica	Włodzimierz
1143	Góry	Dederkały	Krzemieniec
1144	Góry	Hoszcza	Równe
1145	Góry	Klewań	Równe
1146	Goryce	Zabłocie	Kowel
1147	Gorzelnia	Deraźne	Kostopol
1148	Grabina	Antonówka	Sarny
1149	Grabina	Diatkiewicze	Równe
1150	Grabina	Kołki	Łuck
1151	Grabina	Olesk	Włodzimierz
1152	Grabina	Poryck	Włodzimierz
1153	Grabina	Werba	Włodzimierz
1154	Grabinka	Silno	Łuck
1155	Grabów	Klewań	Równe
1156	Grabów	Niesuchoiże	Kowel
1157	Grabów	Pulemiec	Luboml
1158	Grabowiec	Boremel	Dubno
1159	Grabowiec	Buderaż	Zdołbunów
1160	Grabowiec	Młynów	Dubno
1161	Grabowiec	Podberezie	Horochów
1162	Grabowiec	Sijańce	Zdołbunów
1163	Grabówka	Pulemiec	Luboml
1164	Grabowo	Pulemiec	Luboml
1165	Grabowo	Szack	Luboml
1166	Graby	Kisorycze	Sarny
1167	Grada	Bereżce	Krzemieniec
1168	Grada	Korytnica	Włodzimierz
1169	Grada	Maniewicze	Kowel
1170	Grada	Silno	Łuck
1171	Grada	Stepań	Kostopol
1172	Grada Mosurska	Korytnica	Włodzimierz

1173	Gradje	Kołki	Łuck
1174	Gradka	Lubikowicze	Sarny
1175	Gradysk	Maniewicze	Kowel
1176	Gradyskie	Maniewicze	Kowel
1177	Grafski Kureń	Stepań	Kostopol
1178	Grajówka	Korytnica	Włodzimierz
1179	Grań	Mizocz	Zdołbunów
1180	Granatów	Chorów	Horochów
1181	Granatów	Trościaniec	Łuck
1182	Graniczna	Równe	Równe
1183	Granne fut.	Ludwipol	Kostopol
1184	Granne kol.	Ludwipol	Kostopol
1185	Granówka	Krupiec	Dubno
1186	Gregorowicze	Czaruków	Łuck
1187	Gregorówka	Kniahininek	Łuck
1188	Gremiackie Futory	Chorów	Zdołbunów
1189	Gremiacze	Chorów	Zdołbunów
1190	Grobelki	Ołyka	Łuck
1191	Grobelki	Werba	Włodzimierz
1192	Grochów Sadowa Góra	Buderaż	Zdołbunów
1193	Grochowiska	Huszcza	Luboml
1194	Gród	Krymno	Kowel
1195	Gródek	Czaruków	Łuck
1196	Gródek	Maniewicze	Kowel
1197	Gródek	Równe	Równe
1198	Grodograd	Huszcza	Luboml
1199	Grom. Gruda	Stydyń	Kostopol
1200	Gromosz	Kisielin	Horochów
1201	Gromosz	Szczurzyn	Łuck
1202	Grozów	Chorów	Zdołbunów
1203	Grud	Korzec	Równe
1204	Grudy	Kostopol	Kostopol
1205	Grusza	Berezne	Kostopol
1206	Gruszewno	Powursk	Kowel
1207	Gruszka	Górniki	Kowel
1208	Gruszów	Poryck	Włodzimierz

1209	Gruszówka	Lubitów	Kowel
1210	Gruszwica	Kołki	Łuck
1211	Gruziatyn	Trościaniec	Łuck
1212	Grzegorówka	Sijańce	Zdołbunów
1213	Grzybowa	Łanowce	Krzemieniec
1214	Grzybowica	Grzybowica	Włodzimierz
1215	Gucin	Grzybowica	Włodzimierz
1216	Gucmany	Tesłuhów	Dubno
1217	Gurów	Grzybowica	Włodzimierz
1218	Gustów	Werba	Włodzimierz
1219	Gwoździec	Hołowno	Luboml
	H		
1220	Hać	Dąbrowica	Sarny
1221	Hacia	Górniki	Kowel
1222	Hacia	Podberezie	Horochów
1223	Hackiw	Siedliszcze	Kowel
1224	Haczan	Międzyrzec	Równe
1225	Haczyszcze	Lubitów	Kowel
1226	Hajczyna	Chorów	Horochów
1227	Haje	Krupiec	Dubno
1228	Hajenka	Czaruków	Łuck
1229	Hajki	Boremel	Dubno
1230	Hajki	Krupiec	Dubno
1231	Hajki	Młynów	Dubno
1232	Hajki	Werba	Włodzimierz
1233	Hajok	Podberezie	Horochów
1234	Hajsin	Silno	Łuck
1235	Hałasy	Poczajów	Krzemieniec
1236	Hałe Bołoto	Datyń	Kowel
1237	Halica	Kisorycze	Sarny
1238	Haliczany	Brany	Horochów
1239	Haliczany	Skobełka	Horochów
1240	Halinówka	Silno	Łuck
1241	Halinowola	Hołowno	Luboml
1242	Hallerówka	Równe	Równe

1243	Hallerowo	Tuczyn	Równe
1244	Hałły	Kisielin	Horochów
1245	Hałuzja	Bielska Wola	Sarny
1246	Hały	Antonówka	Sarny
1247	Hały	Rafałówka	Sarny
1248	Hamarnia	Aleksandrja	Równe
1249	Hamery	Bereżce	Krzemieniec
1250	Handryhory	Siedliszcze	Kowel
1251	Handżaba	Werba	Włodzimierz
1252	Harajmówka	Silno	Łuck
1253	Haraździa	Poddębce	Łuck
1254	Harłany	Poczajów	Krzemieniec
1255	Harusza	Turzysk	Kowel
1256	Hat'	Torczyn	Łuck
1257	Hatki	Trościaniec	Łuck
1258	Hawczyce	Kiwerce	Łuck
1259	Hawryły	Bereżce	Krzemieniec
1260	Helenin	Tesłuhów	Dubno
1261	Helenów	Kisielin	Horochów
1262	Helenów	Szczurzyn	Łuck
1263	Helenówka Gnojeńska	Werba	Włodzimierz
1264	Helenówka Nowa	Rożyszcze	Łuck
1265	Helenówka Stara	Rożyszcze	Łuck
1266	Helenówka Werbska	Werba	Włodzimierz
1267	Helesin	Równe	Równe
1268	Hercun	Poczajów	Krzemieniec
1269	Hermanka	Dederkały	Krzemieniec
1270	Hermanówka	Kiwerce	Łuck
1271	Hetmanów Las	Katerburg	Krzemieniec
1272	Hilarów	Turzysk	Kowel
1273	Hinin	Poddębce	Łuck
1274	Hipolitówka	Kostopol	Kostopol
1275	Hirki	Turzysk	Kowel
1276	Hirnyk	Bielska Wola	Sarny
1277	Hłażowa	Aleksandrja	Równe
1278	Hlinczuki	Kołodno	Krzemieniec

1279	Hłuboczek	Hoszcza	Równe
1280	Hłupanin	Zdołbica	Zdołbunów
1281	Hłynyszcza	Datyń	Kowel
1282	Hneserda	Siedliszcze	Kowel
1283	Hnida	Radziwiłłów	Dubno
1284	Hnidawa	Połonka	Łuck
1285	Hnizdyszcze	Lubitów	Kowel
1286	Hnyboroda	Siedliszcze	Kowel
1287	Hnylcze	Krupiec	Dubno
1288	Hodowa	Kniahininek	Łuck
1289	Hodyń	Górniki	Kowel
1290	Hola Nywa	Kisorycze	Sarny
1291	Holadyn	Szack	Luboml
1292	Holatyn Dolny i Górny	Beresteczko	Horochów
1293	Holendernia	Poryck	Włodzimierz
1294	Holendry Siemionówka	Korytnica	Włodzimierz
1295	Holendry Świerzeńskie	Huszcza	Luboml
1296	Holeszów	Połonka	Łuck
1297	Hołoba	Lubitów	Kowel
1298	Hołoby	Hołoby	Kowel
1299	Hołodnica	Kołki	Łuck
1300	Hołowczyce	Młynów	Dubno
1301	Hołowin	Kostopol	Kostopol
1302	Hołownica	Korzec	Równe
1303	Hołownickie	Korzec	Równe
1304	Hołowno	Hołowno	Luboml
1305	Hołubje	Zabłocie	Kowel
1306	Hołubne	Berezne	Kostopol
1307	Hołuby	Sudobicze	Dubno
1308	Hołybisy	Szumsk	Krzemieniec
1309	Hołyczówka	Korzec	Równe
1310	Hołyczowskie	Korzec	Równe
1311	Hołyszów	Klewań	Równe
1312	Honczarka	Połonka	Łuck
1313	Honczarycha	Aleksandrja	Równe
1314	Honczarycha	Młynów	Dubno

1315	Honoratka	Tesłuhów	Dubno
1316	Hora	Lubitów	Kowel
1317	Hora Zahatyśka	Datyń	Kowel
1318	Horbacha	Zabłocie	Kowel
1319	Horbacze	Luboml	Luboml
1320	Horbaków	Buhryń	Równe
1321	Horbów	Tuczyn	Równe
1322	Horczaki	Buderaż	Zdołbunów
1323	Horecy	Siedliszcze	Kowel
1324	HOROCHÓW	-	Horochów
1325	Horochów stacja	Skobełka	Horochów
1326	Horochowisko	Huszcza	Luboml
1327	Horochówka	Chorów	Horochów
1328	Horodelec	Stare Koszary	Kowel
1329	Horodło (Horodnie?)	Buderaż	Zdołbunów
1330	Horodnica Mała	Jarosławicze	Dubno
1331	Horodnica Wielka	Jarosławicze	Dubno
1332	Horodnie (Horodło?)	Buderaż	Zdołbunów
1333	Horodno	Hołowno	Luboml
1334	Horodok	Bielska Wola	Sarny
1335	Horodyczyn	Kołki	Łuck
1336	Horodynie	Szczurzyn	Łuck
1337	Horodyńskie-Budki	Szczurzyn	Łuck
1338	Horodysko	Wiśniowiec	Krzemieniec
1339	Horodyszcza	Lubitów	Kowel
1340	Horodyszcze	Berezne	Kostopol
1341	Horodyszcze	Buderaż	Zdołbunów
1342	Horodyszcze	Czaruków	Łuck
1343	Horodyszcze	Krymno	Kowel
1344	Horodyszcze	Ludwipol	Kostopol
1345	Horodyszcze	Malin	Dubno
1346	Horodyszcze	Międzyrzec	Równe
1347	Horodyszcze	Połonka	Łuck
1348	Horodyszcze	Silno	Łuck
1349	Horodyszcze	Stare Koszary	Kowel
1350	Horodyszcze	Szack	Luboml

1351	Horodyszcze os.	Aleksandrja	Równe
1352	Horodyszcze w.	Aleksandrja	Równe
1353	Horodyszcze zamczysko	Skobełka	Horochów
1354	Horodziec	Antonówka	Sarny
1355	Horodziec Podłuże	Antonówka	Sarny
1356	Horodziec Zarzecze	Antonówka	Sarny
1357	Horowalnica	Siedliszcze	Kowel
1358	Horowaszka	Kisorycze	Sarny
1359	Horszok	Lubikowicze	Sarny
1360	Hory	Sijańce	Zdołbunów
1361	Horyczów	Mikulicze	Włodzimierz
1362	Horyngród	Tuczyn	Równe
1363	Horynka	Katerburg	Krzemieniec
1364	Horynka Mała	Stary Oleksiniec	Krzemieniec
1365	Horynka Wielka	Stary Oleksiniec	Krzemieniec
1366	Horzwin	Torczyn	Łuck
1367	Hoszcza	Hoszcza	Równe
1368	Hoszcza	Niemowicze	Sarny
1369	Howcz	Klesów	Sarny
1370	Howiczowo	Górniki	Kowel
1371	Hrabiny	Dąbrowica	Sarny
1372	Hrabnik	Lubikowicze	Sarny
1373	Hrada	Klesów	Sarny
1374	Hrada	Lubitów	Kowel
1375	Hrada	Luboml	Luboml
1376	Hrada	Stepań	Kostopol
1377	Hrada Mosurska	Korytnica	Włodzimierz
1378	Hradki	Sudobicze	Dubno
1379	Hrane	Siedliszcze	Kowel
1380	Hranie	Dąbrowica	Sarny
1381	Hrany	Lubitów	Kowel
1382	Hrebelka	Hołowno	Luboml
1383	Hremiacze	Silno	Łuck
1384	Hremiaczka	Kisorycze	Sarny
1385	Hrudnica	Niemowicze	Sarny
1386	Hrudy	Korytnica	Włodzimierz

1387	Hruszówka	Ludwipol	Kostopol
1388	Hruszwica	Diatkiewicze	Równe
1389	Hruszwica Czeska	Diatkiewicze	Równe
1390	Hrybenećke	Siedliszcze	Kowel
1391	Hrycki	Dąbrowica	Sarny
1392	Hrydki	Stare Koszary	Kowel
1393	Hrymiacze	Tesłuhów	Dubno
1394	Hrynki	Łanowce	Krzemieniec
1395	Hrynkowce	Dederkały	Krzemieniec
1396	Hrynowczyzna	Zdołbica	Zdołbunów
1397	Hrywiatki	Powursk	Kowel
1398	Hubin	Czaruków	Łuck
1399	Hubin	Kisielin	Horochów
1400	Hubin Czeski	Czaruków	Łuck
1401	Hubińskie Budki	Czaruków	Łuck
1402	Hubków	Ludwipol	Kostopol
1403	Hucisko	Nowomalin	Zdołbunów
1404	Hucisko Horodyskie	Szumsk	Krzemieniec
1405	Hucisko Pikulskie	Szumsk	Krzemieniec
1406	Hucisko Polskie	Szumsk	Krzemieniec
1407	Hucisko Stożeckie	Uhorsk	Krzemieniec
1408	Hucowa	Niemowicze	Sarny
1409	Huków Gaj	Katerburg	Krzemieniec
1410	Hulcza	Zdołbica	Zdołbunów
1411	Hulcza Czeska	Zdołbica	Zdołbunów
1412	Hulewicze	Powursk	Kowel
1413	Humeńcze	Zgorany	Luboml
1414	Humieńce	Zgorany	Luboml
1415	Humienniki	Diatkiewicze	Równe
1416	Humniszcze	Beresteczko	Horochów
1417	Hupały	Zgorany	Luboml
1418	Hurbiszcze	Silno	Łuck
1419	Hurby	Buderaż	Zdołbunów
1420	Hurby	Ludwipol	Kostopol
1421	Huryny	Rafałówka	Sarny
1422	Huś	Kisorycze	Sarny

1423	Husaka	Stary Oleksiniec	Krzemieniec
1424	Husary	Krupiec	Dubno
1425	Husiak	Zdołbica	Zdołbunów
1426	Huski	Klesów	Sarny
1427	Huszcza	Huszcza	Luboml
1428	Huszcza	Kiwerce	Łuck
1429	Huszów	Szack	Luboml
1430	Huszyn	Niesuchoiże	Kowel
1431	Huta	Niemowicze	Sarny
1432	Huta	Siedliszcze	Kowel
1433	Huta	Szack	Luboml
1434	Huta	Zabłocie	Kowel
1435	Huta (Stepangrodzka)	Włodzimierzec	Sarny
1436	Huta Bystrzecka	Ludwipol	Kostopol
1437	Huta Hruszowska	Ludwipol	Kostopol
1438	Huta Korecka	Ludwipol	Kostopol
1439	Huta Lisowska	Nowy Czartorysk	Łuck
1440	Huta Mydzka	Stydyń	Kostopol
1441	Huta Ruska	Szumsk	Krzemieniec
1442	Huta Samocisze	Korytnica	Włodzimierz
1443	Huta Sopaczewska	Rafałówka	Sarny
1444	Huta Stara	Szumsk	Krzemieniec
1445	Huta Stara (Swojczowska)	Werba	Włodzimierz
1446	Huta Stepańska	Stepań	Kostopol
1447	Huta-Nowa	Ludwipol	Kostopol
1448	Huta-Stara	Ludwipol	Kostopol
1449	Hutwin	Stydyń	Kostopol
1450	Hwozdów	Korzec	Równe
1451	Hwozdowskie	Korzec	Równe
1452	Hwoździatyn	Lubitów	Kowel

I

1453	Ignatówka	Silno	Łuck
1454	Ignatówka	Trościaniec	Łuck
1455	Iławka	Sudobicze	Dubno
1456	Iljin	Buhryń	Równe

1457	Ilkowica	Buderaż	Zdołbunów
1458	Ilnik Duży	Stepań	Kostopol
1459	Ilnik Mały	Stepań	Kostopol
1460	Ilniki	Berezne	Kostopol
1461	Iłowica Duża	Uhorsk	Krzemieniec
1462	Iłowica Mała	Uhorsk	Krzemieniec
1463	Ilpiboki	Kniahinin	Dubno
1464	Ilpin	Równe	Równe
1465	Iserna	Szumsk	Krzemieniec
1466	Ist	Lubikowicze	Sarny
1467	Iszów	Korytnica	Włodzimierz
1468	Iwaczków	Zdołbica	Zdołbunów
1469	Iwańczyce Nowe	Kniahininek	Łuck
1470	Iwańczyce Stare	Kniahininek	Łuck
1471	Iwańczyce Stare	Kniahininek	Łuck
1472	Iwanicze Nowe	Poryck	Włodzimierz
1473	Iwanicze Stare	Poryck	Włodzimierz
1474	Iwanie	Dubno	Dubno
1475	Iwanie	Stary Oleksiniec	Krzemieniec
1476	Iwaninicze	Sudobicze	Dubno
1477	Iwankowce	Malin	Dubno
1478	Iwanówka	Kniahininek	Łuck
1479	Iwanówka	Młynów	Dubno
1480	Iwanówka	Sijańce	Zdołbunów
1481	Iwanówka	Wielick	Kowel
1482	Iwaszczuki	Krupiec	Dubno
1483	Izna	Zabłocie	Kowel
1484	Izów (Iżów)	Chotiaczów	Włodzimierz
1485	Izydorówka	Aleksandrja	Równe

J

1486	Jabłonka	Stepań	Kostopol
1487	Jabłonka Duża	Kołki	Łuck
1488	Jabłonka Mała	Kołki	Łuck
1489	Jabłonne	Berezne	Kostopol
1490	Jabłonowa Gradka	Lubikowicze	Sarny

1491 Jabłonówka	Dubno	Dubno
1492 Jabłowszczyzna	Tesłuhów	Dubno
1493 Jachimówka	Kisielin	Horochów
1494 Jackowicze	Ludwipol	Kostopol
1495 Jacule	Dąbrowica	Sarny
1496 Jadwigin	Czaruków	Łuck
1497 Jadwigów	Werba	Włodzimierz
1498 Jadwinówka	Skobełka	Horochów
1499 Jadwipol	Równe	Równe
1500 Jadzin Czesławin	Tuczyn	Równe
1501 Jagiellonów	Ołyka	Łuck
1502 Jagodkowo	Górniki	Kowel
1503 Jagodne	Berezne	Kostopol
1504 Jagodno	Lubitów	Kowel
1505 Jagodno	Werba	Włodzimierz
1506 Jagodzin	Bereżce	Luboml
1507 Jakimowce	Dederkały	Krzemieniec
1508 Jakóbce	Bereżce	Krzemieniec
1509 Jakobczyce	Silno	Łuck
1510 Jakowicze	Mikulicze	Włodzimierz
1511 Jakubów Hruh	Kisorycze	Sarny
1512 Jakubówka Mała	Ludwipol	Kostopol
1513 Jakubówka Wielka	Ludwipol	Kostopol
1514 Jakusze	Górniki	Kowel
1515 Jałowe	Datyń	Kowel
1516 Jałowica	Deraźne	Kostopol
1517 Jałowicze	Jarosławicze	Dubno
1518 Jama	Bielska Wola	Sarny
1519 Jama	Datyń	Kowel
1520 Jaminiec	Deraźne	Kostopol
1521 Jamki	Torczyn	Łuck
1522 Jamne	Bielska Wola	Sarny
1523 Jamne	Kisielin	Horochów
1524 Jamne	Kisorycze	Sarny
1525 Jamne	Lubikowicze	Sarny
1526 Jamno	Szczurzyn	Łuck

1527	Jamskie	Berezne	Kostopol
1528	Jamskie	Trościaniec	Łuck
1529	Jamyszcze	Górniki	Kowel
1530	Janczówków	Kisorycze	Sarny
1531	Janiewicze	Diatkiewicze	Równe
1532	Janiewicze	Grzybowica	Włodzimierz
1533	Janin	Chorów	Horochów
1534	Janina	Skobełka	Horochów
1535	Janinbór	Olesk	Włodzimierz
1536	Janiszówka	Kostopol	Kostopol
1537	Jankiewicze	Kostopol	Kostopol
1538	Jankowce	Bereżce	Luboml
1539	Jankowce	Białozórka	Krzemieniec
1540	Jankowce	Katerburg	Krzemieniec
1541	Janoszówka	Warkowicze	Dubno
1542	Janów	Chotiaczów	Włodzimierz
1543	Janów	Kisielin	Horochów
1544	Janów	Kupiczów	Kowel
1545	Janów	Szczurzyn	Łuck
1546	Janowa Dolina	Kostopol	Kostopol
1547	Janowe Hucisko	Szumsk	Krzemieniec
1548	Janowiec	Kisielin	Horochów
1549	Janówka	Aleksandrja	Równe
1550	Janówka	Antonówka	Sarny
1551	Janówka	Beresteczko	Horochów
1552	Janówka	Diatkiewicze	Równe
1553	Janówka	Hoszcza	Równe
1554	Janówka	Kołki	Łuck
1555	Janówka	Krupiec	Dubno
1556	Janówka	Lubitów	Kowel
1557	Janówka	Ludwipol	Kostopol
1558	Janówka	Międzyrzec	Równe
1559	Janówka	Niemowicze	Sarny
1560	Janówka	Olesk	Włodzimierz
1561	Janówka	Połonka	Łuck
1562	Janówka	Rafałówka	Sarny

1563	Janówka	Rożyszcze	Łuck
1564	Janówka	Torczyn	Łuck
1565	Janówka	Wielick	Kowel
1566	Janówka	Włodzimierzec	Sarny
1567	Janowo	Siedliszcze	Kowel
1568	Janowo (Janin)	Tuczyn	Równe
1569	Japołoć	Stydyń	Kostopol
1570	Jaremkowicze	Poryck	Włodzimierz
1571	Jarewiszcze	Krymno	Kowel
1572	Jarmoszuki	Bereżce	Krzemieniec
1573	Jaroglewo	Górniki	Kowel
1574	Jaromel	Trościaniec	Łuck
1575	Jaromelskie Budki	Trościaniec	Łuck
1576	Jarosławicze	Jarosławicze	Dubno
1577	Jaroszówka	Deraźne	Kostopol
1578	Jarów	Malin	Dubno
1579	Jaruń	Berezne	Kostopol
1580	Jarynówka	Berezne	Kostopol
1581	Jarynówka	Niemowicze	Sarny
1582	Jasieniec	Dąbrowica	Sarny
1583	Jasienienicze	Diatkiewicze	Równe
1584	Jasienówka	Olesk	Włodzimierz
1585	Jasiniec	Kisielin	Horochów
1586	Jasinówka	Sudobicze	Dubno
1587	Jasinówka kol.	Szczurzyn	Łuck
1588	Jasinówka w.	Szczurzyn	Łuck
1589	Jasińska	Zabłocie	Kowel
1590	Jasionówka	Chorów	Horochów
1591	Jasnobór	Kostopol	Kostopol
1592	Jasnogórka	Klesów	Sarny
1593	Jastrębeckie	Krymno	Kowel
1594	Jastrzębica	Dubno	Dubno
1595	Jasynowiec	Kisorycze	Sarny
1596	Jasynówka	Krymno	Kowel
1597	Jaworje	Siedliszcze	Kowel
1598	Jawornik	Hołowno	Luboml

1599 Jaworówka	Mikulicze	Włodzimierz
1600 Jazłowce	Tuczyn	Równe
1601 Jazowica	Hołowno	Luboml
1602 Jaźwina	Krymno	Kowel
1603 Jaźwiniki	Niemowicze	Sarny
1604 Jaźwinki	Datyń	Kowel
1605 Jaźwinki	Zabłocie	Kowel
1606 Jaźwino	Zabłocie	Kowel
1607 Jaźwiny	Trościaniec	Łuck
1608 Jedność	Grzybowica	Włodzimierz
1609 Jędrzejewsk	Aleksandrja	Równe
1610 Jelno	Klesów	Sarny
1611 Jełomalin	Nowomalin	Zdołbunów
1612 Jeruszczyna	Hołowno	Luboml
1613 Jerzówka	Korytnica	Włodzimierz
1614 Jerzyn	Poryck	Włodzimierz
1615 Jesionek	Stepań	Kostopol
1616 Jesionówka	Werba	Włodzimierz
1617 Jewtuchowskie	Lubikowicze	Sarny
1618 Jezierce	Bielska Wola	Sarny
1619 Jezierce	Ludwipol	Kostopol
1620 Jezierce	Świniuchy	Horochów
1621 Jezierskie Osady	Dąbrowica	Sarny
1622 Jeziorany	Warkowicze	Dubno
1623 Jeziorany Czeskie	Połonka	Łuck
1624 Jeziorany Polskie	Połonka	Łuck
1625 Jeziorany Szlacheckie	Czaruków	Łuck
1626 Jeziorany Włościańskie	Warkowicze	Dubno
1627 Jeziorany Żydowskie	Warkowicze	Dubno
1628 Jeziorki	Brany	Horochów
1629 Jeziorko	Kiwerce	Łuck
1630 Jeziorko	Mizocz	Zdołbunów
1631 Jeziorno	Powursk	Kowel
1632 Jezioro	Kiwerce	Łuck
1633 Jezioro	Włodzimierzec	Sarny
1634 Jeżówka	Korytnica	Włodzimierz

1635 Jeżyn (Jerzyn)	Poryck	Włodzimierz
1636 Joachimówka	Turzysk	Kowel
1637 Joanów	Poddębce	Łuck
1638 Józefin	Chotiaczów	Włodzimierz
1639 Józefin	Czaruków	Łuck
1640 Józefin	Deraźne	Kostopol
1641 Józefin	Diatkiewicze	Równe
1642 Józefin	Grzybowica	Włodzimierz
1643 Józefin	Kiwerce	Łuck
1644 Józefin	Korzec	Równe
1645 Józefin	Trościaniec	Łuck
1646 Józefin	Werba	Włodzimierz
1647 Józefiny	Szczurzyn	Łuck
1648 Józefówka	Aleksandrja	Równe
1649 Józefówka	Korzec	Równe
1650 Józefówka	Kostopol	Kostopol
1651 Józefówka	Ludwipol	Kostopol
1652 Józefówka	Rafałówka	Sarny
1653 Józefówka	Zdołbica	Zdołbunów
1654 Józefpol	Niemowicze	Sarny
1655 Jóźwiny	Huszcza	Luboml
1656 Juczyn	Tuczyn	Równe
1657 Julana	Kiwerce	Łuck
1658 Juljanfeld	Kniahininek	Łuck
1659 Juljanów	Torczyn	Łuck
1660 Juljanów	Turzysk	Kowel
1661 Juljanówka	Młynów	Dubno
1662 Juljanówka	Warkowicze	Dubno
1663 Jungówka	Kisielin	Horochów
1664 Jurki	Luboml	Luboml
1665 Jurydyka	Ołyka	Łuck
1666 Jurydyka	Poczajów	Krzemieniec
1667 Jurydyka	Rożyszcze	Łuck
1668 Jurydyka	Zdołbica	Zdołbunów
1669 Jurydyka Niewirkowska	Międzyrzec	Równe
1670 Jurydyka Nowostaw	Klewań	Równe

1671	Juśkowce	Łanowce	Krzemieniec
	K		
1672	Kabardyn	Ludwipol	Kostopol
1673	Kacapy	Rafałówka	Sarny
1674	Kaców	Kisorycze	Sarny
1675	Kaczany	Ludwipol	Kostopol
1676	Kadłubek	Dąbrowica	Sarny
1677	Kadobyszcze	Berezne	Kostopol
1678	Kadyszcze	Ołyka	Łuck
1679	Kaganowy	Datyń	Kowel
1680	Kajetanówka	Lubitów	Kowel
1681	Kałenje	Siedliszcze	Kowel
1682	Kalin	Kisorycze	Sarny
1683	Kalinowiec	Czaruków	Łuck
1684	Kalinowiec	Kniahinin	Dubno
1685	Kalinówka	Hołowno	Luboml
1686	Kalinówka	Kniahinin	Dubno
1687	Kalinówka	Ołyka	Łuck
1688	Kalinówka	Stare Koszary	Kowel
1689	Kalinówka	Tesłuhów	Dubno
1690	Kalinówka	Werba	Włodzimierz
1691	Kalinownik	Hołoby	Kowel
1692	Kaliszcza	Kisorycze	Sarny
1693	Kalniatycze	Jarosławicze	Dubno
1694	Kałusów	Grzybowica	Włodzimierz
1695	Kałynnyk	Lubitów	Kowel
1696	Kaływica	Datyń	Kowel
1697	Kaływyć	Datyń	Kowel
1698	Kamelówka	Werba	Włodzimierz
1699	Kameńskie	Krymno	Kowel
1700	Kamień	Kisorycze	Sarny
1701	Kamień	Klesów	Sarny
1702	Kamieniatnia	Werba	Dubno
1703	Kamienica	Luboml	Luboml
1704	Kamienica	Werba	Dubno

1705	Kamieniste	Poryck	Włodzimierz
1706	Kamieniucha	Nowy Czartorysk	Łuck
1707	Kamieniucha	Zdołbica	Zdołbunów
1708	Kamienna Góra	Aleksandrja	Równe
1709	Kamienna Góra	Buderaż	Zdołbunów
1710	Kamienna Werba	Werba	Dubno
1711	Kamienne	Klesów	Sarny
1712	Kamienne Pole	Lubikowicze	Sarny
1713	Kamienny Bród	Kisorycze	Sarny
1714	Kamienucha	Stepań	Kostopol
1715	Kamilówka	Szczurzyn	Łuck
1716	Kamilówka	Werba	Włodzimierz
1717	Kaminica	Luboml	Luboml
1718	Kaminna	Lubitów	Kowel
1719	Kamińskie	Wiśniowiec	Krzemieniec
1720	Kamionka	Berezne	Kostopol
1721	Kamionka	Kisorycze	Sarny
1722	Kamionka	Ludwipol	Kostopol
1723	Kamionka	Pulemiec	Luboml
1724	Kamionka Nowa	Stydyń	Kostopol
1725	Kamionka Stara	Stydyń	Kostopol
1726	Kamyki	Buderaż	Zdołbunów
1727	Kanonicze	Włodzimierzec	Sarny
1728	Kantor Stary	Werba	Włodzimierz
1729	Kapitaniuki	Luboml	Luboml
1730	Kapitulszczyzna	Werba	Włodzimierz
1731	Kapituły	Buderaż	Zdołbunów
1732	Kaplica	Radziwiłłów	Dubno
1733	Karabella	Stepań	Kostopol
1734	Karaczun	Berezne	Kostopol
1735	Karajewicze	Równe	Równe
1736	Karasin	Lubikowicze	Sarny
1737	Karasin	Maniewicze	Kowel
1738	Karaszczuków	Maniewicze	Kowel
1739	Karawica	Dąbrowica	Sarny
1740	Karczemka	Tuczyn	Równe

1741	Karczemka	Włodzimierzec	Sarny
1742	Karczmarka	Niemowicze	Sarny
1743	Karczówka	Rożyszcze	Łuck
1744	Karczunek	Chotiaczów	Włodzimierz
1745	Karczunek	Korytnica	Włodzimierz
1746	Kardasz	Diatkiewicze	Równe
1747	Karjer	Zdołbica	Zdołbunów
1748	Karłowszczyzna	Aleksandrja	Równe
1749	Karolinka	Kupiczów	Kowel
1750	Karolinka	Młynów	Dubno
1751	Karolinka	Tesłuhów	Dubno
1752	Karolinówka	Rożyszcze	Łuck
1753	Karolinówka	Szczurzyn	Łuck
1754	Karolinówka	Torczyn	Łuck
1755	Karolów	Równe	Równe
1756	Karolówka	Korytnica	Włodzimierz
1757	Karolówka	Rożyszcze	Łuck
1758	Karpiłówka	Kisorycze	Sarny
1759	Karpiłówka	Kisorycze	Sarny
1760	Karpiłówka	Krupiec	Dubno
1761	Karpiłówka	Lubikowicze	Sarny
1762	Karpiłówka	Równe	Równe
1763	Karpiłówka	Silno	Łuck
1764	Karpiłówka	Warkowicze	Dubno
1765	Karpiuki	Buderaż	Zdołbunów
1766	Kaseń	Werba	Dubno
1767	Kaszówka	Wielick	Kowel
1768	Katarawy	Ludwipol	Kostopol
1769	Katarzynówka	Niemowicze	Sarny
1770	Kątek	Silno	Łuck
1771	Katerburg	Katerburg	Krzemieniec
1772	Katerynówka	Rożyszcze	Łuck
1773	Kąty	Bereżce	Luboml
1774	Kąty	Szczurzyn	Łuck
1775	Kąty	Szumsk	Krzemieniec
1776	Kąty	Turzysk	Kowel

1777	Kazarma	Silno	Łuck
1778	Kazimierka	Stepań	Kostopol
1779	Kazimierówka	Szczurzyn	Łuck
1780	Kazimirówka	Aleksandrja	Równe
1781	Kaziurów	Stary Oleksiniec	Krzemieniec
1782	Kaźmirówka	Tesłuhów	Dubno
1783	Kaźmiry	Radziwiłłów	Dubno
1784	Kazno	Wiśniowiec	Krzemieniec
1785	Kaznopol	Huszcza	Luboml
1786	Keaśnica	Kołodno	Krzemieniec
1787	Kicyn	Dąbrowica	Sarny
1788	Kidry	Antonówka	Sarny
1789	Kielecka	Kisielin	Horochów
1790	Kiesiełowo	Poczajów	Krzemieniec
1791	Kijaż	Szczurzyn	Łuck
1792	Kijowiec	Antonówka	Sarny
1793	Kilawiec	Sijańce	Zdołbunów
1794	Kimałki	Poczajów	Krzemieniec
1795	Kinachowce	Wiśniowiec	Krzemieniec
1796	Kiryłówka	Sudobicze	Dubno
1797	Kiryłucha	Rożyszcze	Łuck
1798	Kisielin	Kisielin	Horochów
1799	Kisielówka	Kisielin	Horochów
1800	Kisielowo	Górniki	Kowel
1801	Kisilin	Kniahinin	Dubno
1802	Kisorycze	Kisorycze	Sarny
1803	Kiszeczki	Włodzimierzec	Sarny
1804	Kiwerce	Kiwerce	Łuck
1805	Kiwerce st.kol.	Kiwerce	Łuck
1806	Kizie	Hołowno	Luboml
1807	Kizie	Zabłocie	Kowel
1808	Kładniów	Korytnica	Włodzimierz
1809	Klapin	Sijańce	Zdołbunów
1810	Klasztorny Kąt	Kisielin	Horochów
1811	Klebańszczyzna	Zabłocie	Kowel
1812	Klecka Mała	Międzyrzec	Równe

1813	Klecka Wielka	Międzyrzec	Równe
1814	Kleczany	Poddębce	Łuck
1815	Kleczkowicze	Stare Koszary	Kowel
1816	Klekotów	Radziwiłłów	Dubno
1817	Klementówka	Trościaniec	Łuck
1818	Klementynów	Kisielin	Horochów
1819	Klenik	Lubikowicze	Sarny
1820	Klepaczów	Kiwerce	Łuck
1821	Klepiec	Sudobicze	Dubno
1822	Klesów os	Klesów	Sarny
1823	Klesów w.	Klesów	Sarny
1824	Kleszczycha	Dubno	Dubno
1825	Kleszczycha	Dubno	Dubno
1826	Klewań	Klewań	Równe
1827	Klewieck	Stare Koszary	Kowel
1828	Klimowsk	Pulemiec	Luboml
1829	Klin	Dąbrowica	Sarny
1830	Klin	Kniahinin	Dubno
1831	Klin	Korzec	Równe
1832	Klin	Siedliszcze	Kowel
1833	Klin	Tesłuhów	Dubno
1834	Klin	Zdołbica	Zdołbunów
1835	Klin Smordewski	Młynów	Dubno
1836	Klin Stawiecki	Deraźne	Kostopol
1837	Klinów	Hołowno	Luboml
1838	Kliny	Górniki	Kowel
1839	Kłobuczyn	Silno	Łuck
1840	Kłoda	Huszcza	Luboml
1841	Kłoda	Korytnica	Włodzimierz
1842	Kłopoczyn	Poryck	Włodzimierz
1843	Kłopot	Mizocz	Zdołbunów
1844	Kluki	Werba	Dubno
1845	Klusk	Turzysk	Kowel
1846	Kłyn	Luboml	Luboml
1847	Kłyn	Warkowicze	Dubno
1848	Kłyszcze	Kisorycze	Sarny

1849	Kłytyszcze	Datyń	Kowel
1850	Kneruty	Malin	Dubno
1851	Kniahinin	Kniahinin	Dubno
1852	Kniahinin	Warkowicze	Dubno
1853	Kniahininek	Jarosławicze	Dubno
1854	Kniahininek	Kniahininek	Łuck
1855	Kniaże	Podberezie	Horochów
1856	Kniaziowo	Górniki	Kowel
1857	Kniażna	Siedliszcze	Kowel
1858	Kniaźsioło	Berezne	Kostopol
1859	Koblin	Młynów	Dubno
1860	Kobyła	Kisorycze	Sarny
1861	Kobylańskie	Korzec	Równe
1862	Kobyłeć	Lubitów	Kowel
1863	Kobylja	Korzec	Równe
1864	Kochanówka	Kołodno	Krzemieniec
1865	Kochanówka	Werba	Dubno
1866	Kociór	Werba	Włodzimierz
1867	Kocior Strzelnica	Werba	Włodzimierz
1868	Kociubnik	Kniahinin	Dubno
1869	Kociuby	Poczajów	Krzemieniec
1870	Kocury	Luboml	Luboml
1871	Koczarzyn	Wiśniowiec	Krzemieniec
1872	Kohilno	Werba	Włodzimierz
1873	Kojłowo	Kisorycze	Sarny
1874	Kokarawiec	Luboml	Luboml
1875	Kokorów Nowy	Bereżce	Krzemieniec
1876	Kokorów Stary	Bereżce	Krzemieniec
1877	Koladki	Włodzimierzec	Sarny
1878	Koladynowe	Datyń	Kowel
1879	Kołbania	Kostopol	Kostopol
1880	Kołbanie	Antonówka	Sarny
1881	Kolec	Niemowicze	Sarny
1882	Koleśnia	Aleksandrja	Równe
1883	Koleśniki	Buhryń	Równe
1884	Koleszów	Powursk	Kowel

1885	Kołki	Kołki	Łuck
1886	Kołki	Lubikowicze	Sarny
1887	Kołmaczówka	Beresteczko	Horochów
1888	Kołmów	Beresteczko	Horochów
1889	Koło Mohyłok	Podberezie	Horochów
1890	Kołoczercia	Lubitów	Kowel
1891	Kołodczyna	Siedliszcze	Kowel
1892	Kołodenka	Równe	Równe
1893	Kołodeskie Budki	Czaruków	Łuck
1894	Kołodeże	Czaruków	Łuck
1895	Kołodeżno	Lubitów	Kowel
1896	Kołodje	Nowy Czartorysk	Łuck
1897	Kołodne	Berezne	Kostopol
1898	Kołodnica	Lubitów	Kowel
1899	Kołodniewo	Lubitów	Kowel
1900	Kołodno Lisowszczyzna	Kołodno	Krzemieniec
1901	Kołodno Siedlisko	Kołodno	Krzemieniec
1902	Kołody	Huszcza	Luboml
1903	Kołodyna	Zabłocie	Kowel
1904	Kołodziejówka	Międzyrzec	Równe
1905	Kołomłyna	Lubitów	Kowel
1906	Kolonja	Stepań	Kostopol
1907	Kołonna	Poryck	Włodzimierz
1908	Kołosowa	Bereżce	Krzemieniec
1909	Kołosowa	Wiśniowiec	Krzemieniec
1910	Kołowerta	Międzyrzec	Równe
1911	Kołpytów	Świniuchy	Horochów
1912	Kołyczew	Ludwipol	Kostopol
1913	Kołysanka	Kiwerce	Łuck
1914	Kołysycha	Zabłocie	Kowel
1915	Komarnia	Uhorsk	Krzemieniec
1916	Komarów	Kołki	Łuck
1917	Komarów	Olesk	Włodzimierz
1918	Komarówka	Kiwerce	Łuck
1919	Komarówka	Poczajów	Krzemieniec
1920	Komarówka	Stepań	Kostopol

1921	Komarówka	Werba	Dubno
1922	Komarowo	Datyń	Kowel
1923	Komarowo	Górniki	Kowel
1924	Komarowo	Luboml	Luboml
1925	Komaryn	Poczajów	Krzemieniec
1926	Komaszówka	Sudobicze	Dubno
1927	Komnatka	Bereżce	Krzemieniec
1928	Komorki	Luboml	Luboml
1929	Koniaków	Rożyszcze	Łuck
1930	Koniatyna	Podberezie	Horochów
1931	Koniczewszczyna	Lubitów	Kowel
1932	Koniezdry	Sudobicze	Dubno
1933	Konińsk	Bielska Wola	Sarny
1934	Koniszcze	Górniki	Kowel
1935	Koniuchy	Świniuchy	Horochów
1936	Koniuszki	Warkowicze	Dubno
1937	Konobel	Zabłocie	Kowel
1938	Konopłyszcza	Datyń	Kowel
1939	Konotopy	Stepań	Kostopol
1940	Końskie	Maniewicze	Kowel
1941	Konstantynów	Klewań	Równe
1942	Konstantynówka	Malin	Dubno
1943	Konstantynówka	Młynów	Dubno
1944	Konstantynówka	Niemowicze	Sarny
1945	Konweszczyzna	Brany	Horochów
1946	Kopaczówka	Antonówka	Sarny
1947	Kopaczówka	Rożyszcze	Łuck
1948	Kopaczówka Nowa	Rożyszcze	Łuck
1949	Kopaczowski Posiołek	Rożyszcze	Łuck
1950	Kopań	Górniki	Kowel
1951	Kopań	Tesłuhów	Dubno
1952	Kopanie	Radziwiłłów	Dubno
1953	Kopcze	Rożyszcze	Łuck
1954	Kopcze Czeskie	Poddębce	Łuck
1955	Kopcze Ruskie	Poddębce	Łuck
1956	Kopin	Kisorycze	Sarny

1957	Koptowicze	Aleksandrja	Równe
1958	Kopyle	Kołki	Łuck
1959	Kopyść	Szack	Luboml
1960	Kopyszcze	Niemowicze	Sarny
1961	Kopytków	Zdołbica	Zdołbunów
1962	Kopytów	Międzyrzec	Równe
1963	Kopytów	Ołyka	Łuck
1964	Korabliszcze	Młynów	Dubno
1965	Korczewie	Kostopol	Kostopol
1966	Korczunek	Katerburg	Krzemieniec
1967	Korczunek Brzezina	Grzybowica	Włodzimierz
1968	Korczunek Grozowski	Chorów	Zdołbunów
1969	Korczunek Stary	Korytnica	Włodzimierz
1970	Korczunki Pjańskie	Malin	Dubno
1971	Korczyn	Deraźne	Kostopol
1972	Kordyszów	Szumsk	Krzemieniec
1973	Koreni	Krymno	Kowel
1974	Korenia Werch	Antonówka	Sarny
1975	Korenie	Kisorycze	Sarny
1976	Koreśkie	Ludwipol	Kostopol
1977	Kornaczówka	Białozórka	Krzemieniec
1978	Kornaczówka	Wyszogródek	Krzemieniec
1979	Kornatycia	Zgorany	Luboml
1980	Korne	Stepań	Kostopol
1981	Kornielin	Ludwipol	Kostopol
1982	Kornin	Równe	Równe
1983	Korolowa	Huszcza	Luboml
1984	Korościatyn	Tuczyn	Równe
1985	Korost	Stepań	Kostopol
1986	Korost Stary	Stepań	Kostopol
1987	Korostawa	Wyszogródek	Krzemieniec
1988	Korostowa	Chorów	Zdołbunów
1989	Koroszcza	Silno	Łuck
1990	Korotkie	Lubitów	Kowel
1991	Korown	Krymno	Kowel
1992	Korsynie	Wielick	Kowel

1993	Korszewiec	Połonka	Łuck
1994	Korszów	Czaruków	Łuck
1995	Korszów	Mizocz	Zdołbunów
1996	Korszyłówka	Stary Oleksiniec	Krzemieniec
1997	Kortelisy	Górniki	Kowel
1998	Kortit	Antonówka	Sarny
1999	Koryta	Malin	Dubno
2000	Korytnica	Korytnica	Włodzimierz
2001	Korytnica	Świniuchy	Horochów
2002	Korytno	Tesłuhów	Dubno
2003	Korytyszcze	Chorów	Zdołbunów
2004	KORZEC	-	Równe
2005	Korzkowice	Wyszogródek	Krzemieniec
2006	Korzy	Kisorycze	Sarny
2007	Korzyść	Międzyrzec	Równe
2008	Kosań	Hołowno	Luboml
2009	Kosarewo	Młynów	Dubno
2010	Kościaniec	Warkowicze	Dubno
2011	Kościanka	Zgorany	Luboml
2012	Kościelny Futor	Berezne	Kostopol
2013	Kościuchnówka	Nowy Czartorysk	Łuck
2014	Kościukowa Rudka	Silno	Łuck
2015	Kościuszki	Warkowicze	Dubno
2016	Kościuszków	Połonka	Łuck
2017	Kościuszyn	Pulemiec	Luboml
2018	Kosmaczów	Kostopol	Kostopol
2019	Kosmówka	Grzybowica	Włodzimierz
2020	Kosowata	Hołowno	Luboml
2021	Kosowiec	Hołowno	Luboml
2022	Kosowo	Lubikowicze	Sarny
2023	Kostianów	Krymno	Kowel
2024	Kostopol	-	Kostopol
2025	Kosyń	Włodzimierzec	Sarny
2026	Kosyna	Lubitów	Kowel
2027	Koszałów	Równe	Równe
2028	Koszary	Pulemiec	Luboml

2029	Koszary	Stepań	Kostopol
2030	Koszary	Warkowicze	Dubno
2031	Koszelówka	Trościaniec	Łuck
2032	Koszlaków	Turzysk	Kowel
2033	Koszmaki	Rafałówka	Sarny
2034	Koszmanka	Mikulicze	Włodzimierz
2035	Koszów	Torczyn	Łuck
2036	Koszyszcze	Kołki	Łuck
2037	Kotiaczyn	Szumsk	Krzemieniec
2038	Kotiecza	Datyń	Kowel
2039	Kotiurzyńce	Wiśniowiec	Krzemieniec
2040	Kotły	Werba	Włodzimierz
2041	Kotomelki	Stydyń	Kostopol
2042	Kotów	Poddębce	Łuck
2043	Kotów	Tuczyn	Równe
2044	Kotowszczyzna	Kostopol	Kostopol
2045	Kotulskie	Wiśniowiec	Krzemieniec
2046	Koty	Krupiec	Dubno
2047	Kotyli	Hołowno	Luboml
2048	Kotylne	Lubitów	Kowel
2049	Kowalcowa	Kisorycze	Sarny
2050	Kowalów Róg	Lubikowicze	Sarny
2051	Kowalówka	Turzysk	Kowel
2052	Kowałyki	Bereżce	Krzemieniec
2053	Kowbań	Skobełka	Horochów
2054	Kowel	-	Kowel
2055	Kowerdiuków	Maniewicze	Kowel
2056	Kowli	Nowy Czartorysk	Łuck
2057	Kozacka Chata	Buderaż	Zdołbunów
2058	Kozackie Mogiły	Tesłuhów	Dubno
2059	Kozaczki	Łanowce	Krzemieniec
2060	Kozaczok	Luboml	Luboml
2061	Kozaczyna	Uhorsk	Krzemieniec
2062	Kozak	Antonówka	Sarny
2063	Kozak	Korzec	Równe
2064	Kozaki	Poczajów	Krzemieniec

2065	Kozakowa Dolina	Czaruków	Łuck
2066	Kozakowa Niwa	Turzysk	Kowel
2067	Kozelce	Zabłocie	Kowel
2068	Koziarnik Chołopski	Ludwipol	Kostopol
2069	Koziarnik Chotyński	Ludwipol	Kostopol
2070	Koziatnik	Szack	Luboml
2071	Koziatyn	Podberezie	Horochów
2072	Kozin	Kniahininek	Łuck
2073	Kozin	Krupiec	Dubno
2074	Kozin	Rożyszcze	Łuck
2075	Kozioł	Silno	Łuck
2076	Koziołek	Sijańce	Zdołbunów
2077	Koziołok	Chorów	Zdołbunów
2078	Kozionka	Hołowno	Luboml
2079	Koziulszczyzna	Poczajów	Krzemieniec
2080	Koźle	Kołki	Łuck
2081	Koźle	Silno	Łuck
2082	Koźlenicze	Nowy Czartorysk	Łuck
2083	Koźlenicze	Powursk	Kowel
2084	Koźlin	Aleksandrja	Równe
2085	Kozłów	Chorów	Horochów
2086	Kozłowo	Poczajów	Krzemieniec
2087	Kozłowszczyzna	Poczajów	Krzemieniec
2088	Kozyrszczyzna	Kniahinin	Dubno
2089	Kradłówka	Kniahininek	Łuck
2090	Krągłe Błoto	Deraźne	Kostopol
2091	Krąglik	Korzec	Równe
2092	Krąglik	Tuczyn	Równe
2093	Krąglik Bobicze	Mikulicze	Włodzimierz
2094	Kraje	Niesuchoiże	Kowel
2095	Krajów	Buhryń	Równe
2096	Krasilno	Malin	Dubno
2097	Kraska	Zabłocie	Kowel
2098	Krasna Góra	Mikulicze	Włodzimierz
2099	Krasna Góra	Warkowicze	Dubno
2100	Krasna Górka	Antonówka	Sarny

2101	Krasna Hola	Kisorycze	Sarny
2102	Krasna Oś	Bielska Wola	Sarny
2103	Krasne	Hołowno	Luboml
2104	Krasne	Kniahinin	Dubno
2105	Krasne	Poczajów	Krzemieniec
2106	Kraśnica	Buderaż	Zdołbunów
2107	Kraśnica	Dubno	Dubno
2108	Kraśnica	Tuczyn	Równe
2109	Kraśnica Ułańska	Dubno	Dubno
2110	Krasnodubje	Stare Koszary	Kowel
2111	Krasnołuka	Łanowce	Krzemieniec
2112	Krasnopol	Tesłuhów	Dubno
2113	Krasnosiele	Hoszcza	Równe
2114	Krasnowola	Bereżce	Luboml
2115	Krasnowola	Silno	Łuck
2116	Krasnowola	Stare Koszary	Kowel
2117	Krasny Bór	Pulemiec	Luboml
2118	Krasny Sad	Czaruków	Łuck
2119	Krasów Czeski	Skobełka	Horochów
2120	Krasów Ruski	Skobełka	Horochów
2121	Krat'	Olesk	Włodzimierz
2122	Krateń	Datyń	Kowel
2123	Krawcowa Darownizna	Klesów	Sarny
2124	Krążki	Młynów	Dubno
2125	Krechowiecka	Aleksandrja	Równe
2126	Kreływo	Tesłuhów	Dubno
2127	Kremesz	Chorów	Horochów
2128	Kremienne	Klesów	Sarny
2129	Kreniczne	Szumsk	Krzemieniec
2130	Kresówka	Kołki	Łuck
2131	Kręta Słoboda	Klesów	Sarny
2132	Kręty Brzeg	Zdołbica	Zdołbunów
2133	Król. Podolce	Świniuchy	Horochów
2134	Królewska Kolonia	Bereżce	Luboml
2135	Królewski Most	Bereżce	Krzemieniec
2136	Królewszczyzna	Bereżce	Krzemieniec

2137	Królikowo	Krymno	Kowel
2138	Kropewnyna	Siedliszcze	Kowel
2139	Kropiwniki	Szack	Luboml
2140	Kropiwszczyzna	Grzybowica	Włodzimierz
2141	Krowatka	Szczurzyn	Łuck
2142	Krucha	Siedliszcze	Kowel
2143	Kruchenicze	Chorów	Horochów
2144	Kruchy	Kostopol	Kostopol
2145	Krucza	Dubno	Dubno
2146	Krug	Lubikowicze	Sarny
2147	Krugi	Deraźne	Kostopol
2148	Krugi Stebelskie	Lubitów	Kowel
2149	Krugiel	Stare Koszary	Kowel
2150	Krugle	Równe	Równe
2151	Krugłe	Maniewicze	Kowel
2152	Krugłe	Siedliszcze	Kowel
2153	Kruglec	Kołki	Łuck
2154	Krugulec	Szumsk	Krzemieniec
2155	Kruhlica	Górniki	Kowel
2156	Kruki	Radziwiłłów	Dubno
2157	Kruki	Sudobicze	Dubno
2158	Krupa	Poddębce	Łuck
2159	Krupa Granica	Poddębce	Łuck
2160	Krupiec	Krupiec	Dubno
2161	Krupowie	Dąbrowica	Sarny
2162	Kruszewo	Antonówka	Sarny
2163	Kruszniki	Nowy Czartorysk	Łuck
2164	Kruszyna	Datyń	Kowel
2165	Kruszyna	Klesów	Sarny
2166	Kruszyna	Lubitów	Kowel
2167	Kruszyna	Stepań	Kostopol
2168	Kruszyniec	Zgorany	Luboml
2169	Kruszyny	Włodzimierzec	Sarny
2170	Krutniów	Poczajów	Krzemieniec
2171	Krutyhorb	Stary Oleksiniec	Krzemieniec
2172	Krutyłowka	Kisorycze	Sarny

2173	Krużki	Klesów	Sarny
2174	Kryczylsk	Stepań	Kostopol
2175	Kryhłe	Luboml	Luboml
2176	Kryłów	Korzec	Równe
2177	Kryłów	Warkowicze	Dubno
2178	Krymienicia	Datyń	Kowel
2179	Kryminina	Poczajów	Krzemieniec
2180	Krymnica	Hołowno	Luboml
2181	Krymno	Krymno	Kowel
2182	Krymno Nadleśnictwo	Krymno	Kowel
2183	Krynica	Luboml	Luboml
2184	Krynicki	Mizocz	Zdołbunów
2185	Kryniczka	Tuczyn	Równe
2186	Kryniczki	Poczajów	Krzemieniec
2187	Krynycia	Lubitów	Kowel
2188	Kryspiczyzna	Grzybowica	Włodzimierz
2189	Krywa Kobyła	Zabłocie	Kowel
2190	Krywackie	Zgorany	Luboml
2191	Kryweć	Datyń	Kowel
2192	Krywucha	Kisorycze	Sarny
2193	Krywula	Szczurzyn	Łuck
2194	Krywuszka	Kisorycze	Sarny
2195	Kryż	Podberezie	Horochów
2196	Kryże	Radziwiłłów	Dubno
2197	Krzaki	Tesłuhów	Dubno
2198	Krzeczewicze	Powursk	Kowel
2199	Krzeczów	Grzybowica	Włodzimierz
2200	Krzemieniec	-	Krzemieniec
2201	Krzemieniec	Chorów	Horochów
2202	Krzemieniec	Rożyszcze	Łuck
2203	Krzemieniec Nowy	Rożyszcze	Łuck
2204	Krzeszów	Berezne	Kostopol
2205	Krzywczyki	Wiśniowiec	Krzemieniec
2206	Krzywica	Dąbrowica	Sarny
2207	Krzywicze	Diatkiewicze	Równe
2208	Krzyże	Bereżce	Krzemieniec

2209	Krzyże	Dąbrowica	Sarny
2210	Krzyżowce	Podberezie	Horochów
2211	Krzyżyk	Silno	Łuck
2212	Kseniówka	Kniahininek	Łuck
2213	Księża Góra	Górniki	Kowel
2214	Kubliszcze	Stydyń	Kostopol
2215	Kuca	Młynów	Dubno
2216	Kuchary	Wielick	Kowel
2217	Kuchtiukowe	Niemowicze	Sarny
2218	Kuczany	Hołowno	Luboml
2219	Kuczkarówka	Kniahininek	Łuck
2220	Kuczków	Poryck	Włodzimierz
2221	Kudewszczyzna	Buderaż	Zdołbunów
2222	Kudłajówka	Katerburg	Krzemieniec
2223	Kudranka	Ludwipol	Kostopol
2224	Kudryn	Rożyszcze	Łuck
2225	Kudryń	Buderaż	Zdołbunów
2226	Kukły	Maniewicze	Kowel
2227	Kukuryki	Hołowno	Luboml
2228	Kulczyn	Kiwerce	Łuck
2229	Kulczyn	Turzysk	Kowel
2230	Kulików	Bereżce	Krzemieniec
2231	Kulikowicze	Kołki	Łuck
2232	Kulno	Powursk	Kowel
2233	Kumowiszcze	Skobełka	Horochów
2234	Kundziwola	Boremel	Dubno
2235	Kunin	Mizocz	Zdołbunów
2236	Kuniniec Mały	Wiśniowiec	Krzemieniec
2237	Kuniniec Wielki	Wiśniowiec	Krzemieniec
2238	Kupiczów	Kupiczów	Kowel
2239	Kupiczów Czeski	Kupiczów	Kowel
2240	Kupla Mała	Berezne	Kostopol
2241	Kupla Wielka	Berezne	Kostopol
2242	Kupowalce	Brany	Horochów
2243	Kupowatiec	Chotiaczów	Włodzimierz
2244	Kupowatyca	Skobełka	Horochów

2245	Kupracze	Bereżce	Luboml
2246	Kurant	Kisielin	Horochów
2247	Kurasz	Dąbrowica	Sarny
2248	Kuraż	Sijańce	Zdołbunów
2249	Kurdyban Warkowicki	Warkowicze	Dubno
2250	Kurdyban Żornowski	Warkowicze	Dubno
2251	Kurhan	Szczurzyn	Łuck
2252	Kurhany	Berezne	Kostopol
2253	Kurhany	Kostopol	Kostopol
2254	Kurhany	Luboml	Luboml
2255	Kurhany	Łanowce	Krzemieniec
2256	Kurhany	Sijańce	Zdołbunów
2257	Kurhany	Torczyn	Łuck
2258	Kurhany	Warkowicze	Dubno
2259	Kurmań	Szczurzyn	Łuck
2260	Kurnik	Zabłocie	Kowel
2261	Kurozwany	Hoszcza	Równe
2262	Kursyki	Krupiec	Dubno
2263	Kursyki	Tesłuhów	Dubno
2264	Kuryń	Ludwipol	Kostopol
2265	Kuśkowce Małe	Łanowce	Krzemieniec
2266	Kuśkowce Wielkie	Łanowce	Krzemieniec
2267	Kuśniszcze I	Zgorany	Luboml
2268	Kuśniszcze II	Zgorany	Luboml
2269	Kustycze	Turzysk	Kowel
2270	Kustyń	Aleksandrja	Równe
2271	Kuszarki	Huszcza	Luboml
2272	Kuszelówka	Bereżce	Krzemieniec
2273	Kuszlin	Katerburg	Krzemieniec
2274	Kut	Podberezie	Horochów
2275	Kut	Zdołbica	Zdołbunów
2276	Kut	Zgorany	Luboml
2277	Kuta	Lubitów	Kowel
2278	Kuteć	Poczajów	Krzemieniec
2279	Kutełeć	Lubitów	Kowel
2280	Kutok	Podberezie	Horochów

2281	Kutrów	Beresteczko	Horochów
2282	Kuty	Bereżce	Luboml
2283	Kuty	Krymno	Kowel
2284	Kuty	Podberezie	Horochów
2285	Kuty	Świniuchy	Horochów
2286	Kuty	Zabłocie	Kowel
2287	Kuty Zakłunia	Lubitów	Kowel
2288	Kuty Zalesie	Tuczyn	Równe
2289	Kutycha	Kisorycze	Sarny
2290	Kutycha Dalsza	Kisorycze	Sarny
2291	Kutycze Nowe	Hołowno	Luboml
2292	Kutyski	Białozórka	Krzemieniec
2293	Kutysz	Kołodno	Krzemieniec
2294	Kuzyk	Stary Oleksiniec	Krzemieniec
2295	Kużyliwska	Zabłocie	Kowel
2296	Kuzyniec	Podberezie	Horochów
2297	Kwartał	Sudobicze	Dubno
2298	Kwasiłów	Równe	Równe
2299	Kwasiłów Czeski	Równe	Równe
2300	Kwasów	Podberezie	Horochów
2301	Kwasowica	Torczyn	Łuck

L-Ł

2302	Łabędzianka	Dubno	Dubno
2303	Łabędzie	Chorów	Zdołbunów
2304	Lachów	Nowomalin	Zdołbunów
2305	Lachów	Poryck	Włodzimierz
2306	Lachowica	Podberezie	Horochów
2307	Lachowicze	Berezne	Kostopol
2308	Ładeć	Górniki	Kowel
2309	Ładesa	Silno	Łuck
2310	Ladkowe Lado	Klesów	Sarny
2311	Lado	Klesów	Sarny
2312	Lado	Niemowicze	Sarny
2313	Lado	Stepań	Kostopol
2314	Ładoweć	Lubitów	Kowel

2315	Lady	Stydyń	Kostopol
2316	Ładynka	Pulemiec	Luboml
2317	Łagodówka	Jarosławicze	Dubno
2318	Łagoże	Górniki	Kowel
2319	Łąka	Trościaniec	Łuck
2320	Łamane	Silno	Łuck
2321	Łana	Lubitów	Kowel
2322	Łanek	Luboml	Luboml
2323	Łanke	Datyń	Kowel
2324	Łankie	Siedliszcze	Kowel
2325	Łanowce	Łanowce	Krzemieniec
2326	Łany	Katerburg	Krzemieniec
2327	Łany	Luboml	Luboml
2328	Łapczyno	Siedliszcze	Kowel
2329	Łapnie	Niesuchoiże	Kowel
2330	Łapów Góra	Szack	Luboml
2331	Laski	Maniewicze	Kowel
2332	Laski	Stepań	Kostopol
2333	Łasków	Chotiaczów	Włodzimierz
2334	Lasopol	Kostopol	Kostopol
2335	Lasowa	Sudobicze	Dubno
2336	Łastówka	Warkowicze	Dubno
2337	Łasyna	Luboml	Luboml
2338	Laszki	Datyń	Kowel
2339	Laszki	Podberezie	Horochów
2340	Laszowa Pasyka	Datyń	Kowel
2341	Łaszówka	Uhorsk	Krzemieniec
2342	Łatka	Górniki	Kowel
2343	Łaturyńskiego	Stary Oleksiniec	Krzemieniec
2344	Ławrów	Połonka	Łuck
2345	Lazaret	Korzec	Równe
2346	Łazary	Budcraż	Zdołbunów
2347	Lażowate	Siedliszcze	Kowel
2348	Lebiedszczyzna	Mizocz	Zdołbunów
2349	Lechów	Młynów	Dubno
2350	Łęczyn	Berezne	Kostopol

2351	Ledna	Zabłocie	Kowel
2352	Ledne	Stydyń	Kostopol
2353	Leduchów	Kisielin	Horochów
2354	Leduchów	Poczajów	Krzemieniec
2355	Leduchówka	Jarosławicze	Dubno
2356	Legjonowo	Międzyrzec	Równe
2357	Legjonowo	Wyszogródek	Krzemieniec
2358	Leguń	Hołowno	Luboml
2359	Łehanieckie	Górniki	Kowel
2360	Lemieszów	Podberezie	Horochów
2361	Leonówka	Czaruków	Łuck
2362	Leonówka	Kisielin	Horochów
2363	Leonówka	Tuczyn	Równe
2364	Leontówka	Diatkiewicze	Równe
2365	Lesiszcze	Stydyń	Kostopol
2366	Leski	Stydyń	Kostopol
2367	Leśniaki	Luboml	Luboml
2368	Leśniaki	Maciejów	Kowel
2369	Leśniczówka	Berezne	Kostopol
2370	Leśniczówka	Bereżce	Luboml
2371	Leśniczówka	Chorów	Zdołbunów
2372	Leśniczówka	Warkowicze	Dubno
2373	Leśny Dwór	Deraźne	Kostopol
2374	Lesocha	Zabłocie	Kowel
2375	Lesowiki	Uhorsk	Krzemieniec
2376	Leszczuny	Buderaż	Zdołbunów
2377	Leszczyna	Warkowicze	Dubno
2378	Leszczyniec	Klesów	Sarny
2379	Leszczyniec	Luboml	Luboml
2380	Letczany	Ołyka	Łuck
2381	Lewacze	Ludwipol	Kostopol
2382	Lewiatyn	Radziwiłłów	Dubno
2383	Lewkowce	Poczajów	Krzemieniec
2384	Leza	Górniki	Kowel
2385	Leżachów	Kupiczów	Kowel
2386	Leżnica	Chotiaczów	Włodzimierz

2387	Libanówka	Młynów	Dubno
2388	Libensztadt	Szczurzyn	Łuck
2389	Libuchów	Kisorycze	Sarny
2390	Lichaczówka	Jarosławicze	Dubno
2391	Lichaczówka	Kisielin	Horochów
2392	Lidawa	Zdołbica	Zdołbunów
2393	Lidawka	Hoszcza	Równe
2394	Lina	Kisorycze	Sarny
2395	Liniówka	Rożyszcze	Łuck
2396	Lińjów/Liniów	Świniuchy	Horochów
2397	Lipa	Beresteczko	Horochów
2398	Lipa	Dubno	Dubno
2399	Lipina	Hołowno	Luboml
2400	Lipiny	Poddębce	Łuck
2401	Lipki	Międzyrzec	Równe
2402	Lipki	Trościaniec	Łuck
2403	Lipkowiec	Werba	Dubno
2404	Liplany	Kiwerce	Łuck
2405	Lipnik	Kisielin	Horochów
2406	Lipnik	Poddębce	Łuck
2407	Lipnik	Sudobicze	Dubno
2408	Lipnik	Werba	Dubno
2409	Lipnik	Wiśniowiec	Krzemieniec
2410	Lipniki	Antonówka	Sarny
2411	Lipniki	Berezne	Kostopol
2412	Lipniki	Dąbrowica	Sarny
2413	Lipniki	Górniki	Kowel
2414	Lipniki	Kisorycze	Sarny
2415	Lipniki	Klesów	Sarny
2416	Lipniki	Kostopol	Kostopol
2417	Lipniki	Maniewicze	Kowel
2418	Lipniki	Stydyń	Kostopol
2419	Lipno	Silno	Łuck
2420	Lipno	Włodzimierzec	Sarny
2421	Lipów	Hołowno	Luboml
2422	Lipowiec	Kiwerce	Łuck

2423	Lipowiec	Kniahininek	Łuck
2424	Lipowo	Górniki	Kowel
2425	Lipska	Beresteczko	Horochów
2426	Lisce	Trościaniec	Łuck
2427	Liścia	Datyń	Kowel
2428	Lisica	Szumsk	Krzemieniec
2429	Lisica	Werba	Dubno
2430	Lisiczyn	Ołyka	Łuck
2431	Lisiszcze	Kołki	Łuck
2432	Liski	Lubitów	Kowel
2433	Liski	Pulemiec	Luboml
2434	Liski	Werba	Włodzimierz
2435	Liski	Zdołbica	Zdołbunów
2436	Lisok	Hołowno	Luboml
2437	Lisów	Nowy Czartorysk	Łuck
2438	Lisowa	Buderaż	Zdołbunów
2439	Lisowiki	Poczajów	Krzemieniec
2440	Lisowiki	Radziwiłłów	Dubno
2441	Listopadówka	Świniuchy	Horochów
2442	Listwin	Warkowicze	Dubno
2443	Liszczówka	Hołowno	Luboml
2444	Lisznia	Kniahinin	Dubno
2445	Lisznia	Rafałówka	Sarny
2446	Lisznia	Uhorsk	Krzemieniec
2447	Lisznia Nowa	Grzybowica	Włodzimierz
2448	Lisznia Stara	Grzybowica	Włodzimierz
2449	Liszniówka	Maniewicze	Kowel
2450	Litogoszcz	Wielick	Kowel
2451	Litowież	Grzybowica	Włodzimierz
2452	Litowiszcze	Szumsk	Krzemieniec
2453	Litowiż	Grzybowica	Włodzimierz
2454	Litwa	Ołyka	Łuck
2455	Litwa	Torczyn	Łuck
2456	Litwinowa Niwka	Niemowicze	Sarny
2457	Litwisa	Dąbrowica	Sarny
2458	Lityń	Turzysk	Kowel

2459	Litynszczyna	Lubitów	Kowel
2460	Liucke	Datyń	Kowel
2461	Liziana	Berezne	Kostopol
2462	Łobaczówka	Beresteczko	Horochów
2463	Łogwinów Las	Wiśniowiec	Krzemieniec
2464	Łokacze	Chorów	Horochów
2465	Łokutki	Huszcza	Luboml
2466	Łomaczanka	Powursk	Kowel
2467	Łomowaty	Zabłocie	Kowel
2468	Łomsk	Klesów	Sarny
2469	Łopateń	Silno	Łuck
2470	Łopawsze	Boremel	Dubno
2471	Łopuszno	Poczajów	Krzemieniec
2472	Łopuszno	Wyszogródek	Krzemieniec
2473	Łosiatyn	Poczajów	Krzemieniec
2474	Łosiowe Kubło	Stepań	Kostopol
2475	Łosiówka	Aleksandrja	Równe
2476	Łosze	Buderaż	Zdołbunów
2477	Łosze	Maniewicze	Kowel
2478	Łosze Sewerynowskie	Maniewicze	Kowel
2479	Łotoki	Siedliszcze	Kowel
2480	Lowa	Kisorycze	Sarny
2481	Łowiszcze	Kupiczów	Kowel
2482	Łóżki	Rafałówka	Sarny
2483	Łozy	Międzyrzec	Równe
2484	Łozy	Wiśniowiec	Krzemieniec
2485	Lubachy	Rafałówka	Sarny
2486	Lubarka	Powursk	Kowel
2487	Lubcze	Niesuchoiże	Kowel
2488	Lubcze	Szczurzyn	Łuck
2489	Lubikowicze	Lubikowicze	Sarny
2490	Lubitów	Lubitów	Kowel
2491	Lublatyń	Turzysk	Kowel
2492	Lubliniec	Stare Koszary	Kowel
2493	Łubnia	Lubikowicze	Sarny
2494	Lubochiny	Krymno	Kowel

2495	Lubomirka	Korzec	Równe
2496	Lubomirka	Sudobicze	Dubno
2497	Lubomirka Nowa	Aleksandrja	Równe
2498	Lubomirka Stara	Aleksandrja	Równe
2499	Lubomirsk	Aleksandrja	Równe
2500	LUBOML	-	Luboml
2501	Luć	Górniki	Kowel
2502	Luchcza	Niemowicze	Sarny
2503	Luchczańskie	Niemowicze	Sarny
2504	ŁUCK	-	Łuck
2505	Lucynów	Tuczyn	Równe
2506	Łuczyce	Górniki	Kowel
2507	Łuczyce	Połonka	Łuck
2508	Łuczyce	Turzysk	Kowel
2509	Luczyn	Nowomalin	Zdołbunów
2510	Ludhardówka	Dubno	Dubno
2511	Ludmiłówka	Szczurzyn	Łuck
2512	Ludmirpol	Werba	Włodzimierz
2513	Ludnież	Bielska Wola	Sarny
2514	Ludwików	Czaruków	Łuck
2515	Ludwików	Torczyn	Łuck
2516	Ludwikówka	Młynów	Dubno
2517	Ludwipol	Ludwipol	Kostopol
2518	Ludwiszcze	Uhorsk	Krzemieniec
2519	Ludwiszyn	Torczyn	Łuck
2520	Łudzin	Chotiaczów	Włodzimierz
2521	Ługaniec	Górniki	Kowel
2522	Łuka	Chotiaczów	Włodzimierz
2523	Łuka	Włodzimierzec	Sarny
2524	Łukarówka	Malin	Dubno
2525	Łukawka	Berezne	Kostopol
2526	Łuków	Kisielin	Horochów
2527	Łuków	Trościaniec	Łuck
2528	Łukowicze	Chorów	Horochów
2529	Łukówka	Powursk	Kowel
2530	Lulińce	Białozórka	Krzemieniec

2531	Lulówka	Brany	Horochów
2532	Lulówka Węgierszczyzna	Brany	Horochów
2533	Lumiłpol	Werba	Włodzimierz
2534	Lunitowicze	Lubikowicze	Sarny
2535	Łupisuki	Włodzimierzec	Sarny
2536	Lutka	Krymno	Kowel
2537	Łużak	Hołowno	Luboml
2538	Łuzgi	Lubitów	Kowel
2539	Łużne	Szack	Luboml
2540	Łyczki	Trościaniec	Łuck
2541	Łypa	Podberezie	Horochów
2542	Łypnyki	Datyń	Kowel
2543	Łysa	Siedliszcze	Kowel
2544	Łysa Góra	Buderaż	Zdołbunów
2545	Łysa Góra	Kołki	Łuck
2546	Łysa Góra	Podberezie	Horochów
2547	Łysa Góra	Poryck	Włodzimierz
2548	Łysin	Boremel	Dubno
2549	Łyski	Datyń	Kowel
2550	Łyski	Zgorany	Luboml
2551	Łyskie	Siedliszcze	Kowel
2552	Łysok	Siedliszcze	Kowel
2553	Łysów	Chorów	Horochów
2554	Łysucha	Berezne	Kostopol
2555	Łysucha	Rożyszcze	Łuck
2556	Łysycia	Lubitów	Kowel
2557	Łysyszcze	Lubitów	Kowel
2558	Łyszcze	Poddębce	Łuck
2559	Łyszcze	Trościaniec	Łuck
2560	Łyszczuki	Bereżce	Krzemieniec

M

2561	Maciejki	Silno	Łuck
2562	Maciejów	Maciejów	Kowel
2563	Maciejówka	Tuczyn	Równe
2564	Maczki Wołyńskie	Połonka	Łuck

2565	Maczkowce	Połonka	Łuck
2566	Magazyn	Rożyszcze	Łuck
2567	Maj	Bereżce	Luboml
2568	Majdan	Antonówka	Sarny
2569	Majdan	Buderaż	Zdołbunów
2570	Majdan	Hołoby	Kowel
2571	Majdan	Hołowno	Luboml
2572	Majdan	Maniewicze	Kowel
2573	Majdan	Nowomalin	Zdołbunów
2574	Majdan	Nowy Czartorysk	Łuck
2575	Majdan	Stydyń	Kostopol
2576	Majdan	Uhorsk	Krzemieniec
2577	Majdan Hłażowski	Aleksandrja	Równe
2578	Majdan Jezierski	Trościaniec	Łuck
2579	Majdan kol.	Hołoby	Kowel
2580	Majdan Komarowski	Kołki	Łuck
2581	Majdan Koźliński	Aleksandrja	Równe
2582	Majdan Lipieński	Silno	Łuck
2583	Majdan Mareniński	Ludwipol	Kostopol
2584	Majdan Mokwiński	Berezne	Kostopol
2585	Majdanek	Hołoby	Kowel
2586	Majdańska Huta	Buderaż	Zdołbunów
2587	Majków	Hoszcza	Równe
2588	Majówka	Chorów	Zdołbunów
2589	Majówka	Torczyn	Łuck
2590	Majówka	Zdołbica	Zdołbunów
2591	Majówka Ksawerówka	Warkowicze	Dubno
2592	Majunicze	Rafałówka	Sarny
2593	Makarówka	Derażne	Kostopol
2594	Makarycha	Werba	Dubno
2595	Makłakowo	Lubikowicze	Sarny
2596	Makoterty	Diatkiewicze	Równe
2597	Maków	Kisielin	Horochów
2598	Makowiszcze	Hołoby	Kowel
2599	Makowyszcze	Siedliszcze	Kowel
2600	Makryna	Luboml	Luboml

2601	Maksymicha	Podberezie	Horochów
2602	Maksymiljanowka	Ludwipol	Kostopol
2603	Mała Lubaszka	Kostopol	Kostopol
2604	Mała Zysynówka	Datyń	Kowel
2605	Malatyn	Berezne	Kostopol
2606	Malatyn	Tuczyn	Równe
2607	Małe Siedliszcze	Klesów	Sarny
2608	Małe Siedliszcze	Kostopol	Kostopol
2609	Malewczyna	Kniahinin	Dubno
2610	Malin	Malin	Dubno
2611	Malinów	Szumsk	Krzemieniec
2612	Maliszcze	Silno	Łuck
2613	Małków	Krymno	Kowel
2614	Małkowo	Hołowno	Luboml
2615	Malów	Boremel	Dubno
2616	Malowana	Młynów	Dubno
2617	Malowanka	Aleksandrja	Równe
2618	Małuszka	Berezne	Kostopol
2619	Mały Berezynki	Lubitów	Kowel
2620	Mały Porsk	Hołoby	Kowel
2621	Mały Radzież	Niemowicze	Sarny
2622	Małynie	Luboml	Luboml
2623	Małyńsk	Berezne	Kostopol
2624	Maniewickie	Maniewicze	Kowel
2625	Maniewicze os.	Maniewicze	Kowel
2626	Maniewicze w.	Maniewicze	Kowel
2627	Maniów	Wiśniowiec	Krzemieniec
2628	Maniowo	Rożyszcze	Łuck
2629	Maniowszczyzna	Wiśniowiec	Krzemieniec
2630	Mańków	Kisielin	Horochów
2631	Mantyn	Młynów	Dubno
2632	Marcelina	Międzyrzec	Równe
2633	Marcelina	Sudobicze	Dubno
2634	Marcelówka	Ludwipol	Kostopol
2635	Marcelówka	Werba	Włodzimierz
2636	Marenin	Ludwipol	Kostopol

2637	Marianówka (I+II)	Werba	Włodzimierz
2638	Marja Wola	Mikulicze	Włodzimierz
2639	Marjanka	Kniahinin	Dubno
2640	Marjanka	Lubitów	Kowel
2641	Marjanka	Werba	Dubno
2642	Marjanówka	Aleksandrja	Równe
2643	Marjanówka	Czaruków	Łuck
2644	Marjanówka	Deraźne	Kostopol
2645	Marjanówka	Hoszcza	Równe
2646	Marjanówka	Kisielin	Horochów
2647	Marjanówka	Kołki	Łuck
2648	Marjanówka	Kostopol	Kostopol
2649	Marjanówka	Lubikowicze	Sarny
2650	Marjanówka	Podberezie	Horochów
2651	Marjanówka	Poddębce	Łuck
2652	Marjanówka	Połonka	Łuck
2653	Marjanówka	Rożyszcze	Łuck
2654	Marjanówka	Sijańce	Zdołbunów
2655	Marjanówka	Silno	Łuck
2656	Marjanówka	Skobełka	Horochów
2657	Marjanówka	Stary Oleksiniec	Krzemieniec
2658	Marjanówka	Świniuchy	Horochów
2659	Marjanówka	Tuczyn	Równe
2660	Marjanówka	Wiśniowiec	Krzemieniec
2661	Marjanówka	Zdołbica	Zdołbunów
2662	Marjanówka Chorochoryńska	Szczurzyn	Łuck
2663	Marjanówka Werbska	Werba	Włodzimierz
2664	Marjanówka-Berezołupska	Szczurzyn	Łuck
2665	Marjanówka-Boguszówka	Szczurzyn	Łuck
2666	Marjanpol	Werba	Włodzimierz
2667	Marjanpol	Werba	Włodzimierz
2668	Marjańska Fabryka	Krymno	Kowel
2669	Mark Melerszczyzna	Torczyn	Łuck
2670	Markostaw	Mikulicze	Włodzimierz
2671	Markowa-Niwa	Ludwipol	Kostopol
2672	Markowicze	Chorów	Horochów

2673	Markowicze	Skobełka	Horochów
2674	Markusa	Tesłuhów	Dubno
2675	Marsowszczyzna	Huszcza	Luboml
2676	Martynówka	Diatkiewicze	Równe
2677	Martyszkowce	Wyszogródek	Krzemieniec
2678	Marulczyn	Ludwipol	Kostopol
2679	Marusia	Czaruków	Łuck
2680	Maruszyn	Młynów	Dubno
2681	Maryków	Deraźne	Kostopol
2682	Maryń	Kisorycze	Sarny
2683	Marynin	Aleksandrja	Równe
2684	Marynki	Szumsk	Krzemieniec
2685	Marynków	Kisielin	Horochów
2686	Marysin	Poryck	Włodzimierz
2687	Masalszczyzna	Wiśniowiec	Krzemieniec
2688	Masiewicze	Kisorycze	Sarny
2689	Masiewicze	Lubikowicze	Sarny
2690	Maślanicze	Dąbrowica	Sarny
2691	Maślanka	Młynów	Dubno
2692	Masłopuszcza	Lubikowicze	Sarny
2693	Masłowiec	Hołowno	Luboml
2694	Maszcza	Kostopol	Kostopol
2695	Maszkopol	Deraźne	Kostopol
2696	Maszów (Massowo)	Luboml	Luboml
2697	Maszowo	Siedliszcze	Kowel
2698	Matoszówka	Kniahininek	Łuck
2699	Matów	Podberezie	Horochów
2700	Matwiejowice	Katerburg	Krzemieniec
2701	Matyldów	Szczurzyn	Łuck
2702	Matyszów	Czaruków	Łuck
2703	Mazurkiewicz	Stary Oleksiniec	Krzemieniec
2704	Męczyce	Grzybowica	Włodzimierz
2705	Medowszczyna	Radziwiłłów	Dubno
2706	Medwedówka	Dederkały	Krzemieniec
2707	Medwedówka	Ludwipol	Kostopol
2708	Medyń Sławków	Klesów	Sarny

2709	Melana	Radziwiłłów	Dubno
2710	Mełennyk	Siedliszcze	Kowel
2711	Merwa	Beresteczko	Horochów
2712	Metelno	Ołyka	Łuck
2713	Metków	Aleksandrja	Równe
2714	Mezeliski	Datyń	Kowel
2715	Mężynki	Datyń	Kowel
2716	Meżyzerje	Górniki	Kowel
2717	Miadne	Kisorycze	Sarny
2718	Miakówka	Rożyszcze	Łuck
2719	Miatyn	Buhryń	Równe
2720	Miatyn	Młynów	Dubno
2721	Michale	Chotiaczów	Włodzimierz
2722	Michalin	Berezne	Kostopol
2723	Michalin	Rożyszcze	Łuck
2724	Michałkowce	Sijańce	Zdołbunów
2725	Michałowka	Poryck	Włodzimierz
2726	Michałowka	Werba	Włodzimierz
2727	Michałówka	Buhryń	Równe
2728	Michałówka	Chorów	Horochów
2729	Michałówka	Dederkały	Krzemieniec
2730	Michałówka	Deraźne	Kostopol
2731	Michałówka	Kisielin	Horochów
2732	Michałówka	Krupiec	Dubno
2733	Michałówka	Kupiczów	Kowel
2734	Michałówka	Rożyszcze	Łuck
2735	Michałówka	Równe	Równe
2736	Michałówka	Sudobicze	Dubno
2737	Michałówka	Szczurzyn	Łuck
2738	Michałówka	Szumsk	Krzemieniec
2739	Michałówka	Warkowicze	Dubno
2740	Michałówka fut.	Dederkały	Krzemieniec
2741	Michałówka Medwedówka	Dederkały	Krzemieniec
2742	Michałusie	Krupiec	Dubno
2743	Michampol	Chorów	Zdołbunów
2744	Michnówka	Niemowicze	Sarny

2745	Mickiwicze	Stary Oleksiniec	Krzemieniec
2746	Miechotyn	Stary Oleksiniec	Krzemieniec
2747	Mieczysławów Boratyński	Torczyn	Łuck
2748	Mieczysławów Litewski	Torczyn	Łuck
2749	Mieczysławówka	Młynów	Dubno
2750	Miedwieże	Berezne	Kostopol
2751	Miedwieże	Mizocz	Zdołbunów
2752	Miedwieże	Nowy Czartorysk	Łuck
2753	Miedwieże Małe	Nowy Czartorysk	Łuck
2754	Miedwieżka Mała	Nowy Czartorysk	Łuck
2755	Miedzików	Kupiczów	Kowel
2756	Miedzylesie	Luboml	Luboml
2757	Międzyrzec	Międzyrzec	Równe
2758	Międzyrzecze	Nowomalin	Zdołbunów
2759	Międzyszlachy	Włodzimierzec	Sarny
2760	Mielce	Datyń	Kowel
2761	Mielnica	Wielick	Kowel
2762	Mielnica Duża	Stepań	Kostopol
2763	Mielnica Mała	Stepań	Kostopol
2764	Mielniki	Buderaż	Zdołbunów
2765	Mielniki	Huszcza	Luboml
2766	Mielniki	Poczajów	Krzemieniec
2767	Mielniki	Pulemiec	Luboml
2768	Mielniki	Siedliszcze	Kowel
2769	Mielniki	Szack	Luboml
2770	Mielniki Zabłocie	Zgorany	Luboml
2771	Mielników	Maniewicze	Kowel
2772	Mielników	Stary Oleksiniec	Krzemieniec
2773	Mielnikowo	Stydyń	Kostopol
2774	Mierzanka	Deraźne	Kostopol
2775	Mieżyryczki	Górniki	Kowel
2776	Mikitycha	Katerburg	Krzemieniec
2777	Mikołajówka	Beresteczko	Horochów
2778	Mikołajówka	Diatkiewicze	Równe
2779	Mikołajówka	Kiwerce	Łuck
2780	Mikołajówka	Korzec	Równe

2781	Mikołajówka	Młynów	Dubno
2782	Mikołajówka	Trościaniec	Łuck
2783	Mikołajówka	Werba	Włodzimierz
2784	Mikołajówka Nowa	Sudobicze	Dubno
2785	Mikołajówka Stara	Sudobicze	Dubno
2786	Mikołajpol	Werba	Włodzimierz
2787	Mikulicze	Chotiaczów	Włodzimierz
2788	Mikulicze	Mikulicze	Włodzimierz
2789	Mikulin	Tuczyn	Równe
2790	Milacze	Kisorycze	Sarny
2791	Milanowicze	Stare Koszary	Kowel
2792	Miłaszów	Silno	Łuck
2793	Milatyn	Poryck	Włodzimierz
2794	Milatyn Buryny	Sijańce	Zdołbunów
2795	Milatyn Poczapki	Sijańce	Zdołbunów
2796	Milcza Duża	Werba	Dubno
2797	Milcza Mała	Werba	Dubno
2798	Milewskiego	Korzec	Równe
2799	Miłostów	Diatkiewicze	Równe
2800	Miłostów	Klewań	Równe
2801	Miłusze	Kniahininek	Łuck
2802	Miniatyn	Ludwipol	Kostopol
2803	Minkowce	Werba	Dubno
2804	Mioduszów	Boremel	Dubno
2805	Mirków	Podberezie	Horochów
2806	Mirohoszcza Czeska	Dubno	Dubno
2807	Mirohoszcza Nowa	Dubno	Dubno
2808	Mirohoszcza Ruska	Dubno	Dubno
2809	Mironówka	Podberezie	Horochów
2810	Mirosławka	Kupiczów	Kowel
2811	Mirosławka	Rożyszcze	Łuck
2812	Mirotyn	Zdołbica	Zdołbunów
2813	Mirowicze	Turzysk	Kowel
2814	Mistki	Luboml	Luboml
2815	Mizigajki	Datyń	Kowel
2816	Miziurzyńce	Dederkały	Krzemieniec

2817	Mizocz	Mizocz	Zdołbunów
2818	Mizoczyk	Mizocz	Zdołbunów
2819	Młodawa Czeska	Warkowicze	Dubno
2820	Młodawa Włościańska	Warkowicze	Dubno
2821	Młodzianówka	Berezne	Kostopol
2822	Młyn Dolny	Mizocz	Zdołbunów
2823	Młynek	Ludwipol	Kostopol
2824	Młynek	Silno	Łuck
2825	Młynek	Trościaniec	Łuck
2826	Młyniska	Chotiaczów	Włodzimierz
2827	Młynok	Klesów	Sarny
2828	Młynów	Młynów	Dubno
2829	Młynów os.	Młynów	Dubno
2830	Młynowce	Bereżce	Krzemieniec
2831	Młynowce	Stary Oleksiniec	Krzemieniec
2832	Młynowska	Górniki	Kowel
2833	Młynyszcze	Huszcza	Luboml
2834	Mniszyn	Buhryń	Równe
2835	Mochnate	Aleksandrja	Równe
2836	Moczanówka	Uhorsk	Krzemieniec
2837	Moczary	Uhorsk	Krzemieniec
2838	Moczulanka	Ludwipol	Kostopol
2839	Moczulce	Ołyka	Łuck
2840	Moczuliszcze	Dąbrowica	Sarny
2841	Moczułki	Klewań	Równe
2842	Moczułki	Kupiczów	Kowel
2843	Moczuły	Bereżce	Krzemieniec
2844	Mogiła	Dederkały	Krzemieniec
2845	Mogilno	Werba	Włodzimierz
2846	Mohylany	Sijańce	Zdołbunów
2847	Mohylno	Werba	Włodzimierz
2848	Mokowicze	Kupiczów	Kowel
2849	Mokra	Datyń	Kowel
2850	Mokre	Berezne	Kostopol
2851	Mokre	Bereżce	Krzemieniec
2852	Mokre	Kisorycze	Sarny

2853	Mokre	Krymno	Kowel
2854	Mokre	Ludwipol	Kostopol
2855	Mokre	Warkowicze	Dubno
2856	Mokre Mikiłki	Krupiec	Dubno
2857	Mokre Niwki	Niesuchoiże	Kowel
2858	Mokre Rejszi	Krupiec	Dubno
2859	Mokreć	Siedliszcze	Kowel
2860	Mokry Bór	Hołowno	Luboml
2861	Mokrzec	Werba	Włodzimierz
2862	Mokwin	Berezne	Kostopol
2863	Mokwin	Kostopol	Kostopol
2864	Mołczanów	Kisielin	Horochów
2865	Mołniczyszcze	Kisorycze	Sarny
2866	Mołników	Grzybowica	Włodzimierz
2867	Mołodycze	Berezne	Kostopol
2868	Mołokusz	Hołowno	Luboml
2869	Mołotków	Białozórka	Krzemieniec
2870	Monasterszczyzna	Beresteczko	Horochów
2871	Monastyrek	Chorów	Zdołbunów
2872	Monastyrek	Szumsk	Krzemieniec
2873	Monastyrzysko	Kniahinin	Dubno
2874	Monopol	Dąbrowica	Sarny
2875	Mordasowo	Hołowno	Luboml
2876	Morgi	Dąbrowica	Sarny
2877	Morozowicze	Grzybowica	Włodzimierz
2878	Morozówka	Kołki	Łuck
2879	Morozówka	Korzec	Równe
2880	Morozówka	Ludwipol	Kostopol
2881	Morozowo	Zgorany	Luboml
2882	Morozowskie	Korzec	Równe
2883	Morozycha	Sijańce	Zdołbunów
2884	Mościce	Kołodno	Krzemieniec
2885	Moskalówka	Białozórka	Krzemieniec
2886	Moskalówka	Szumsk	Krzemieniec
2887	Moskowszczyzna	Młynów	Dubno
2888	Mosty	Buderaż	Zdołbunów

2889 Mosty	Górniki	Kowel
2890 Mosty	Silno	Łuck
2891 Mosty	Trościaniec	Łuck
2892 Mosty	Uhorsk	Krzemieniec
2893 Mosty	Włodzimierzec	Sarny
2894 Mostyszcze	Kisorycze	Sarny
2895 Mosur	Korytnica	Włodzimierz
2896 Moszczana	Niemowicze	Sarny
2897 Moszczanica	Diatkiewicze	Równe
2898 Moszczanica	Ołyka	Łuck
2899 Moszczanica Czeska	Sijańce	Zdołbunów
2900 Moszczanica Mała	Buderaż	Zdołbunów
2901 Moszczanica Nowa	Buderaż	Zdołbunów
2902 Moszczanica Ruska	Sijańce	Zdołbunów
2903 Moszczanica Stara	Buderaż	Zdołbunów
2904 Moszczanka	Werba	Włodzimierz
2905 Moszczany	Tuczyn	Równe
2906 Moszczona	Stare Koszary	Kowel
2907 Moszenszczyna	Kisielin	Horochów
2908 Moszków	Malin	Dubno
2909 Moszkowa Dolina	Włodzimierzec	Sarny
2910 Moszynszczyzna	Podberezie	Horochów
2911 Mstyszyn	Połonka	Łuck
2912 Mszaniec	Hołowno	Luboml
2913 Muchawiec	Wiśniowiec	Krzemieniec
2914 Muchawiec	Zgorany	Luboml
2915 Muławica	Podberezie	Horochów
2916 Mulczyce	Bielska Wola	Sarny
2917 Muntówka	Werba	Włodzimierz
2918 Muranin	Niemowicze	Sarny
2919 Murawa	Bereżce	Luboml
2920 Murawica	Młynów	Dubno
2921 Murawskie	Szack	Luboml
2922 Murawszczyzna	Młynów	Dubno
2923 Musin	Skobełka	Horochów
2924 Musurowce	Kołodno	Krzemieniec

2925	Muszno	Kisorycze	Sarny
2926	Mutowica	Kisorycze	Sarny
2927	Mutwica	Bereżce	Luboml
2928	Mutwica	Stydyń	Kostopol
2929	Mychlin	Czaruków	Łuck
2930	Myczów	Tuczyn	Równe
2931	Mydliki	Bereżce	Krzemieniec
2932	Mydzk Mały	Stydyń	Kostopol
2933	Mydzk Wielki	Stydyń	Kostopol
2934	Mydzka	Stydyń	Kostopol
2935	Mykitycze	Werba	Dubno
2936	Myków	Silno	Łuck
2937	Mylanoje	Górniki	Kowel
2938	Mylsk	Rożyszcze	Łuck
2939	Mylsk Nowy	Rożyszcze	Łuck
2940	Mysin Kość	Czaruków	Łuck
2941	Myślina	Niesuchoiże	Kowel
2942	Myśliny	Skobełka	Horochów
2943	Mysłoboż	Zabłocie	Kowel
2944	Mysyki	Bereżce	Krzemieniec
2945	Myszakowa	Ludwipol	Kostopol
2946	Myszkowce	Wiśniowiec	Krzemieniec
2947	Myszno	Olesk	Włodzimierz
2948	Myszów	Grzybowica	Włodzimierz
2949	Myszowa	Buderaż	Zdołbunów
2950	Mytnica	Tesłuhów	Dubno
2951	Myżeliski	Zabłocie	Kowel
2952	Myzowo	Siedliszcze	Kowel

N

2953	Na Gircy	Podberezie	Horochów
2954	Na Wypasie	Podberezie	Horochów
2955	Nadczyce	Jarosławicze	Dubno
2956	Naddatyń	Datyń	Kowel
2957	Nadkryniczny	Kołodno	Krzemieniec
2958	Nadyj	Datyń	Kowel

2959	Nadziejopol	Werba	Włodzimierz
2960	Nadzieżda	Mizocz	Zdołbunów
2961	Nadzieżdopol	Werba	Włodzimierz
2962	Nagórze	Buderaż	Zdołbunów
2963	Nagrodczyzna	Tesłuhów	Dubno
2964	Nahorany	Sudobicze	Dubno
2965	Nakazów	Ludwipol	Kostopol
2966	Nakoty	Aleksandrja	Równe
2967	Nakoty	Kisorycze	Sarny
2968	Nałęczówek	Mikulicze	Włodzimierz
2969	Napadówka	Łanowce	Krzemieniec
2970	Narada	Aleksandrja	Równe
2971	Narajów	Warkowicze	Dubno
2972	Naręczyn	Beresteczko	Horochów
2973	Narutowicze	Wiśniowiec	Krzemieniec
2974	Narutówka	Malin	Dubno
2975	Natalia	Aleksandrja	Równe
2976	Natalin	Czaruków	Łuck
2977	Natalja	Berezne	Kostopol
2978	Nawóz	Huszcza	Luboml
2979	Nawóz	Rożyszcze	Łuck
2980	Nawratyn	Mikulicze	Włodzimierz
2981	Nawtryja	Lubitów	Kowel
2982	Nemir	Szczurzyn	Łuck
2983	Nemowica	Niemowicze	Sarny
2984	Nereża	Zgorany	Luboml
2985	Netreba	Antonówka	Sarny
2986	Netreba	Kisorycze	Sarny
2987	Netreba	Mikulicze	Włodzimierz
2988	Netusza	Niemowicze	Sarny
2989	Neweseli	Dąbrowica	Sarny
2990	Newodyszcze	Antonówka	Sarny
2991	Newraż	Szczurzyn	Łuck
2992	Nezwir	Trościaniec	Łuck
2993	Niczegówka	Kołki	Łuck
2994	Niebóżka	Kiwerce	Łuck

2995	Niebrzydów	Olesk	Włodzimierz
2996	Niecy	Datyń	Kowel
2997	Niedźwiedzia Jama	Kisielin	Horochów
2998	Nieklukwin	Stepań	Kostopol
2999	Niemieckie	Kniahininek	Łuck
3000	Niemierzec	Włodzimierzec	Sarny
3001	Niemilja	Ludwipol	Kostopol
3002	Niemirówka	Radziwiłłów	Dubno
3003	Niemowicze	Niemowicze	Sarny
3004	Niemowicze	Stepań	Kostopol
3005	Nierucze	Silno	Łuck
3006	Niespodzianka (I-III)	Tuczyn	Równe
3007	NIESUCHOIŻE	Niesuchoiże	Kowel
3008	Nieświcz	Czaruków	Łuck
3009	Nieszczęść	Kołki	Łuck
3010	Niesześć	Silno	Łuck
3011	Niewicko	Kołki	Łuck
3012	Niewirków	Międzyrzec	Równe
3013	Niewólno	Szczurzyn	Łuck
3014	Nieżałe	Maniewicze	Kowel
3015	Nikitycze	Korytnica	Włodzimierz
3016	Nikitycze Sporne	Korytnica	Włodzimierz
3017	Nimeczczyna	Podberezie	Horochów
3018	Niniatka	Berezne	Kostopol
3019	Niniowo	Krymno	Kowel
3020	Nipczyki	Korytnica	Włodzimierz
3021	Niska Niwa	Kisorycze	Sarny
3022	Niskienicze	Grzybowica	Włodzimierz
3023	Niwa	Kniahinin	Dubno
3024	Niwa Huta	Korytnica	Włodzimierz
3025	Niweck	Dąbrowica	Sarny
3026	Niwisko	Kołki	Łuck
3027	Niwka	Radziwiłłów	Dubno
3028	Niwki	Nowy Czartorysk	Łuck
3029	Niwy Hubińskie	Czaruków	Łuck
3030	Niwy Złoczowskie	Boremel	Dubno

3031	Niwyszcze	Niemowicze	Sarny
3032	Niz	Szack	Luboml
3033	Nosaczewicze	Rożyszcze	Łuck
3034	Nosowica Nowa	Sudobicze	Dubno
3035	Nosowica Stara	Sudobicze	Dubno
3036	Nosowicze	Ołyka	Łuck
3037	Nowa	Maniewicze	Kowel
3038	Nowa Bereżnica	Dąbrowica	Sarny
3039	Nowa Dąbrowa	Hołoby	Kowel
3040	Nowa Grobla	Werba	Dubno
3041	Nowa Huta	Buderaż	Zdołbunów
3042	Nowa Liniówka	Rożyszcze	Łuck
3043	Nowa Rakowszczyzna	Torczyn	Łuck
3044	Nowa Ruda	Maniewicze	Kowel
3045	Nowa Spaszczyzna	Werba	Włodzimierz
3046	Nowa Walerianówka	Rożyszcze	Łuck
3047	Nowa Werba	Werba	Włodzimierz
3048	Nowa Wyżwa	Siedliszcze	Kowel
3049	Nowa Ziemia	Poddębce	Łuck
3050	Nowaki	Włodzimierzec	Sarny
3051	Nowe Gniezno	Brany	Horochów
3052	Nowe Koszary	Stare Koszary	Kowel
3053	Nowe Podcerewicze	Nowy Czartorysk	Łuck
3054	Nowe Podhajce	Poddębce	Łuck
3055	Nowe Werchy	Torczyn	Łuck
3056	Nowina	Stepań	Kostopol
3057	Nowinki	Zabłocie	Kowel
3058	Nowiny	Grzybowica	Włodzimierz
3059	Nowiny	Hołowno	Luboml
3060	Nowiny	Huszcza	Luboml
3061	Nowiny	Korytnica	Włodzimierz
3062	Nowiny	Ludwipol	Kostopol
3063	Nowiny	Maniewicze	Kowel
3064	Nowiny	Międzyrzec	Równe
3065	Nowiny	Podberezie	Horochów
3066	Nowiny	Szczurzyn	Łuck

3067	Nowiny	Tesłuhów	Dubno
3068	Nowiny Czeskie	Młynów	Dubno
3069	Nowo Lachów	Poryck	Włodzimierz
3070	Nowo Rachmanów	Szumsk	Krzemieniec
3071	Nowojanka	Chotiaczów	Włodzimierz
3072	Nowokrajów	Buhryń	Równe
3073	Nowomalin	Nowomalin	Zdołbunów
3074	Nowomylsk	Zdołbica	Zdołbunów
3075	Noworodczyce	Nowomalin	Zdołbunów
3076	Nowosilska	Kisorycze	Sarny
3077	Nowosióki	Diatkiewicze	Równe
3078	Nowosiółki	Boremel	Dubno
3079	Nowosiółki	Chotiaczów	Włodzimierz
3080	Nowosiółki	Hołowno	Luboml
3081	Nowosiółki	Katerburg	Krzemieniec
3082	Nowosiółki	Klewań	Równe
3083	Nowosiółki	Krymno	Kowel
3084	Nowosiółki	Malin	Dubno
3085	Nowosiółki	Nowy Czartorysk	Łuck
3086	Nowosiółki	Olesk	Włodzimierz
3087	Nowosiółki	Stepań	Kostopol
3088	Nowosiółki	Zdołbica	Zdołbunów
3089	Nowosiółki Nowoczeskie	Skobełka	Horochów
3090	Nowosiółki Ruskie	Skobełka	Horochów
3091	Nowosiółki Staroczeskie	Skobełka	Horochów
3092	Nowosiówki	Kisielin	Horochów
3093	Nowostaw	Beresteczko	Horochów
3094	Nowostaw	Połonka	Łuck
3095	Nowostaw Dolny	Klewań	Równe
3096	Nowostawce	Buhryń	Równe
3097	Nowożuków	Klewań	Równe
3098	Nowy Czartorysk	Nowy Czartorysk	Łuck
3099	Nowy Dwór	Kisorycze	Sarny
3100	Nowy Dwór	Kupiczów	Kowel
3101	Nowy Dwór	Równe	Równe
3102	Nowy Gródek	Maniewicze	Kowel

3103	Nowy Jagodzin	Bereżce	Luboml
3104	Nowy Korzec	Korzec	Równe
3105	Nowy Mosor	Hołoby	Kowel
3106	Nowy Pruszyn	Tuczyn	Równe
3107	Nowy Raczyn	Podberezie	Horochów
3108	Nowy Świat	Buderaż	Zdołbunów
3109	Nowy Swojczów	Werba	Włodzimierz
3110	Nowy Tok	Boremel	Dubno
3111	Nowystaw	Dederkały	Krzemieniec
3112	Nudysze	Zgorany	Luboml
3113	Nudyże	Zgorany	Luboml
3114	Nużel	Hołoby	Kowel
3115	Nyry	Kupiczów	Kowel
3116	Nywiszcze	Górniki	Kowel
3117	Nywka	Zabłocie	Kowel
3118	Nywki	Luboml	Luboml
3119	Nywki	Podberezie	Horochów
3120	Nywky	Lubitów	Kowel

O

3121	Obarów	Równe	Równe
3122	Obeniże	Turzysk	Kowel
3123	Obhów	Sudobicze	Dubno
3124	Obłapy	Niesuchoiże	Kowel
3125	Obnowa	Bielska Wola	Sarny
3126	Obodziany	Stepań	Kostopol
3127	Obórki	Kołki	Łuck
3128	Obórki	Niemowicze	Sarny
3129	Obory	Dederkały	Krzemieniec
3130	Obrydki	Zabłocie	Kowel
3131	Obszar	Silno	Łuck
3132	Obycze	Szumsk	Krzemieniec
3133	Ochłopów	Podberezie	Horochów
3134	Ochmatków	Kniahinin	Dubno
3135	Ochnówka	Werba	Włodzimierz
3136	Ochocin	Torczyn	Łuck

3137	Ochotniki	Olesk	Włodzimierz
3138	Ochrymówka	Włodzimierzec	Sarny
3139	Oczerecianka	Berezne	Kostopol
3140	Oczeretianka	Powursk	Kowel
3141	Odejejków	Krymno	Kowel
3142	Oderadówka	Uhorsk	Krzemieniec
3143	Oderady	Czaruków	Łuck
3144	Oderady	Ołyka	Łuck
3145	Oderady Polne	Ołyka	Łuck
3146	Odnówka	Szczurzyn	Łuck
3147	Oglowo	Zabłocie	Kowel
3148	Ogół	Maniewicze	Kowel
3149	Ohryszkowce	Białozórka	Krzemieniec
3150	Okczewo	Niemowicze	Sarny
3151	Okniny Duże	Katerburg	Krzemieniec
3152	Okniny Małe	Katerburg	Krzemieniec
3153	Okońsk	Maniewicze	Kowel
3154	Okopy	Kisorycze	Sarny
3155	Okopy	Sijańce	Zdołbunów
3156	Okorsk Duży	Torczyn	Łuck
3157	Okorsk Mały	Torczyn	Łuck
3158	Okraglak	Kisielin	Horochów
3159	Oktawin	Mikulicze	Włodzimierz
3160	Okunin	Maciejów	Kowel
3161	Olchawa	Buderaż	Zdołbunów
3162	Olchowiec	Kołodno	Krzemieniec
3163	Olchówka	Deraźne	Kostopol
3164	Olchówka	Skobełka	Horochów
3165	Oleksin	Równe	Równe
3166	Oleksin Mały	Równe	Równe
3167	Oleksin Wielki	Równe	Równe
3168	Oleksiniec Nowy	Stary Oleksiniec	Krzemieniec
3169	Oleksiniec Stary	Stary Oleksiniec	Krzemieniec
3170	Oleksiuki	Bereżce	Krzemieniec
3171	Oleń	Poryck	Włodzimierz
3172	Olesk	Olesk	Włodzimierz

3173	Ołeszcze	Górniki	Kowel
3174	Oleszkowce	Kołodno	Krzemieniec
3175	Oleszkowicze	Rożyszcze	Łuck
3176	Oleszwa	Klewań	Równe
3177	Olganówka Nowa	Rożyszcze	Łuck
3178	Olganówka Stara	Rożyszcze	Łuck
3179	Olgin	Czaruków	Łuck
3180	Olgino	Katerburg	Krzemieniec
3181	Olgopol	Buhryń	Równe
3182	Olibów	Warkowicze	Dubno
3183	Olin	Poryck	Włodzimierz
3184	Olizarka	Rafałówka	Sarny
3185	Olizarów	Skobełka	Horochów
3186	Olszanica	Niemowicze	Sarny
3187	Olszanica	Turzysk	Kowel
3188	Olszanka	Międzyrzec	Równe
3189	Olszanka	Pulemiec	Luboml
3190	Olszanka	Stare Koszary	Kowel
3191	Olszanka	Werba	Dubno
3192	Olszanki	Poczajów	Krzemieniec
3193	Olszanów	Szczurzyn	Łuck
3194	Olszany	Kniahininek	Łuck
3195	Olszyna	Stydyń	Kostopol
3196	Olszynka	Datyń	Kowel
3197	Oluka	Torczyn	Łuck
3198	Ołyczka	Silno	Łuck
3199	Ołyka	Ołyka	Łuck
3200	Ołymno	Maniewicze	Kowel
3201	Omaków	Maciejów	Kowel
3202	Omelana	Diatkiewicze	Równe
3203	Omelana Mała	Diatkiewicze	Równe
3204	Omelana Wielka	Diatkiewicze	Równe
3205	Omelanik	Kniahininek	Łuck
3206	Omelanik Duży	Kniahininek	Łuck
3207	Omelanik Mały	Kniahininek	Łuck
3208	Omelanik Zaścianek	Kniahininek	Łuck

3209	Omelanka	Stydyń	Kostopol
3210	Omelańszczyzna	Diatkiewicze	Równe
3211	Omelno	Klesów	Sarny
3212	Omelno	Kołki	Łuck
3213	Onyń	Ludwipol	Kostopol
3214	Onyśkowy	Datyń	Kowel
3215	Onyszkowce	Szumsk	Krzemieniec
3216	Onyszkowce	Werba	Dubno
3217	Opalin	Huszcza	Luboml
3218	Opalona	Buderaż	Zdołbunów
3219	Oparypsy	Radziwiłłów	Dubno
3220	Opolje	Stydyń	Kostopol
3221	Opór	Silno	Łuck
3222	Optowa	Bielska Wola	Sarny
3223	Oranie	(Orany)	Chotiaczów
3224	Ordynki	Stepań	Kostopol
3225	Orle Gniazdo	Białozórka	Krzemieniec
3226	Orlechówka	Werba	Włodzimierz
3227	Orlęta	Mikulicze	Włodzimierz
3228	Orliczyn / Orlicz	Chotiaczów	Włodzimierz
3229	Orłopol	Wiśniowiec	Krzemieniec
3230	Orłówka	Berezne	Kostopol
3231	Orłówka	Niemowicze	Sarny
3232	Orłowo	Korytnica	Włodzimierz
3233	Orły	Lubikowicze	Sarny
3234	Orwianica	Dąbrowica	Sarny
3235	Oryszcze	Chorów	Horochów
3236	Oryszkowce	Białozórka	Krzemieniec
3237	Oryszkowce	Wiśniowiec	Krzemieniec
3238	Orzechowo	Bielska Wola	Sarny
3239	Orzeszyn	Poryck	Włodzimierz
3240	Orżew	Klewań	Równe
3241	Oś	Kisorycze	Sarny
3242	Osada Młynarska	Buderaż	Zdołbunów
3243	Ościuchowo	Antonówka	Sarny
3244	Oseczno	Siedliszcze	Kowel

3245	Osepsa	Lubitów	Kowel
3246	Osereby	Olesk	Włodzimierz
3247	Oseredek	Tesłuhów	Dubno
3248	Oseredek Nowy	Werba	Włodzimierz
3249	Oseredek Stary	Werba	Włodzimierz
3250	Osiecznik	Turzysk	Kowel
3251	Osieka	Szczurzyn	Łuck
3252	Osiekrów	Kupiczów	Kowel
3253	Osiewicze	Stepań	Kostopol
3254	Osikowa	Tesłuhów	Dubno
3255	Ośmigowicze	Kupiczów	Kowel
3256	Ośmiłowicze	Grzybowica	Włodzimierz
3257	Ośnica Duża	Kołki	Łuck
3258	Ośnica Mała	Kołki	Łuck
3259	Ośnick	Klesów	Sarny
3260	Ośnieborza	Lubitów	Kowel
3261	Ośniki	Białozórka	Krzemieniec
3262	Osobery	Siedliszcze	Kowel
3263	Osoberyśka	Siedliszcze	Kowel
3264	Osobniaki	Luboml	Luboml
3265	Osol	Włodzimierzec	Sarny
3266	Osowa	Datyń	Kowel
3267	Osowa	Dąbrowica	Sarny
3268	Osowa	Siedliszcze	Kowel
3269	Osowa	Stydyń	Kostopol
3270	Osówcy	Siedliszcze	Kowel
3271	Osowica	Datyń	Kowel
3272	Osowik	Włodzimierzec	Sarny
3273	Osówka	Stydyń	Kostopol
3274	Osowucha	Kisorycze	Sarny
3275	Ossa	Turzysk	Kowel
3276	Ost	Stepań	Kostopol
3277	Ostalec	Werba	Dubno
3278	Ostaszówka	Hoszcza	Równe
3279	Ostaszyn	Szczurzyn	Łuck
3280	Ostki	Kisorycze	Sarny

3281 Ostróg	-	Zdołbunów
3282 Ostróg (stacja kol.)	Chorów	Zdołbunów
3283 Ostroganiec	Stepań	Kostopol
3284 Ostrów	Antonówka	Sarny
3285 Ostrów	Bereżce	Luboml
3286 Ostrów	Chorów	Horochów
3287 Ostrów	Chotiaczów	Włodzimierz
3288 Ostrów	Czaruków	Łuck
3289 Ostrów	Dąbrowica	Sarny
3290 Ostrów	Huszcza	Luboml
3291 Ostrów	Kisorycze	Sarny
3292 Ostrów	Klesów	Sarny
3293 Ostrów	Kupiczów	Kowel
3294 Ostrów	Nowy Czartorysk	Łuck
3295 Ostrów	Rafałówka	Sarny
3296 Ostrów	Stepań	Kostopol
3297 Ostrów	Szack	Luboml
3298 Ostrów	Szczurzyn	Łuck
3299 Ostrów	Tesłuhów	Dubno
3300 Ostrów	Trościaniec	Łuck
3301 Ostrów	Warkowicze	Dubno
3302 Ostrów Lipni	Stepań	Kostopol
3303 Ostrowce	Dąbrowica	Sarny
3304 Ostrówce	Włodzimierzec	Sarny
3305 Ostrówek	Kisielin	Horochów
3306 Ostrówek	Kisorycze	Sarny
3307 Ostrówek	Tesłuhów	Dubno
3308 Ostrówek	Werba	Włodzimierz
3309 Ostrowie	Datyń	Kowel
3310 Ostrowie	Pulemiec	Luboml
3311 Ostrowiec	Stepań	Kostopol
3312 Ostrówki	Górniki	Kowel
3313 Ostrówki	Huszcza	Luboml
3314 Ostrówki	Luboml	Luboml
3315 Ostrówki	Stepań	Kostopol
3316 Ostrówki	Zabłocie	Kowel

3317	Ostrowo	Siedliszcze	Kowel
3318	Ostrowy	Bereżce	Luboml
3319	Ostrowy	Górniki	Kowel
3320	Ostrowy	Kołki	Łuck
3321	Ostrowy	Luboml	Luboml
3322	Ostrowy	Zgorany	Luboml
3323	Ostrożec	Malin	Dubno
3324	Ostry Garb	Warkowicze	Dubno
3325	Ostry Róg	Włodzimierzec	Sarny
3326	Ostryj Werch	Datyń	Kowel
3327	Ostryjów	Młynów	Dubno
3328	Ostrywki	Datyń	Kowel
3329	Osty	Niemowicze	Sarny
3330	Osty	Stepań	Kostopol
3331	Ostyże	Berezne	Kostopol
3332	Osuczki	Huszcza	Luboml
3333	Osy Bród	Rafałówka	Sarny
3334	Osyna	Krymno	Kowel
3335	Osywce	Zabłocie	Kowel
3336	Oszczów	Skobełka	Horochów
3337	Oszczycha	Kostopol	Kostopol
3338	Oszkieła	Dąbrowica	Sarny
3339	Oszyjki	Sijańce	Zdołbunów
3340	Owadno	Werba	Włodzimierz
3341	Owłoczym	Olesk	Włodzimierz
3342	Ozdeniż	Kniahininek	Łuck
3343	Ozdów	Połonka	Łuck
3344	Ożdżary	Szczurzyn	Łuck
3345	Oździutycze	Kisielin	Horochów
3346	Ożenin	Chorów	Zdołbunów
3347	Ozera	Podberezie	Horochów
3348	Ozerce	Kniahininek	Łuck
3349	Ozerce Leśne	Kniahininek	Łuck
3350	Ożgowo	Stydyń	Kostopol
3351	Oziemnica	Kołki	Łuck
3352	Ozierany	Kupiczów	Kowel

3353	Ozierce	Lubikowicze	Sarny
3354	Oziery	Chorów	Zdołbunów
3355	Ozlijów	Młynów	Dubno
3356	Ozyrce	Maniewicze	Kowel

P

3357	Pacecha	Siedliszcze	Kowel
3358	Pachinia	Wyszogródek	Krzemieniec
3359	Pacycha	Datyń	Kowel
3360	Padałówka	Rożyszcze	Łuck
3361	Padyszcze	Stepań	Kostopol
3362	Pałapy	Luboml	Luboml
3363	Palcze	Ołyka	Łuck
3364	Palik	Trościaniec	Łuck
3365	Panasiuki	Bereżce	Krzemieniec
3366	Panasycha	Młynów	Dubno
3367	Paniów	Silno	Łuck
3368	Paniowo	Berezne	Kostopol
3369	Pańkowce	Wyszogródek	Krzemieniec
3370	Pańska	Górniki	Kowel
3371	Pańska Dolina	Młynów	Dubno
3372	Pański Pasiki	Datyń	Kowel
3373	Pantalja	Dubno	Dubno
3374	Papiernia	Ludwipol	Kostopol
3375	Paproteń	Górniki	Kowel
3376	Paramudy	Krupiec	Dubno
3377	Parchuty	Radziwiłłów	Dubno
3378	Parnia	Krymno	Kowel
3379	Paroliszcze	Dąbrowica	Sarny
3380	Parośla	Luboml	Luboml
3381	Parośla I	Antonówka	Sarny
3382	Parośla II	Antonówka	Sarny
3383	Paryduby	Maciejów	Kowel
3384	Paryduby Korytnickie	Korytnica	Włodzimierz
3385	Pasieczysko	Kniahinin	Dubno
3386	Pasieka	Aleksandrja	Równe

3387	Pasieka	Hołoby	Kowel
3388	Pasieka	Kisielin	Horochów
3389	Pasieka	Niemowicze	Sarny
3390	Pasieka	Podberezie	Horochów
3391	Pasieka	Siedliszcze	Kowel
3392	Pasieka	Sijańce	Zdołbunów
3393	Pasieka	Szumsk	Krzemieniec
3394	Pasieka	Trościaniec	Łuck
3395	Pasieki	Krupiec	Dubno
3396	Pasieki	Luboml	Luboml
3397	Pasieki	Ludwipol	Kostopol
3398	Pasieki	Tesłuhów	Dubno
3399	Pasieki Wielkie	Tesłuhów	Dubno
3400	Pasiky	Datyń	Kowel
3401	Paśki	Hołowno	Luboml
3402	Pastoweń	Korzec	Równe
3403	Pasyka	Luboml	Luboml
3404	Paszczycha	Kniahinin	Dubno
3405	Paszczycha	Werba	Dubno
3406	Paszowa	Boremel	Dubno
3407	Paszuki	Hoszcza	Równe
3408	Paulinówka	Wielick	Kowel
3409	Pawłowicze	Kisielin	Horochów
3410	Pawłowka	Dąbrowica	Sarny
3411	Pawłówka	Poryck	Włodzimierz
3412	Pawłówka Nowa	Aleksandrja	Równe
3413	Pawłówka Stara	Aleksandrja	Równe
3414	Pawłowszczyzna	Aleksandrja	Równe
3415	Pędziuchy	Luboml	Luboml
3416	Pekałów	Młynów	Dubno
3417	Pelagin (Bołożówka)	Poryck	Włodzimierz
3418	Pełcza	Werba	Dubno
3419	Pełża	Malin	Dubno
3420	Pendyki	Deraźne	Kostopol
3421	Peńki	Katerburg	Krzemieniec
3422	Pępków	Kostopol	Kostopol

3423	Perczucha	Rożyszcze	Łuck
3424	Perczyn	Werba	Dubno
3425	Perdeczyna	Lubitów	Kowel
3426	Perebrod	Niemowicze	Sarny
3427	Perechody	Szczurzyn	Łuck
3428	Perechrystja	Lubitów	Kowel
3429	Peredity	Diatkiewicze	Równe
3430	Peredmirka	Łanowce	Krzemieniec
3431	Perejma	Niemowicze	Sarny
3432	Perejmy	Sijańce	Zdołbunów
3433	Perekale	Klewań	Równe
3434	Perekale	Kniahinin	Dubno
3435	Perekałek	Beresteczko	Horochów
3436	Perekałek	Tesłuhów	Dubno
3437	Perekładowicze	Jarosławicze	Dubno
3438	Perekopy	Ludwipol	Kostopol
3439	Perekurka	Huszcza	Luboml
3440	Perelisje	Maniewicze	Kowel
3441	Perełysianka	Deraźne	Kostopol
3442	Peremenka	Kostopol	Kostopol
3443	Peremiłówka	Malin	Dubno
3444	Peremyl	Beresteczko	Horochów
3445	Pereniatyn	Radziwiłłów	Dubno
3446	Pererośla	Sudobicze	Dubno
3447	Peresieczno	Kisorycze	Sarny
3448	Peresieka	Hołoby	Kowel
3449	Peresieka	Kupiczów	Kowel
3450	Peresieki	Ludwipol	Kostopol
3451	Peresmoł	Górniki	Kowel
3452	Peresopnica	Diatkiewicze	Równe
3453	Perespa	Antonówka	Sarny
3454	Perespa	Rożyszcze	Łuck
3455	Perespa	Stepań	Kostopol
3456	Perespa	Zgorany	Luboml
3457	Perestaniec	Klesów	Sarny
3458	Pereszpa	Pulemiec	Luboml

3459	Pereszpa	Zgorany	Luboml
3460	Peretjatkowicza	Połonka	Łuck
3461	Peretoki	Deraźne	Kostopol
3462	Peretoki	Ołyka	Łuck
3463	Peretyczka	Górniki	Kowel
3464	Pereweredów	Młynów	Dubno
3465	Perewiś	Lubitów	Kowel
3466	Perewora	Kisorycze	Sarny
3467	Pereworotje	Buderaż	Zdołbunów
3468	Perówka	Niemowicze	Sarny
3469	Petruki	Bereżce	Krzemieniec
3470	Petrykowszczyzna	Buderaż	Zdołbunów
3471	Petrywka	Maniewicze	Kowel
3472	Petrywśkie	Datyń	Kowel
3473	Piaseczna Huta	Uhorsk	Krzemieniec
3474	Piaseczno	Powursk	Kowel
3475	Piaseczno	Siedliszcze	Kowel
3476	Piaseczny Las	Szack	Luboml
3477	Piaski	Zgorany	Luboml
3478	Piasków	Kostopol	Kostopol
3479	Piastów	Ołyka	Łuck
3480	Piatydnie	Chotiaczów	Włodzimierz
3481	Piatyhory (Pięciogóry)	Chorów	Horochów
3482	Pid Dubinoju	Podberezie	Horochów
3483	Pid Hajem	Podberezie	Horochów
3484	Pidberezyna	Podberezie	Horochów
3485	Pidbruseń	Werba	Dubno
3486	Pidsad	Hołowno	Luboml
3487	Piechy	Szack	Luboml
3488	Pięciogóry	Chorów	Horochów
3489	Pięciogóry	Zdołbica	Zdołbunów
3490	Pieczałówka	Kostopol	Kostopol
3491	Pieczarna	Wyszogródek	Krzemieniec
3492	Pieczki	Kisorycze	Sarny
3493	Pieczki	Kisorycze	Sarny
3494	Pieczki	Włodzimierzec	Sarny

3495	Pieczonki	Włodzimierzec	Sarny
3496	Pieczychwosty	Podberezie	Horochów
3497	Pieluga	Olesk	Włodzimierz
3498	Pieńki	Maniewicze	Kowel
3499	Pieńki Borówskie	Deraźne	Kostopol
3500	Pieńki Diuksyńskie	Deraźne	Kostopol
3501	Pieńki Pendyckie	Deraźne	Kostopol
3502	Pieńki Stawieckie	Deraźne	Kostopol
3503	Pieńkówka	Siedliszcze	Kowel
3504	Pierwszy Gród	Kisorycze	Sarny
3505	Pieszczanica	Antonówka	Sarny
3506	Pieszczanice	Lubikowicze	Sarny
3507	Pieszczanka	Chorów	Zdołbunów
3508	Pieszczanka	Sudobicze	Dubno
3509	Pieszczanka	Turzysk	Kowel
3510	Pieszkowo	Stepań	Kostopol
3511	Pięta	Dąbrowica	Sarny
3512	Pietuszków	Malin	Dubno
3513	Pilipy	Chorów	Zdołbunów
3514	Pilnia	Kisorycze	Sarny
3515	Piłsudczanka Dolna	Białozórka	Krzemieniec
3516	Piłsudczanka Górna	Białozórka	Krzemieniec
3517	Piłsudczyzna	Kostopol	Kostopol
3518	Piłsudczyzna	Świniuchy	Horochów
3519	Piłsudy	Antonówka	Sarny
3520	Piłsudy	Kołodno	Krzemieniec
3521	Piński Most	Werba	Włodzimierz
3522	Piórkowicze	Lubitów	Kowel
3523	Piotrowica	Tuczyn	Równe
3524	Piotrówka	Huszcza	Luboml
3525	Piotrówka	Olesk	Włodzimierz
3526	Piratyn	Werba	Dubno
3527	Pisarewka	Włodzimierzec	Sarny
3528	Pisarzowa Wola	Werba	Włodzimierz
3529	Piskorowo	Huszcza	Luboml
3530	Pisok	Lubitów	Kowel

3531	Piszcz	Pulemiec	Luboml
3532	Piszczanka	Lubitów	Kowel
3533	Piszczatyńce	Katerburg	Krzemieniec
3534	Piwcze	Buderaż	Zdołbunów
3535	Piwnik	Chotiaczów	Włodzimierz
3536	Pjanie	Malin	Dubno
3537	Placówka	Młynów	Dubno
3538	Płastok	Klesów	Sarny
3539	Plaszewo	Kiwerce	Łuck
3540	Płaszowa	Krupiec	Dubno
3541	Płaszowa Królewska	Tesłuhów	Dubno
3542	Płaszówka	Tesłuhów	Dubno
3543	Pław	Datyń	Kowel
3544	Plesowo	Zabłocie	Kowel
3545	Pletiaki	Poczajów	Krzemieniec
3546	Pletiuki	Bereżce	Krzemieniec
3547	Plewicze	Buderaż	Zdołbunów
3548	Plewiczówka	Buderaż	Zdołbunów
3549	Plisa	Datyń	Kowel
3550	Płoska	Chorów	Zdołbunów
3551	Płoska	Diatkiewicze	Równe
3552	Płoska	Niemowicze	Sarny
3553	Płoska Czeska	Sudobicze	Dubno
3554	Płoska Ruska	Sudobicze	Dubno
3555	Płoskie	Datyń	Kowel
3556	Płoskie	Szack	Luboml
3557	Płoszcza Łomanowska	Poddębce	Łuck
3558	Płoteczno	Kostopol	Kostopol
3559	Płucznik	Kisorycze	Sarny
3560	Płyska	Białozórka	Krzemieniec
3561	Pniaki	Olesk	Włodzimierz
3562	Pniewa	Niemowicze	Sarny
3563	Pniowszczyzna	Klewań	Równe
3564	Poczajów	Krupiec	Dubno
3565	Poczajów Nowy	Poczajów	Krzemieniec
3566	Poczajów Stary	Poczajów	Krzemieniec

3567	Poczapy	Luboml	Luboml
3568	Poczekajka	Turzysk	Kowel
3569	Poczekajka	Werba	Włodzimierz
3570	Poczta Samostrzalska	Międzyrzec	Równe
3571	Pod Jezioranami	Warkowicze	Dubno
3572	Pod Lasem	Warkowicze	Dubno
3573	Podbabiny	Huszcza	Luboml
3574	Podberezie	Podberezie	Horochów
3575	Podbród	Górniki	Kowel
3576	Podbrodem	Lubitów	Kowel
3577	Podbrodom	Datyń	Kowel
3578	Podbryksje	Krymno	Kowel
3579	Podbucz	Klesów	Sarny
3580	Podbusła	Datyń	Kowel
3581	Podchatynka	Berezne	Kostopol
3582	Podcurków	Diatkiewicze	Równe
3583	Podczapki	Buderaż	Zdołbunów
3584	Poddębce	Poddębce	Łuck
3585	Poddębie	Buderaż	Zdołbunów
3586	Poddubena	Datyń	Kowel
3587	Poddubje	Górniki	Kowel
3588	Poderpa	Lubitów	Kowel
3589	Podglennie	Datyń	Kowel
3590	Podgłubokie	Datyń	Kowel
3591	Podgóra	Bereżce	Krzemieniec
3592	Podgórnik	Stepań	Kostopol
3593	Podgórze	Kniahininek	Łuck
3594	Podgórze	Pulemiec	Luboml
3595	Podhaj	Sijańce	Zdołbunów
3596	Podhajce	Jarosławicze	Dubno
3597	Podhajce	Katerburg	Krzemieniec
3598	Podhajce	Mikulicze	Włodzimierz
3599	Podhajce	Poddębce	Łuck
3600	Podhajce Czeskie	Młynów	Dubno
3601	Podhajce Duże	Poddębce	Łuck
3602	Podhajce Małe	Poddębce	Łuck

3603	Podhajce Ruskie	Młynów	Dubno
3604	Podhało	Kisorycze	Sarny
3605	Podhaszczy	Luboml	Luboml
3606	Podhatie	Nowy Czartorysk	Łuck
3607	Podhiłki	Luboml	Luboml
3608	Podhłubkie	Datyń	Kowel
3609	Podhodiniec	Górniki	Kowel
3610	Podhorce	Diatkiewicze	Równe
3611	Podhorodno	Luboml	Luboml
3612	Podhorowatyn	Lubitów	Kowel
3613	Podhradne	Szack	Luboml
3614	Podhuste	Datyń	Kowel
3615	Podiwanówka	Maniewicze	Kowel
3616	Podiwanowo	Górniki	Kowel
3617	Podjakimowce	Zgorany	Luboml
3618	Podjaseń	Lubitów	Kowel
3619	Podjezierce	Bielska Wola	Sarny
3620	Podkadub	Lubitów	Kowel
3621	Podkamieńczyk	Poczajów	Krzemieniec
3622	Podkopiszcze	Dąbrowica	Sarny
3623	Podkoszyra	Lubitów	Kowel
3624	Podkozioł	Górniki	Kowel
3625	Podkruh	Klesów	Sarny
3626	Podkruszyna	Zabłocie	Kowel
3627	Podkrynycia	Lubitów	Kowel
3628	Podkubanja	Datyń	Kowel
3629	Podlasie	Kiwerce	Łuck
3630	Podlaski	Buhryń	Równe
3631	Podlaski	Korzec	Równe
3632	Podlaski	Międzyrzec	Równe
3633	Podleśce	Bereżce	Krzemieniec
3634	Podlesica	Olesk	Włodzimierz
3635	Podlesie	Wielick	Kowel
3636	Podlesieniec	Lubikowicze	Sarny
3637	Podleskom	Antonówka	Sarny
3638	Podlipki	Radziwiłłów	Dubno

3639	Podlipki	Sijańce	Zdołbunów
3640	Podlisce	Jarosławicze	Dubno
3641	Podlisica	Olesk	Włodzimierz
3642	Podliski	Rożyszcze	Łuck
3643	Podlisok	Krymno	Kowel
3644	Podłożce	Jarosławicze	Dubno
3645	Podlubachy	Górniki	Kowel
3646	Podłuby	Kołki	Łuck
3647	Podlubytowszczyn	Lubitów	Kowel
3648	Podłuże	Werba	Dubno
3649	Podłużne	Kostopol	Kostopol
3650	Podłypennie	Włodzimierzec	Sarny
3651	Podłypy	Lubitów	Kowel
3652	Podłysek	Datyń	Kowel
3653	Podmałynnyk	Lubitów	Kowel
3654	Podmaniewo	Szack	Luboml
3655	Podmorogi	Krymno	Kowel
3656	Podmostami	Uhorsk	Krzemieniec
3657	Podmoszje	Siedliszcze	Kowel
3658	Podmytyszcze	Górniki	Kowel
3659	Podniesienie św. Krzyża	Dubno	Dubno
3660	Podnyzka	Zabłocie	Kowel
3661	Podobanka	Nowomalin	Zdołbunów
3662	Podobanka	Tuczyn	Równe
3663	Podolany	Buhryń	Równe
3664	Podoły	Rafałówka	Sarny
3665	Podorechowo	Datyń	Kowel
3666	Podorichowo	Zgorany	Luboml
3667	Podostra	Bereżce	Krzemieniec
3668	Podowczarnia	Hołowno	Luboml
3669	Podozy	Kisorycze	Sarny
3670	Podpar	Klesów	Sarny
3671	Podplacyk	Stepań	Kostopol
3672	Podpryślińskie	Lubitów	Kowel
3673	Podraków	Krymno	Kowel
3674	Podrałówka	Ludwipol	Kostopol

3675	Podreczje	Kisorycze	Sarny
3676	Podrójca	Uhorsk	Krzemieniec
3677	Podrosochy	Antonówka	Sarny
3678	Podrudzie	Werba	Włodzimierz
3679	Podryże I	Wielick	Kowel
3680	Podryże II	Wielick	Kowel
3681	Podryże kol.	Wielick	Kowel
3682	Podsielecze	Stydyń	Kostopol
3683	Podsokole	Zgorany	Luboml
3684	Podsosnówka	Uhorsk	Krzemieniec
3685	Podstawie	Bereżce	Luboml
3686	Podsukacz	Stepań	Kostopol
3687	Podswołok	Górniki	Kowel
3688	Podsynówka	Datyń	Kowel
3689	Podszamajłycha	Górniki	Kowel
3690	Podszubcem	Kisorycze	Sarny
3691	Podternom	Lubitów	Kowel
3692	Podtopile	Hołowno	Luboml
3693	Podupliszcze	Lubikowicze	Sarny
3694	Podworonszczyn	Lubitów	Kowel
3695	Podworyszcze	Stydyń	Kostopol
3696	Podwysokie	Bereżce	Krzemieniec
3697	Podwysokie	Tesłuhów	Dubno
3698	Podyszcze	Maniewicze	Kowel
3699	Podżabiec	Bielska Wola	Sarny
3700	Podzamcze	Radziwiłłów	Dubno
3701	Podzamcze	Zdołbica	Zdołbunów
3702	Podzbuż	Kostopol	Kostopol
3703	Poginki	Hołoby	Kowel
3704	Pogonia	Lubikowicze	Sarny
3705	Pogorełówka	Ludwipol	Kostopol
3706	Pogorzelce	Dubno	Dubno
3707	Pohibło	Bielska Wola	Sarny
3708	Pohulanka	Silno	Łuck
3709	Pohulanka	Stepań	Kostopol
3710	Pohulanka -gaj.	Silno	Łuck

3711	Pokaszczów	Ołyka	Łuck
3712	Pokosy	Diatkiewicze	Równe
3713	Pokosy	Klewań	Równe
3714	Pokrywacze	Górniki	Kowel
3715	Polana	Stepań	Kostopol
3716	Polanka	Szczurzyn	Łuck
3717	Polanka	Tuczyn	Równe
3718	Polanówka	Deraźne	Kostopol
3719	Polanówka	Kniahinin	Dubno
3720	Polany	Berezne	Kostopol
3721	Polany	Katerburg	Krzemieniec
3722	Polany	Powursk	Kowel
3723	Polany	Stydyń	Kostopol
3724	Polany	Wiśniowiec	Krzemieniec
3725	Połapy	Zgorany	Luboml
3726	Półbieda	Stydyń	Kostopol
3727	Poledo	Lubikowicze	Sarny
3728	Polesie	Równe	Równe
3729	Półhany	Brany	Horochów
3730	Police	Berezne	Kostopol
3731	Police	Rafałówka	Sarny
3732	Polje	Datyń	Kowel
3733	Pólko	Międzyrzec	Równe
3734	Połochowa	Siedliszcze	Kowel
3735	Połomiane	Korytnica	Włodzimierz
3736	Połoniz	Datyń	Kowel
3737	Połonja	Datyń	Kowel
3738	Połonka	Połonka	Łuck
3739	Połonne	Rafałówka	Sarny
3740	Połonyćke	Datyń	Kowel
3741	Polowa	Tesłuhów	Dubno
3742	Polowa	Wyszogródek	Krzemieniec
3743	Połowanki	Siedliszcze	Kowel
3744	Połowica	Berezne	Kostopol
3745	Połowica	Zabłocie	Kowel
3746	Połowle	Włodzimierzec	Sarny

3747	Położewo	Szack	Luboml
3748	Polska Góra	Nowy Czartorysk	Łuck
3749	Poluchno	Podberezie	Horochów
3750	Połunoczna	Tesłuhów	Dubno
3751	Połyk	Hołowno	Luboml
3752	Połyki	Krupiec	Dubno
3753	Połyki	Tesłuhów	Dubno
3754	Połyszcze	Górniki	Kowel
3755	Pomiarki	Kisielin	Horochów
3756	Pomiarki	Werba	Włodzimierz
3757	Pomiary	Ludwipol	Kostopol
3758	Pomirki	Stepań	Kostopol
3759	Pomirki	Werba	Włodzimierz
3760	Pomirki	Wiśniowiec	Krzemieniec
3761	Pomorzanka	Świniuchy	Horochów
3762	Ponebel	Równe	Równe
3763	Poniatówka	Chorów	Zdołbunów
3764	Poniatówka	Krupiec	Dubno
3765	Poniatowo	Ołyka	Łuck
3766	Poniczów	Werba	Włodzimierz
3767	Popadia	Kisorycze	Sarny
3768	Popadiówka	Chotiaczów	Włodzimierz
3769	Popielówka	Kupiczów	Kowel
3770	Popiki	Ołyka	Łuck
3771	Popliwce	Górniki	Kowel
3772	Popłyncy	Górniki	Kowel
3773	Popowa Dolina	Chorów	Zdołbunów
3774	Popowa Góra	Dąbrowica	Sarny
3775	Popowce	Bereżce	Krzemieniec
3776	Popowce	Chorów	Zdołbunów
3777	Popowce	Dederkały	Krzemieniec
3778	Popowicze	Hołoby	Kowel
3779	Popowina	Kołki	Łuck
3780	Popówka	Kiwerce	Łuck
3781	Popówka	Werba	Włodzimierz
3782	Popowszczyzna	Wiśniowiec	Krzemieniec

3783	Poprzecznica	Brany	Horochów
3784	Porąbka	Lubikowicze	Sarny
3785	Porchówka	Bereżce	Krzemieniec
3786	Poręb	Aleksandrja	Równe
3787	Poręb	Werba	Włodzimierz
3788	Poróbka	Zgorany	Luboml
3789	Porochna	Górniki	Kowel
3790	Poroda	Włodzimierzec	Sarny
3791	Poromów	Chotiaczów	Włodzimierz
3792	Porozów	Zdołbica	Zdołbunów
3793	Porwańcze	Podberezie	Horochów
3794	Poryck	Poryck	Włodzimierz
3795	Poryck Stary	Poryck	Włodzimierz
3796	Posertucha	Szack	Luboml
3797	Posiagwa	Buhryń	Równe
3798	Posonczyn	Górniki	Kowel
3799	Postnyków	Malin	Dubno
3800	Postojannie	Lubitów	Kowel
3801	Postójne	Deraźne	Kostopol
3802	Postupel	Górniki	Kowel
3803	Posywa	Nowomalin	Zdołbunów
3804	Potaracze	Hołowno	Luboml
3805	Potereba	Lubitów	Kowel
3806	Potereby	Lubitów	Kowel
3807	Potok	Buderaż	Zdołbunów
3808	Potokowo	Krymno	Kowel
3809	Pototurów	Dederkały	Krzemieniec
3810	Potrudynyć	Datyń	Kowel
3811	Potyszcze	Niesuchoiże	Kowel
3812	Powarowo	Zabłocie	Kowel
3813	Powursk	Powursk	Kowel
3814	Powypis	Zabłocie	Kowel
3815	Pożarki	Rożyszcze	Łuck
3816	Pożarnica	Brany	Horochów
3817	Pożarnica	Torczyn	Łuck
3818	Poznanka	Połonka	Łuck

3819	Pożoga	Niemowicze	Sarny
3820	Pracuki	Dąbrowica	Sarny
3821	Preska	Lubitów	Kowel
3822	Prochid	Krymno	Kowel
3823	Prochid	Zabłocie	Kowel
3824	Prochód	Górniki	Kowel
3825	Prochownia	Radziwiłłów	Dubno
3826	Prohonów	Torczyn	Łuck
3827	Proid	Górniki	Kowel
3828	Prokazy	Radziwiłłów	Dubno
3829	Prokoście	Stydyń	Kostopol
3830	Prom	Ludwipol	Kostopol
3831	Proposniska	Boremel	Dubno
3832	Proskurka	Zabłocie	Kowel
3833	Prowalle	Lubitów	Kowel
3834	Pruhin	Lubitów	Kowel
3835	Prurwa	Włodzimierzec	Sarny
3836	Prusaki	Hołowno	Luboml
3837	Prusie	Kisorycze	Sarny
3838	Pruska	Aleksandrja	Równe
3839	Pruski	Buhryń	Równe
3840	Pruski	Sijańce	Zdołbunów
3841	Pruszyn	Tuczyn	Równe
3842	Prużleków	Zabłocie	Kowel
3843	Pryboj	Lubikowicze	Sarny
3844	Prydatki	Chorów	Zdołbunów
3845	Prydatki	Huszcza	Luboml
3846	Prydatki	Luboml	Luboml
3847	Prymyszcze	Stepań	Kostopol
3848	Prypeć	Hołowno	Luboml
3849	Pryski	Radziwiłłów	Dubno
3850	Pryślińskie	Lubitów	Kowel
3851	Prystupycha	Luboml	Luboml
3852	Pryworotje	Lubitów	Kowel
3853	Przebraże	Trościaniec	Łuck
3854	Przekurka	Huszcza	Luboml

3855	Przemorówka	Szumsk	Krzemieniec
3856	Przerytka	Ludwipol	Kostopol
3857	Przesławice	Poryck	Włodzimierz
3858	Przewały	Olesk	Włodzimierz
3859	Przewozy	Huszcza	Luboml
3860	Przygłówek	Werba	Włodzimierz
3861	Przyjeziorze	Siedliszcze	Kowel
3862	Przykrynicy	Siedliszcze	Kowel
3863	Pśćkie	Siedliszcze	Kowel
3864	Ptycza	Werba	Dubno
3865	Puchacz	Klesów	Sarny
3866	Puchawa	Aleksandrja	Równe
3867	Puchla Masiewicka	Kisorycze	Sarny
3868	Pudożewo	Datyń	Kowel
3869	Puhaczówka	Klesów	Sarny
3870	Puhaczówka	Młynów	Dubno
3871	Puhaczówka	Olesk	Włodzimierz
3872	Puhaczówka	Torczyn	Łuck
3873	Pukałówka	Lubitów	Kowel
3874	Pukowo	Górniki	Kowel
3875	Puławianka	Malin	Dubno
3876	Pulemiec	Pulemiec	Luboml
3877	Pułhanów	Połonka	Łuck
3878	Pułhanów Zarębskiego	Połonka	Łuck
3879	Pulmo	Pulemiec	Luboml
3880	Purbejówka	Antonówka	Sarny
3881	Pustoiwanie	Krupiec	Dubno
3882	Pustomycki Majdan	Tuczyn	Równe
3883	Pustomyty	Świniuchy	Horochów
3884	Pustomyty	Tuczyn	Równe
3885	Pustynka	Olesk	Włodzimierz
3886	Puzów kol.	Korytnica	Włodzimierz
3887	Puzów w. i os.	Korytnica	Włodzimierz
3888	Puzyrewo	Międzyrzec	Równe
3889	Pychy	Szack	Luboml
3890	Pyczyłowiec	Luboml	Luboml

3891	Pyłypycha	Młynów	Dubno
3892	Pyńkie	Siedliszcze	Kowel
3893	Pypło	Ludwipol	Kostopol
3894	Pyszczanycia	Siedliszcze	Kowel
3895	Pyszczyki	Lubitów	Kowel
3896	Pyszny Bór	Poddębce	Łuck

R

3897	Rachmanów	Szumsk	Krzemieniec
3898	Rachowa	Zabłocie	Kowel
3899	Raczyn	Dubno	Dubno
3900	Raczyn	Podberezie	Horochów
3901	Radochówka	Klewań	Równe
3902	Radomianka	Deraźne	Kostopol
3903	Radomle	Lubitów	Kowel
3904	Radomlszczyna	Stary Oleksiniec	Krzemieniec
3905	Radomyśl	Połonka	Łuck
3906	Radostaw	Beresteczko	Horochów
3907	Radoszówka	Dederkały	Krzemieniec
3908	Radoszyn	Hołoby	Kowel
3909	Radów	Młynów	Dubno
3910	Radowicze	Poryck	Włodzimierz
3911	Radowicze	Turzysk	Kowel
3912	Radowicze	Werba	Włodzimierz
3913	Radowszczyzna	Warkowicze	Dubno
3914	Radyżewo	Włodzimierzec	Sarny
3915	Radziechów	Luboml	Luboml
3916	Radzież	Niemowicze	Sarny
3917	Radziwiłłów	Radziwiłłów	Dubno
3918	Radziwiłłówka	Aleksandrja	Równe
3919	Rafałówka	Kiwerce	Łuck
3920	Rafałówka	Rafałówka	Sarny
3921	Rafałówka Stara	Rafałówka	Sarny
3922	Rajmiasto	Szczurzyn	Łuck
3923	Rakowa Góra	Rożyszcze	Łuck
3924	Rakowa Szyja	Stepań	Kostopol

3925	Rakowiec	Bereżce	Luboml
3926	Rakowiec Czosnowski	Stary Oleksiniec	Krzemieniec
3927	Rakowiec Mały	Kołodno	Krzemieniec
3928	Rakowiec Wielki	Kołodno	Krzemieniec
3929	Rakulin	Grzybowica	Włodzimierz
3930	Rapatów	Warkowicze	Dubno
3931	Rasawiec	Datyń	Kowel
3932	Raśniki	Buhryń	Równe
3933	Rastów	Turzysk	Kowel
3934	Raszcze	Hołoby	Kowel
3935	Ratniów	Połonka	Łuck
3936	Ratno	Ratno	Kowel
3937	Ratycha	Krymno	Kowel
3938	Rażnicze	Kołki	Łuck
3939	Reczyszcze	Malin	Dubno
3940	Redkoduby	Werba	Dubno
3941	Rejmontów	Kołodno	Krzemieniec
3942	Rejtanów	Malin	Dubno
3943	Rejzia	Boremel	Dubno
3944	Rekany	Luboml	Luboml
3945	Remczyce	Dąbrowica	Sarny
3946	Remel	Aleksandrja	Równe
3947	Reszetyłówka	Kniahinin	Dubno
3948	Retówka	Rożyszcze	Łuck
3949	Retowo	Rożyszcze	Łuck
3950	Rewucha	Chorów	Zdołbunów
3951	Rewuszki	Turzysk	Kowel
3952	Reymontowicze	Beresteczko	Horochów
3953	Riczki	Krymno	Kowel
3954	Rika	Lubitów	Kowel
3955	Ritno	Lubitów	Kowel
3956	Robotyszcze	Berezne	Kostopol
3957	Rogacz	Rafałówka	Sarny
3958	Rogaczów	Klewań	Równe
3959	Rogów	Kisorycze	Sarny
3960	Rogowe Smolary	Huszcza	Luboml

3961	Rogowicze	Chorów	Horochów
3962	Rogożany	Chotiaczów	Włodzimierz
3963	Rogoźno	Tesłuhów	Dubno
3964	Rogóżno	Kisielin	Horochów
3965	Rogóżno	Mikulicze	Włodzimierz
3966	Rokalskie	Siedliszcze	Kowel
3967	Rokinie Nowe	Kniahininek	Łuck
3968	Rokinie Stare	Kniahininek	Łuck
3969	Rokita	Krymno	Kowel
3970	Rokitnianka	Klewań	Równe
3971	Rokitnica	Chotiaczów	Włodzimierz
3972	Rokitnica	Lubitów	Kowel
3973	Rokitno	Kisorycze	Sarny
3974	Rokitno	Kostopol	Kostopol
3975	Rokityna	Brany	Horochów
3976	Romaniuków	Stary Oleksiniec	Krzemieniec
3977	Romanów	Poddębce	Łuck
3978	Romanów	Szczurzyn	Łuck
3979	Romanówka	Antonówka	Sarny
3980	Romanówka	Poryck	Włodzimierz
3981	Romanówka	Szczurzyn	Łuck
3982	Romanówka	Torczyn	Łuck
3983	Romanówka Wielka	Szczurzyn	Łuck
3984	Romaszkówka	Ołyka	Łuck
3985	Romaszkowo	Stydyń	Kostopol
3986	Romejki	Antonówka	Sarny
3987	Romejko	Antonówka	Sarny
3988	Romiszówka	Niemowicze	Sarny
3989	Rosławka	Poczajów	Krzemieniec
3990	Rosoły	Bereżce	Krzemieniec
3991	Rososz	Lubikowicze	Sarny
3992	Rostoki	Poczajów	Krzemieniec
3993	Rostowiec	Trościaniec	Łuck
3994	Rosyjskie	Datyń	Kowel
3995	Rotyszcze	Górniki	Kowel
3996	Rowańce	Połonka	Łuck

3997	Rowczaki	Dąbrowica	Sarny
3998	Rowine	Datyń	Kowel
3999	Rowiszcze	Kisorycze	Sarny
4000	Równe	-	Równe
4001	Równo	Huszcza	Luboml
4002	Rożak	Lubitów	Kowel
4003	Różanka	Poddębce	Łuck
4004	Rozdzielnia	Werba	Włodzimierz
4005	Rożek	Werba	Dubno
4006	Różewszczyzna	Tesłuhów	Dubno
4007	Różkowa	Stepań	Kostopol
4008	Rozstań	Pulemiec	Luboml
4009	Rozważ	Chorów	Zdołbunów
4010	Różycka	Hołowno	Luboml
4011	Różyn	Stare Koszary	Kowel
4012	Rożyszcze	-	Łuck
4013	Rubcze	Aleksandrja	Równe
4014	Rubcze	Berezne	Kostopol
4015	Rubliniec	Hołowno	Luboml
4016	Ruda	Luboml	Luboml
4017	Ruda	Werba	Włodzimierz
4018	Ruda	Zgorany	Luboml
4019	Ruda Krasna	Klewań	Równe
4020	Ruda Podłużańska	Kostopol	Kostopol
4021	Rudawka	Stydyń	Kostopol
4022	Rudecia	Zabłocie	Kowel
4023	Rudecka	Jarosławicze	Dubno
4024	Rudeczka	Bereżce	Krzemieniec
4025	Rudeńka	Kostopol	Kostopol
4026	Rudeński Majdan	Kostopol	Kostopol
4027	Rudiowa	Siedliszcze	Kowel
4028	Rudka	Bereżce	Krzemieniec
4029	Rudka	Bielska Wola	Sarny
4030	Rudka	Brany	Horochów
4031	Rudka	Czaruków	Łuck
4032	Rudka	Kniahinin	Dubno

4033	Rudka	Lubitów	Kowel
4034	Rudka	Młynów	Dubno
4035	Rudka	Nowy Czartorysk	Łuck
4036	Rudka	Siedliszcze	Kowel
4037	Rudka Kozińska	Rożyszcze	Łuck
4038	Rudka Miryńska	Wielick	Kowel
4039	Rudka Sitowiecka	Powursk	Kowel
4040	Rudki	Sijańce	Zdołbunów
4041	Rudlew	Kniahinin	Dubno
4042	Rudnia	Dąbrowica	Sarny
4043	Rudnia	Kisielin	Horochów
4044	Rudnia	Kisorycze	Sarny
4045	Rudnia	Kołki	Łuck
4046	Rudnia	Krupiec	Dubno
4047	Rudnia	Maciejów	Kowel
4048	Rudnia	Niemowicze	Sarny
4049	Rudnia	Rożyszcze	Łuck
4050	Rudnia	Stydyń	Kostopol
4051	Rudnia	Uhorsk	Krzemieniec
4052	Rudnia Bobrowska	Berezne	Kostopol
4053	Rudnia Karpiłowiecka	Lubikowicze	Sarny
4054	Rudnia Kniaźsielska	Berezne	Kostopol
4055	Rudnia Łęczyńska	Berezne	Kostopol
4056	Rudnia Lwa	Kisorycze	Sarny
4057	Rudnia Nowa	Rożyszcze	Łuck
4058	Rudnia Poczajowska	Krupiec	Dubno
4059	Rudnia Pogorełowska	Ludwipol	Kostopol
4060	Rudnia Potasznia	Ludwipol	Kostopol
4061	Rudnia Siedliska	Klesów	Sarny
4062	Rudnia Sołpeńska	Ludwipol	Kostopol
4063	Rudnia Stryj	Ludwipol	Kostopol
4064	Rudniki	Bereżce	Krzemieniec
4065	Rudniki	Kołki	Łuck
4066	Rudniki	Turzysk	Kowel
4067	Rudno	Turzysk	Kowel
4068	Rudyci	Luboml	Luboml

4069 Rudycia	Zgorany	Luboml
4070 Rusinowe Beresteczko	Boremel	Dubno
4071 Rusnów	Mikulicze	Włodzimierz
4072 Rusów	Chotiaczów	Włodzimierz
4073 Rusowicze	Grzybowica	Włodzimierz
4074 Rusywel	Hoszcza	Równe
4075 Rybcza	Katerburg	Krzemieniec
4076 Rybino	Górniki	Kowel
4077 Rybje	Górniki	Kowel
4078 Rychta	Stepań	Kostopol
4079 Ryczyca	Stydyń	Kostopol
4080 Rydków	Tesłuhów	Dubno
4081 Rydoml	Stary Oleksiniec	Krzemieniec
4082 Rykanie	Połonka	Łuck
4083 Rykanie Małe	Jarosławicze	Dubno
4084 Rykanie Wielkie	Jarosławicze	Dubno
4085 Rykowicze	Poryck	Włodzimierz
4086 Ryłowica	Werba	Włodzimierz
4087 Rymacz	Górniki	Kowel
4088 Rymacze	Bereżce	Luboml
4089 Rymenecia	Siedliszcze	Kowel
4090 Ryświanka	Tuczyn	Równe
4091 Ryta	Górniki	Kowel
4092 Rytec	Pulemiec	Luboml
4093 Rywkowe	Datyń	Kowel
4094 Ryzy	Krymno	Kowel
4095 Ryżyć	Lubitów	Kowel
4096 Rzadkie Dęby	Katerburg	Krzemieniec
4097 Rzadkówka	Korzec	Równe
4098 Rzeczeczyna (Rzeczeczyzna)	Korzec	Równe
4099 Rzeczki	Korzec	Równe
4100 Rzeczyca	Rafałówka	Sarny
4101 Rzeczyca	Tuczyn	Równe
4102 Rzeszniówka	Kołodno	Krzemieniec
4103 Rzeszuck	Aleksandrja	Równe
4104 Rzyszczów	Brany	Horochów

S-Ś

4105	Sadawa Góra	Szumsk	Krzemieniec
4106	Sadki	Dederkały	Krzemieniec
4107	Sadki	Sijańce	Zdołbunów
4108	Sadki Małe	Szumsk	Krzemieniec
4109	Sadów	Torczyn	Łuck
4110	Sądowa	Grzybowica	Włodzimierz
4111	Sadowne	Dąbrowica	Sarny
4112	Sadowski Wysiołek	Torczyn	Łuck
4113	Sady Duże	Dubno	Dubno
4114	Sady Małe	Dubno	Dubno
4115	Sadyby	Krymno	Kowel
4116	Sagany	Poczajów	Krzemieniec
4117	Sakłów	Klesów	Sarny
4118	Sałysne	Górniki	Kowel
4119	Samojlicze	Szack	Luboml
4120	Samojłocze	Szack	Luboml
4121	Samostrzały	Międzyrzec	Równe
4122	Samowola	Poryck	Włodzimierz
4123	Sapanów	Bereżce	Krzemieniec
4124	Sapanowczyk	Werba	Dubno
4125	Sapogów	Kiwerce	Łuck
4126	Sapożyn	Hoszcza	Równe
4127	Sarkówka	Berezne	Kostopol
4128	Sarnowa	Radziwiłłów	Dubno
4129	Sarny	Sarny	
4130	Sarny	Niemowicze	Sarny
4131	Sarny Dorotycze	Niemowicze	Sarny
4132	Satyjów	Warkowicze	Dubno
4133	Satyjów Nowy	Warkowicze	Dubno
4134	Satyjów Stary	Warkowicze	Dubno
4135	Sawczuki	Krupiec	Dubno
4136	Sawczyce	Bereżce	Krzemieniec
4137	Sawicze	Aleksandrja	Równe
4138	Sawosze	Bereżce	Luboml

4139	Sażałka	Lubikowicze	Sarny
4140	Sciahel	Lubitów	Kowel
4141	Scibok	Kisorycze	Sarny
4142	Sekoń	Siedliszcze	Kowel
4143	Selatyna	Zabłocie	Kowel
4144	Sełeckie	Krymno	Kowel
4145	Selibery	Ołyka	Łuck
4146	Sełyszcza	Lubitów	Kowel
4147	Sełyszcze	Kisorycze	Sarny
4148	Semeniuki	Tesłuhów	Dubno
4149	Semenow Kuty	Kniahinin	Dubno
4150	Semerynki	Szczurzyn	Łuck
4151	Semiduby Czeskie	Sudobicze	Dubno
4152	Semiduby Ruskie	Sudobicze	Dubno
4153	Semigrań	Równe	Równe
4154	Semigrany	Diatkiewicze	Równe
4155	Semki	Kołki	Łuck
4156	Seniszcze	Górniki	Kowel
4157	Seńki	Zabłocie	Kowel
4158	Serchów	Bielska Wola	Sarny
4159	Serchów	Rożyszcze	Łuck
4160	Serdiatycze	Grzybowica	Włodzimierz
4161	Serebranka	Kisorycze	Sarny
4162	Serechowicze	Niesuchoiże	Kowel
4163	Serednia	Zabłocie	Kowel
4164	Serednie	Krupiec	Dubno
4165	Serednie	Krymno	Kowel
4166	Sergiejówka	Aleksandrja	Równe
4167	Sergiejówka	Buhryń	Równe
4168	Sergiejowo	Stepań	Kostopol
4169	Sergijówka	Klesów	Sarny
4170	Serkizow	Kupiczów	Kowel
4171	Sermin	Silno	Łuck
4172	Serniawa	Aleksandrja	Równe
4173	Serniczki	Kisielin	Horochów
4174	Serniki	Kniahininek	Łuck

4175	Sernikowa Niwa	Antonówka	Sarny
4176	Serny	Datyń	Kowel
4177	Seroczyn	Olesk	Włodzimierz
4178	Sestratyn	Krupiec	Dubno
4179	Setkówka	Antonówka	Sarny
4180	Sewerynówka	Maniewicze	Kowel
4181	Sewerynówka	Werba	Włodzimierz
4182	Sianował	Sudobicze	Dubno
4183	Sidiłne	Lubitów	Kowel
4184	Sidłocha	Buderaż	Zdołbunów
4185	Siedlisko	Stepań	Kostopol
4186	Siedlisko	Szumsk	Krzemieniec
4187	Siedliszcze	Kołki	Łuck
4188	Siedliszcze	Luboml	Luboml
4189	Siedliszcze	Siedliszcze	Kowel
4190	Siedmiarki	Czaruków	Łuck
4191	Siedmiarki	Mikulicze	Włodzimierz
4192	Siekierka	Mizocz	Zdołbunów
4193	Siekierzyce	Kiwerce	Łuck
4194	Sielce	Górniki	Kowel
4195	Sielce	Wielick	Kowel
4196	Sielce Górnickie	Górniki	Kowel
4197	Sielce Korteliskie	Górniki	Kowel
4198	Sielec	Brany	Horochów
4199	Sielec	Dąbrowica	Sarny
4200	Sielec	Mikulicze	Włodzimierz
4201	Sielec	Turzysk	Kowel
4202	Sieliski	Korytnica	Włodzimierz
4203	Sielisko	Torczyn	Łuck
4204	Sieliszcze	Silno	Łuck
4205	Sieniaków	Poddębce	Łuck
4206	Sieniawa	Brany	Horochów
4207	Sieniawka	Kupiczów	Kowel
4208	Sienkiewicze	Dederkały	Krzemieniec
4209	Sienkiewicze	Świniuchy	Horochów
4210	Sienkiewiczówka	Czaruków	Łuck

4211	Sieńkowicze	Górniki	Kowel
4212	Sienne	Tuczyn	Równe
4213	Sierakówka	Werba	Włodzimierz
4214	Siergiejówka	Czaruków	Łuck
4215	Sijańce	Sijańce	Zdołbunów
4216	Siła Nowica	Boremel	Dubno
4217	Silne	Huszcza	Luboml
4218	Silno	Silno	Łuck
4219	Silno	Zgorany	Luboml
4220	Siniaki	Bereżce	Krzemieniec
4221	Siniakówka	Berezne	Kostopol
4222	Siniów	Hoszcza	Równe
4223	Siniowce	Łanowce	Krzemieniec
4224	Siniowietczyzna	Wyszogródek	Krzemieniec
4225	Sinożal'	Warkowicze	Dubno
4226	Siółki	Wielick	Kowel
4227	Siomaki	Maciejów	Kowel
4228	Sitarówka	Rożyszcze	Łuck
4229	Sitary	Sudobicze	Dubno
4230	Sitowicze	Powursk	Kowel
4231	Siwca	Lubitów	Kowel
4232	Siwki	Ludwipol	Kostopol
4233	Skabarowszczyzna	Podberezie	Horochów
4234	Skała	Wiśniowiec	Krzemieniec
4235	Skaszywa	Datyń	Kowel
4236	Skiby	Luboml	Luboml
4237	Skobełka	Skobełka	Horochów
4238	Skołoga	Zabłocie	Kowel
4239	Skomorochy	Aleksandrja	Równe
4240	Skopci	Datyń	Kowel
4241	Skorodenice	Stydyń	Kostopol
4242	Skregitówka	Silno	Łuck
4243	Skryhołowo	Brany	Horochów
4244	Skrypica	Hołowno	Luboml
4245	Skrypuny	Zabłocie	Kowel
4246	Skrzypica	Hołowno	Luboml

4247	Skulin	Niesuchoiże	Kowel
4248	Skurcze	Czaruków	Łuck
4249	Skurotówka	Brany	Horochów
4250	Skuzychody	Stydyń	Kostopol
4251	Sławatycze	Trościaniec	Łuck
4252	Sławowszczyzna	Aleksandrja	Równe
4253	Słepetyna	Datyń	Kowel
4254	Slepetyszcze	Młynów	Dubno
4255	Ślezy	Kisorycze	Sarny
4256	Słoboda	Kisorycze	Sarny
4257	Słobodarka	Rożyszcze	Łuck
4258	Słowianszczyzna	Zdołbica	Zdołbunów
4259	Słowikówka	Olesk	Włodzimierz
4260	Smeczki	Siedliszcze	Kowel
4261	Smerdyń	Trościaniec	Łuck
4262	Śmiałowica	Ołyka	Łuck
4263	Smidyń Korszewo	Maciejów	Kowel
4264	Smidyń Soroczy	Maciejów	Kowel
4265	Smidyń Woroni	Maciejów	Kowel
4266	Smidyń Zabłocie	Maciejów	Kowel
4267	Smigretyno	Zgorany	Luboml
4268	Smitiuch	Luboml	Luboml
4269	Smitowiszcze	Lubikowicze	Sarny
4270	Smolarnia	Dubno	Dubno
4271	Smolarnia	Górniki	Kowel
4272	Smolarnia	Kisielin	Horochów
4273	Smolarnia	Kiwerce	Łuck
4274	Smolarnia	Klesów	Sarny
4275	Smolarnia	Tesłuhów	Dubno
4276	Smolarnia	Werba	Dubno
4277	Smolarnia	Werba	Włodzimierz
4278	Smolarnia Nowa	Stepań	Kostopol
4279	Smolarnia Stara	Stepań	Kostopol
4280	Smolarny Zakład	Uhorsk	Krzemieniec
4281	Smolary	Krymno	Kowel
4282	Smolary	Powursk	Kowel

4283 Smolary	Sudobicze	Dubno
4284 Smolary	Szack	Luboml
4285 Smolary Świtalskie	Pulemiec	Luboml
4286 Smolarze (Smolary)	Werba	Włodzimierz
4287 Smolawa	Beresteczko	Horochów
4288 Smoligów	Torczyn	Łuck
4289 Smolijów	Deraźne	Kostopol
4290 Smoliny	Hołowno	Luboml
4291 Smolna	Górniki	Kowel
4292 Smołod	Luboml	Luboml
4293 Smołodówka	Maniewicze	Kowel
4294 Smołowa	Chotiaczów	Włodzimierz
4295 Smordwa	Młynów	Dubno
4296 Smorodzkiego	Bielska Wola	Sarny
4297 Smorzów	Klewań	Równe
4298 Smuha	Hołowno	Luboml
4299 Smyga	Sudobicze	Dubno
4300 Smyków	Boremel	Dubno
4301 Smyków	Podberezie	Horochów
4302 Smylna	Zabłocie	Kowel
4303 Śniegorówka	Wiśniowiec	Krzemieniec
4304 Śniegorowszczyzna	Katerburg	Krzemieniec
4305 Śnieszki	Górniki	Kowel
4306 Śnieżkowo	Berezne	Kostopol
4307 Snopyszcze	Kisorycze	Sarny
4308 Snowidowicze	Kisorycze	Sarny
4309 Snowne	Berezne	Kostopol
4310 Sobacza Góra	Podberezie	Horochów
4311 Sobiatyn	Maniewicze	Kowel
4312 Sobieszczyce	Bielska Wola	Sarny
4313 Sobówka	Tuczyn	Równe
4314 Sochy	Dąbrowica	Sarny
4315 Sofijówka	Mikulicze	Włodzimierz
4316 Sofjanówka	Wielick	Kowel
4317 Sokól	Rożyszcze	Łuck
4318 Sokół	Zgorany	Luboml

4319	Sokoliszcze	Datyń	Kowel
4320	Sokołówka	Olesk	Włodzimierz
4321	Sokołówka	Wyszogródek	Krzemieniec
4322	Sokowaty Gród	Berezne	Kostopol
4323	Sokowica	Buderaż	Zdołbunów
4324	Sołomiak	Ludwipol	Kostopol
4325	Sołomijówka	Dąbrowica	Sarny
4326	Sołomka-Średnia	Aleksandrja	Równe
4327	Sołoniów	Tesłuhów	Dubno
4328	Sołotwin	Hołoby	Kowel
4329	Sołowicze	Turzysk	Kowel
4330	Sołowin	Rożyszcze	Łuck
4331	Sołowiowa Góra	Antonówka	Sarny
4332	Sołowiowo	Datyń	Kowel
4333	Sołowji futor	Wiśniowiec	Krzemieniec
4334	Sołpa Mała	Międzyrzec	Równe
4335	Sołtysczyzna	Huszcza	Luboml
4336	Sołtysy	Kiwerce	Łuck
4337	Sołtysy	Korytnica	Włodzimierz
4338	Somin	Olesk	Włodzimierz
4339	Sopaczów	Rafałówka	Sarny
4340	Soroczyn	Olesk	Włodzimierz
4341	Soroki	Luboml	Luboml
4342	Sosnina	Bereżce	Krzemieniec
4343	Sośnina	Grzybowica	Włodzimierz
4344	Sosnowiec	Połonka	Łuck
4345	Sosnowik	Kniahinin	Dubno
4346	Sosnówka	Górniki	Kowel
4347	Sosnówka	Olesk	Włodzimierz
4348	Sosnówka	Uhorsk	Krzemieniec
4349	Sosnowo	Górniki	Kowel
4350	Sosnyna	Krupiec	Dubno
4351	Soszniki	Rafałówka	Sarny
4352	Soszyszcze	Uhorsk	Krzemieniec
4353	Sowca Sniczów	Kisorycze	Sarny
4354	Spalona	Werba	Dubno

4355	Spalony Młynek	Ludwipol	Kostopol
4356	Sparyszcze	Lubikowicze	Sarny
4357	Spasów	Mizocz	Zdołbunów
4358	Spaszczyzna	Werba	Włodzimierz
4359	Sporny Kąt	Buderaż	Zdołbunów
4360	Spylle	Siedliszcze	Kowel
4361	Średni Gaj	Diatkiewicze	Równe
4362	Śródborze	Maniewicze	Kowel
4363	Srule	Bereżce	Krzemieniec
4364	Srybno wieś (też os. Poniatówka)	Krupiec	Dubno
4365	Stachór	Maciejów	Kowel
4366	Stachów	Hołoby	Kowel
4367	Stachówka	Włodzimierzec	Sarny
4368	Stachurek	Olesk	Włodzimierz
4369	Stadarnia	Kołodno	Krzemieniec
4370	Stadniki	Buhryń	Równe
4371	Stadnycia	Lubitów	Kowel
4372	Stanisławów	Olesk	Włodzimierz
4373	Stanisławówka	Aleksandrja	Równe
4374	Stanisławówka	Kupiczów	Kowel
4375	Stanisławówka	Lubitów	Kowel
4376	Stanisławówka	Olesk	Włodzimierz
4377	Stanisławówka	Ołyka	Łuck
4378	Stanisławówka	Szczurzyn	Łuck
4379	Stanisławówka	Trościaniec	Łuck
4380	Stanisławówka	Werba	Włodzimierz
4381	Stanisławy	Tesłuhów	Dubno
4382	Staniszcze	Włodzimierzec	Sarny
4383	Stara Choteńka	Kostopol	Kostopol
4384	Stara Dąbrowa	Hołoby	Kowel
4385	Stara Huta	Hołowno	Luboml
4386	Stara Huta	Korytnica	Włodzimierz
4387	Stara Rudka	Brany	Horochów
4388	Stara Smolarnia	Berezne	Kostopol
4389	Stara Smolarnia	Silno	Łuck
4390	Stara Wyżwa	Siedliszcze	Kowel

4391	Staraja Niwa	Górniki	Kowel
4392	Stare Berezie	Czaruków	Łuck
4393	Stare Koszary	Stare Koszary	Kowel
4394	Stare Podcerewicze	Nowy Czartorysk	Łuck
4395	Stare Teremno	Poddębce	Łuck
4396	Starokorzeckie futory	Korzec	Równe
4397	Staromylsk	Zdołbica	Zdołbunów
4398	Staronczen	Hołowno	Luboml
4399	Starościn	Górniki	Kowel
4400	Starosiele	Kołki	Łuck
4401	Starożuków	Klewań	Równe
4402	Starucha	Maciejów	Kowel
4403	Stary Jagodzin	Bereżce	Luboml
4404	Stary Mosor	Hołoby	Kowel
4405	Stary Tartak	Niemowicze	Sarny
4406	Staryki	Kisorycze	Sarny
4407	Staryki	Krupiec	Dubno
4408	Staryki	Radziwiłłów	Dubno
4409	Staryna	Stydyń	Kostopol
4410	Starystaw	Skobełka	Horochów
4411	Stasin	Grzybowica	Włodzimierz
4412	Stasin	Werba	Włodzimierz
4413	Stasiów Kut	Hołowno	Luboml
4414	Staszyców	Katerburg	Krzemieniec
4415	Staszywszczyzna	Siedliszcze	Kowel
4416	Staw	Datyń	Kowel
4417	Staw	Lubitów	Kowel
4418	Stawczyny	Szumsk	Kowel
4419	Staweczki	Olesk	Włodzimierz
4420	Stawek	Datyń	Kowel
4421	Stawek	Deraźne	Kostopol
4422	Stawek	Ołyka	Łuck
4423	Stawek	Poddębce	Łuck
4424	Stawek	Turzysk	Kowel
4425	Stawiska	Brany	Horochów
4426	Stawiszcze	Bielska Wola	Sarny

4427	Stawiszcze	Malin	Dubno
4428	Stawki	Datyń	Kowel
4429	Stawki	Niemowicze	Sarny
4430	Stawki	Olesk	Włodzimierz
4431	Stawki	Równe	Równe
4432	Stawki	Szczurzyn	Łuck
4433	Stawok	Kisorycze	Sarny
4434	Stawok	Krymno	Kowel
4435	Stawok	Lubitów	Kowel
4436	Stawrów	Jarosławicze	Dubno
4437	Stawyhoroż	Kołki	Łuck
4438	Steble	Lubitów	Kowel
4439	Stebluki	Radziwiłłów	Dubno
4440	Stebłyk	Klesów	Sarny
4441	Stefanówka	Turzysk	Kowel
4442	Stefanówka	Werba	Włodzimierz
4443	Stefanówka	Zdołbica	Zdołbunów
4444	Stepań	Stepań	Kostopol
4445	Stepangród	Włodzimierzec	Sarny
4446	Stepanówka	Podberezie	Horochów
4447	Stepnoje Marjanówka	Buhryń	Równe
4448	Stężarzyce	Korytnica	Włodzimierz
4449	Stężki	Datyń	Kowel
4450	Stojanówka	Radziwiłłów	Dubno
4451	Stójło	Nowomalin	Zdołbunów
4452	Stołbiec	Werba	Dubno
4453	Stoleńskie Smolary	Huszcza	Luboml
4454	Stołowacz	Luboml	Luboml
4455	Stołpin	Międzyrzec	Równe
4456	Stołpyszcze	Młynów	Dubno
4457	Stomorgi	Młynów	Dubno
4458	Storożów	Korzec	Równe
4459	Storożowskie	Korzec	Równe
4460	Stowpyszcza	Siedliszcze	Kowel
4461	Stożek	Uhorsk	Krzemieniec
4462	Stracholin	Szczurzyn	Łuck

4463	Strakłów Czeski	Dubno	Dubno
4464	Strakłów Ruski	Dubno	Dubno
4465	Straszów	Lubikowicze	Sarny
4466	Strażnyki	Datyń	Kowel
4467	Stromówka	Poddębce	Łuck
4468	Struga	Antonówka	Sarny
4469	Strzełaków	Chorów	Zdołbunów
4470	Strzelce Wielkie	Zdołbica	Zdołbunów
4471	Strzelcze	Podberezie	Horochów
4472	Strzelecka	Korytnica	Włodzimierz
4473	Strzelnica	Werba	Włodzimierz
4474	Strzelsk	Lubikowicze	Sarny
4475	Stubło	Mizocz	Zdołbunów
4476	Studnickiego futor	Beresteczko	Horochów
4477	Studynećkie	Siedliszcze	Kowel
4478	Studynie	Kisielin	Horochów
4479	Studzianka	Równe	Równe
4480	Studzianka	Sudobicze	Dubno
4481	Studzieńszczyzna	Hołoby	Kowel
4482	Stupa	Hołowno	Luboml
4483	Stupaki	Radziwiłłów	Dubno
4484	Stupiski	Luboml	Luboml
4485	Stupnik	Czaruków	Łuck
4486	Stupnik	Tuczyn	Równe
4487	Stupno	Buderaż	Zdołbunów
4488	Stużno	Ludwipol	Kostopol
4489	Styble	Hołowno	Luboml
4490	Styczki	Hołowno	Luboml
4491	Stydyń maj.	Stydyń	Kostopol
4492	Stydyń Mały	Stydyń	Kostopol
4493	Stydyń Wielki	Stydyń	Kostopol
4494	Stydyńska kol.	Stydyń	Kostopol
4495	Styrskie Leśnictwo	Beresteczko	Horochów
4496	Styrtka	Stepań	Kostopol
4497	Sucha Łoza	Wielick	Kowel
4498	Suche Rogi	Międzyrzec	Równe

4499	Suchiny	Górniki	Kowel
4500	Suchodoły	Chotiaczów	Włodzimierz
4501	Suchodoły	Radziwiłłów	Dubno
4502	Suchoplesy	Górniki	Kowel
4503	Suchowce	Klewań	Równe
4504	Suchowiersz	Lubitów	Kowel
4505	Suchowola	Połonka	Łuck
4506	Suchowola	Rafałówka	Sarny
4507	Suchy Róg	Międzyrzec	Równe
4508	Suczyn	Stydyń	Kostopol
4509	Suczyna	Stepań	Kostopol
4510	Sudobicze	Sudobicze	Dubno
4511	Sudyłówka	Szczurzyn	Łuck
4512	Sujmy	Buderaż	Zdołbunów
4513	Sukacz	Górniki	Kowel
4514	Sukacze	Hołowno	Luboml
4515	Sułna	Luboml	Luboml
4516	Sułtanówka	Buderaż	Zdołbunów
4517	Sułtanówka	Jarosławicze	Dubno
4518	Sunia	Antonówka	Sarny
4519	Suowicze	Wielick	Kowel
4520	Suraż	Szumsk	Krzemieniec
4521	Susk	Aleksandrja	Równe
4522	Susk	Trościaniec	Łuck
4523	Susznik	Szack	Luboml
4524	Suszybaba	Kupiczów	Kowel
4525	Sutec	Sijańce	Zdołbunów
4526	Sutkowszczyzna	Świniuchy	Horochów
4527	Swarynie	Antonówka	Sarny
4528	Swiachy	Bereżce	Krzemieniec
4529	Swiatje	Aleksandrja	Równe
4530	Swiatje/Światy	Buderaż	Zdołbunów
4531	Świątyj	Krymno	Kowel
4532	Swidniki	Hołoby	Kowel
4533	Świdniki	Hołoby	Kowel
4534	Świdowiec	Werba	Dubno

4535	Świdowo	Górniki	Kowel
4536	Świerzowskie Holendry	Huszcza	Luboml
4537	Święte Jezioro	Olesk	Włodzimierz
4538	Świętocin (d. Hajki)	Werba	Włodzimierz
4539	Świniary	Krymno	Kowel
4540	Świniarzyn	Kupiczów	Kowel
4541	Świniuchy	Stary Oleksiniec	Krzemieniec
4542	Świniuchy	Świniuchy	Horochów
4543	Świnka	Kisorycze	Sarny
4544	Świnniki	Kisorycze	Sarny
4545	Świnodebry	Uhorsk	Krzemieniec
4546	Świszczów	Jarosławicze	Dubno
4547	Świszczów	Kniahinin	Dubno
4548	Świteź	Szack	Luboml
4549	Świtiaź	Szack	Luboml
4550	Świtka	Werba	Włodzimierz
4551	Swojczów	Werba	Włodzimierz
4552	Swojczówka	Werba	Włodzimierz
4553	Swojczowska (S.Huta)	Werba	Włodzimierz
4554	Swóż	Kiwerce	Łuck
4555	Swynoryjskie	Lubitów	Kowel
4556	Syczycha	Turzysk	Kowel
4557	Syda	Zgorany	Luboml
4558	Sylukowe	Hołowno	Luboml
4559	Symonów	Hoszcza	Równe
4560	Symonowszczyna	Sijańce	Zdołbunów
4561	Synowo	Datyń	Kowel
4562	Synyski Lis	Datyń	Kowel
4563	Sytenka	Krupiec	Dubno
4564	Sytenka	Tesłuhów	Dubno
4565	Sytjanoje	Górniki	Kowel
4566	Sytnica	Deraźne	Kostopol
4567	Sytnica	Kołki	Łuck
4568	Sytnica	Stepań	Kostopol
4569	Sytno	Krupiec	Dubno
4570	Sytyszcze	Górniki	Kowel

4571	Syzina	Datyń	Kowel
4572	Szack	Szack	Luboml
4573	Szajno	Stare Koszary	Kowel
4574	Szczedrowo	Zabłocie	Kowel
4575	Szczekiczyn	Międzyrzec	Równe
4576	Szczeniatyn Duży (Wielki)	Poryck	Włodzimierz
4577	Szczeniatyn Mały	Poryck	Włodzimierz
4578	Szczęśliwa	Młynów	Dubno
4579	Szczęsnówka / Szczasnówka	Kisielin	Horochów
4580	Szczetyń	Hołowno	Luboml
4581	Szczołobyny	Luboml	Luboml
4582	Szczury	Werba	Włodzimierz
4583	Szczurzyn	Szczurzyn	Łuck
4584	Szczygłówka	Górniki	Kowel
4585	Szczytniki Lipa	Kupiczów	Kowel
4586	Szelwów	Chorów	Horochów
4587	Szeniawka Bereźnik	Rafałówka	Sarny
4588	Szepel	Dąbrowica	Sarny
4589	Szepel	Torczyn	Łuck
4590	Szepetyn	Sudobicze	Dubno
4591	Szeroka	Brany	Horochów
4592	Szerszeń	Klesów	Sarny
4593	Szkabara	Lubitów	Kowel
4594	Szkarów	Buhryń	Równe
4595	Szklin	Czaruków	Łuck
4596	Szkrobotówka	Dederkały	Krzemieniec
4597	Szkurat	Powursk	Kowel
4598	Szlachecki	Aleksandrja	Równe
4599	Szmeńki	Zabłocie	Kowel
4600	Szmireszewo	Krymno	Kowel
4601	Szopy	Ludwipol	Kostopol
4602	Szostaków	Diatkiewicze	Równe
4603	Szostaków Czeski	Diatkiewicze	Równe
4604	Szpaków	Diatkiewicze	Równe
4605	Szpaków Czeski Duży	Diatkiewicze	Równe
4606	Szpaków Czeski Mały	Diatkiewicze	Równe

4607	Szpanów	Rożyszcze	Łuck
4608	Szpanów	Równe	Równe
4609	Szpikołosy	Bereżce	Krzemieniec
4610	Szpikołosy	Podberezie	Horochów
4611	Szprachy	Czaruków	Łuck
4612	Sztórmówka	Antonówka	Sarny
4613	Sztuń	Bereżce	Luboml
4614	Szubków	Tuczyn	Równe
4615	Szukaryca	Uhorsk	Krzemieniec
4616	Szulaki	Kisorycze	Sarny
4617	Szumbar	Dederkały	Krzemieniec
4618	Szumsk	Szumsk	Krzemieniec
4619	Szupinki	Uhorsk	Krzemieniec
4620	Szury	Berezne	Kostopol
4621	Szury	Werba	Włodzimierz
4622	Szuszkowice	Białozórka	Krzemieniec
4623	Szwajcarja	Klewań	Równe
4624	Szwoleżerów	Klewań	Równe
4625	Szyben	Boremel	Dubno
4626	Szyczewo	Klesów	Sarny
4627	Szyja	Lubitów	Kowel
4628	Szyły	Wyszogródek	Krzemieniec
4629	Szymanicha	Berezne	Kostopol
4630	Szymkow Niwa	Niemowicze	Sarny
4631	Szymkowce	Kołodno	Krzemieniec
4632	Szymonlsko	Rafałówka	Sarny
4633	Szymszyn	Krymno	Kowel
4634	Szyrokie	Lubitów	Kowel
4635	Szytnia	Korzec	Równe

T

4636	Tabaczuki	Krupiec	Dubno
4637	Tahaczyn	Turzysk	Kowel
4638	Tajkury	Zdołbica	Zdołbunów
4639	Tarachanie	Poryck	Włodzimierz
4640	Tarakanów	Dubno	Dubno

4641	Taranicha	Brany	Horochów
4642	Taranycha	Datyń	Kowel
4643	Tarasowa Dubina	Radziwiłłów	Dubno
4644	Tarasówka	Grzybowica	Włodzimierz
4645	Tarasowo	Górniki	Kowel
4646	Taraż	Bielska Wola	Sarny
4647	Taraż	Kołki	Łuck
4648	Taraż Nowy	Poczajów	Krzemieniec
4649	Taraż Stary	Poczajów	Krzemieniec
4650	Targowica	Jarosławicze	Dubno
4651	Targowiszcze	Maciejów	Kowel
4652	Tarnawka Skobełecka	Skobełka	Horochów
4653	Tarnawka Tereszkowiecka	Skobełka	Horochów
4654	Tarnówka	Krupiec	Dubno
4655	Tarnowola	Rożyszcze	Łuck
4656	Tartak	Sudobicze	Dubno
4657	Tartak Smolna	Górniki	Kowel
4658	Tatarczyk	Siedliszcze	Kowel
4659	Tatarije	Datyń	Kowel
4660	Tatarśka	Siedliszcze	Kowel
4661	Tatarski Bród	Turzysk	Kowel
4662	Tatarzyńce	Dederkały	Krzemieniec
4663	Tatynne	Klesów	Sarny
4664	Tchorów Bahon	Datyń	Kowel
4665	Tchory	Stydyń	Kostopol
4666	Tekla	Krymno	Kowel
4667	Teklówka	Berezne	Kostopol
4668	Teklówka	Skobełka	Horochów
4669	Teklówka Jakowiec	Antonówka	Sarny
4670	Telcze	Kołki	Łuck
4671	Temne	Kołki	Łuck
4672	Temne	Stepań	Kostopol
4673	Temnohajce	Katerburg	Krzemieniec
4674	Teodorówka	Klesów	Sarny
4675	Teplica	Hołowno	Luboml
4676	Terczyn	Buhryń	Równe

4677	Terebejki	Bereżce	Luboml
4678	Terebiże	Tesłuhów	Dubno
4679	Terebowicze	Górniki	Kowel
4680	Terebunia	Antonówka	Sarny
4681	Terechy	Bereżce	Luboml
4682	Teremne	Nowomalin	Zdołbunów
4683	Teremno	Poddębce	Łuck
4684	Teremyszcze	Sijańce	Zdołbunów
4685	Terentijów	Hoszcza	Równe
4686	Terepol	Aleksandrja	Równe
4687	Teresin	Werba	Włodzimierz
4688	Teresówka	Grzybowica	Włodzimierz
4689	Teresówka	Siedliszcze	Kowel
4690	Tereszkowce	Skobełka	Horochów
4691	Tereszów	Malin	Dubno
4692	Tereszowo	Bielska Wola	Sarny
4693	Terniawka	Podberezie	Horochów
4694	Ternowo	Hołowno	Luboml
4695	Terntki (Ternki)	Czaruków	Łuck
4696	Tesłuhów	Tesłuhów	Dubno
4697	Tesna	Sijańce	Zdołbunów
4698	Tesów	Sijańce	Zdołbunów
4699	Tetylkowce	Katerburg	Krzemieniec
4700	Tiagol	Datyń	Kowel
4701	Tiutkiewicze	Równe	Równe
4702	Toczewiki	Chorów	Zdołbunów
4703	Toczyszcza	Siedliszcze	Kowel
4704	Toczyszcze	Górniki	Kowel
4705	Tojkacze	Międzyrzec	Równe
4706	Tojkut	Niesuchoiże	Kowel
4707	Tołoka	Lubitów	Kowel
4708	Tołokimostek	Luboml	Luboml
4709	Tołowa	Datyń	Kowel
4710	Tołpyszcze	Kisorycze	Sarny
4711	Tołpyżyn	Boremel	Dubno
4712	Toma	Krupiec	Dubno

4713	Tomachów	Buhryń	Równe
4714	Tomaszgród	Klesów	Sarny
4715	Tomaszów	Deraźne	Kostopol
4716	Tomaszówka	Dubno	Dubno
4717	Tomaszówka	Poddębce	Łuck
4718	Tomaszowszczyzna	Dederkały	Krzemieniec
4719	Tomyten	Siedliszcze	Kowel
4720	Topcza	Międzyrzec	Równe
4721	Topieliszcze	Poryck	Włodzimierz
4722	Topóle	Jarosławicze	Dubno
4723	Topólno	Rożyszcze	Łuck
4724	Toptyń	Antonówka	Sarny
4725	Torczyn	Torczyn	Łuck
4726	Traktowy	Sijańce	Zdołbunów
4727	Trauguttówka	Bielska Wola	Sarny
4728	Trawna	Datyń	Kowel
4729	Trawycia	Zabłocie	Kowel
4730	Trebejki	Zgorany	Luboml
4731	Tresteniec	Aleksandrja	Równe
4732	Trociowe	Siedliszcze	Kowel
4733	Trojanówka	Deraźne	Kostopol
4734	Trojanówka	Maniewicze	Kowel
4735	Trościaniec	Sudobicze	Dubno
4736	Trościaniec	Trościaniec	Łuck
4737	Trościanka	Kniahininek	Łuck
4738	Trościanka	Korytnica	Włodzimierz
4739	Troskoty	Stare Koszary	Kowel
4740	Trosteniec	Stydyń	Kostopol
4741	Troszla	Zabłocie	Kowel
4742	Trubica	Hołowno	Luboml
4743	Trubica	Kostopol	Kostopol
4744	Trubki	Poryck	Włodzimierz
4745	Truble	Maciejów	Kowel
4746	Trudeń	Siedliszcze	Kowel
4747	Trudy	Stepań	Kostopol
4748	Truszel	Zabłocie	Kowel

4749	Trybycia	Zgorany	Luboml
4750	Tryhuby	Bereżce	Krzemieniec
4751	Trylisica	Szczurzyn	Łuck
4752	Tryputnie	Dąbrowica	Sarny
4753	Tryskinie	Antonówka	Sarny
4754	Trystak	Kisielin	Horochów
4755	Trysteń	Szczurzyn	Łuck
4756	Trzy Karczmy	Diatkiewicze	Równe
4757	Trzy Kopce	Aleksandrja	Równe
4758	Tuchowe	Klesów	Sarny
4759	Tuczyn	Tuczyn	Równe
4760	Tudorów	Hoszcza	Równe
4761	Tuliczów	Świniuchy	Horochów
4762	Tuliczów	Turzysk	Kowel
4763	Tułowa	Górniki	Kowel
4764	Tumin	Kisielin	Horochów
4765	Tupały	Stare Koszary	Kowel
4766	Tur	Rafałówka	Sarny
4767	Tur	Zabłocie	Kowel
4768	Turczyn	Ołyka	Łuck
4769	Turecka Góra	Młynów	Dubno
4770	Turia	Werba	Włodzimierz
4771	Turja	Werba	Dubno
4772	Turki	Werba	Dubno
4773	Turkowa	Zabłocie	Kowel
4774	Turkowicze	Werba	Dubno
4775	Turno	Stydyń	Kostopol
4776	Turobińsk	Ludwipol	Kostopol
4777	Turopin	Turzysk	Kowel
4778	Turopin	Werba	Włodzimierz
4779	Turówka	Korytnica	Włodzimierz
4780	Turpin	Werba	Włodzimierz
4781	Turska	Datyń	Kowel
4782	Tury	Dederkały	Krzemieniec
4783	Turycza	Zabłocie	Kowel
4784	Turyczaj	Buderaż	Zdołbunów

4785	Turyczany	Olesk	Włodzimierz
4786	Turyczewo	Sudobicze	Dubno
4787	Turzeniec	Zabłocie	Kowel
4788	Turzysk	Turzysk	Kowel
4789	Tuszebin	Malin	Dubno
4790	Tutowicze	Antonówka	Sarny
4791	Twerdynie	Kisielin	Horochów
4792	Tworymierz	Trościaniec	Łuck
4793	Tworynicze	Chorów	Horochów
4794	Tychotyń	Szczurzyn	Łuck
4795	Tylawka	Uhorsk	Krzemieniec
4796	Tynkowszczyzna	Mizocz	Zdołbunów
4797	Tynne	Niemowicze	Sarny
4798	Tynne	Równe	Równe
4799	Typieniec	Górniki	Kowel
4800	Tysiec	Rafałówka	Sarny
4801	Tyszkiewicze	Grzybowica	Włodzimierz
4802	Tyszyca	Berezne	Kostopol
	U		
4803	Ubereż	Niemowicze	Sarny
4804	Ubereż	Stepań	Kostopol
4805	Uchowieck	Lubitów	Kowel
4806	Ugliszcze	Deraźne	Kostopol
4807	Ugły	Hołoby	Kowel
4808	Ugły	Stepań	Kostopol
4809	Ugoł	Lubikowicze	Sarny
4810	Ugoł Bielatycki	Lubikowicze	Sarny
4811	Uhoł	Górniki	Kowel
4812	Uholce	Buhryń	Równe
4813	Uhorsk	Uhorsk	Krzemieniec
4814	Uhów	Brany	Horochów
4815	Uhrynów	Czaruków	Łuck
4816	Ujezdce	Mizocz	Zdołbunów
4817	Ujezdce Czeskie	Mizocz	Zdołbunów
4818	Ujeźdżce	Malin	Dubno

4819	Ujma	Berezne	Kostopol
4820	Ujma Łokacka	Chorów	Horochów
4821	Ujście	Ludwipol	Kostopol
4822	Ulanik	Zgorany	Luboml
4823	Ulaniki	Kniahininek	Łuck
4824	Ułanowice	Buhryń	Równe
4825	Ułanówka	Kostopol	Kostopol
4826	Ułanówka	Włodzimierzec	Sarny
4827	Ułanówka osada	Mikulicze	Włodzimierz
4828	Ułańska Dola	Jarosławicze	Dubno
4829	Ułasiuki	Zgorany	Luboml
4830	Ulbarów	Warkowicze	Dubno
4831	Ulbarów Czeski	Warkowicze	Dubno
4832	Ulbarów Włościański	Warkowicze	Dubno
4833	Uliły	Wielick	Kowel
4834	Ulin	Poryck	Włodzimierz
4835	Umańce	Świniuchy	Horochów
4836	Umaniowa	Niemowicze	Sarny
4837	Urla	Bereżce	Krzemieniec
4838	Uroczje	Kisorycze	Sarny
4839	Urohu	Datyń	Kowel
4840	Urszulin	Tuczyn	Równe
4841	Urwenna	Zdołbica	Zdołbunów
4842	Urycze	Bielska Wola	Sarny
4843	Uściług	-	Włodzimierz
4844	Uściług os.w.	Włodzimierz	
4845	Usicki Zapust	Torczyn	Łuck
4846	Usickie-Budki	Torczyn	Łuck
4847	Usicze	Torczyn	Łuck
4848	Usteczko	Stary Oleksiniec	Krzemieniec
4849	Ustiny	Bereżce	Krzemieniec
4850	Użanie	Antonówka	Sarny
4851	Uznów	Podberezie	Horochów
4852	Użowa	Rożyszcze	Łuck
4853	Użyniec	Młynów	Dubno

W

4854	Wachówka	Rożyszcze	Łuck
4855	Wachuszczyna	Datyń	Kowel
4856	Wacławin	Młynów	Dubno
4857	Wacławka	Międzyrzec	Równe
4858	Wakulin	Klesów	Sarny
4859	Walerjanówka	Rożyszcze	Łuck
4860	Walewica	Tuczyn	Równe
4861	Waligóry	Poczajów	Krzemieniec
4862	Waliszcze	Dąbrowica	Sarny
4863	Wałok	Zabłocie	Kowel
4864	Walusza	Nowy Czartorysk	Łuck
4865	Wały	Lubitów	Kowel
4866	Wały	Stepań	Kostopol
4867	Wałyszcze	Siedliszcze	Kowel
4868	Wandopol	Równe	Równe
4869	Wandówka (Czerczyce)	Mikulicze	Włodzimierz
4870	Wandowola	Werba	Włodzimierz
4871	Wandywola	Werba	Włodzimierz
4872	Wanżułów	Białozórka	Krzemieniec
4873	Wapienka	Werba	Dubno
4874	Warasz	Rafałówka	Sarny
4875	Wargowiec	Hołowno	Luboml
4876	Warkowicze	Warkowicze	Dubno
4877	Warszawka	Dederkały	Krzemieniec
4878	Warszawka	Wiśniowiec	Krzemieniec
4879	Warszawka	Kisielin	Horochów
4880	Wasilówka	Olesk	Włodzimierz
4881	Waśkowce	Szumsk	Krzemieniec
4882	Wąsowicze	Mikulicze	Włodzimierz
4883	Wąsowicze	Szczurzyn	Łuck
4884	Wasylicha	Poczajów	Krzemieniec
4885	Wasylówka	Rożyszcze	Łuck
4886	Watyń	Torczyn	Łuck
4887	Watyniec	Świniuchy	Horochów
4888	Wedeta	Tuczyn	Równe

4889	Wedmerza	Zgorany	Luboml
4890	Wełnianka	Rożyszcze	Łuck
4891	Wełnicze	Kniahinin	Dubno
4892	Wełyka Dołyna	Datyń	Kowel
4893	Wełykie Berezynky	Lubitów	Kowel
4894	Wełykie Połe	Datyń	Kowel
4895	Wełykie Wólki	Lubitów	Kowel
4896	Wepra	Górniki	Kowel
4897	Werba	Berezne	Kostopol
4898	Werba	Werba	Dubno
4899	Werba	Werba	Włodzimierz
4900	Werbcze	Stepań	Kostopol
4901	Werbcze Duże	Stepań	Kostopol
4902	Werbcze Małe	Stepań	Kostopol
4903	Werbeń	Boremel	Dubno
4904	Werbica	Katerburg	Krzemieniec
4905	Werbka	Niesuchoiże	Kowel
4906	Werbki	Datyń	Kowel
4907	Werbynnyk	Lubitów	Kowel
4908	Werchnów	Chotiaczów	Włodzimierz
4909	Werchostaw	Podberezie	Horochów
4910	Werchówka	Poddębce	Łuck
4911	Werchowskie	Datyń	Kowel
4912	Werchuskie	Datyń	Kowel
4913	Werchy	Górniki	Kowel
4914	Werchy	Szack	Luboml
4915	Werchy Stare	Torczyn	Łuck
4916	Wereczówka	Deraźne	Kostopol
4917	Weremskiego	Niemowicze	Sarny
4918	Weresowata	Górniki	Kowel
4919	Wereszczaki	Wyszogródek	Krzemieniec
4920	Weresznycia	Datyń	Kowel
4921	Wereszowa Góra	Silno	Łuck
4922	Weretenicze	Rafałówka	Sarny
4923	Weretia	Niemowicze	Sarny
4924	Wertepy	Buderaż	Zdołbunów

4925	Wertepy	Kiwerce	Łuck
4926	Werweczka	Dąbrowica	Sarny
4927	Wesoła	Bereżce	Krzemieniec
4928	Wesołówka	Uhorsk	Krzemieniec
4929	Weteranówka	Białozórka	Krzemieniec
4930	Wetła	Siedliszcze	Kowel
4931	Wiatraczny	Sijańce	Zdołbunów
4932	Wiażeszcza	Siedliszcze	Kowel
4933	Wiazowietczyzna	Uhorsk	Krzemieniec
4934	Wiczobrody	Korytnica	Włodzimierz
4935	Wiczynie	Szczurzyn	Łuck
4936	Wiczynie Nowe	Szczurzyn	Łuck
4937	Widuty	Olesk	Włodzimierz
4938	Wielbowno	Chorów	Zdołbunów
4939	Wielichów	Antonówka	Sarny
4940	Wielick	Wielick	Kowel
4941	Wielimcze	Datyń	Kowel
4942	Wielka Lubasza	Kostopol	Kostopol
4943	Wielka Niwa	Stepań	Kostopol
4944	Wielki Las	Silno	Łuck
4945	Wielki Ostrów	Górniki	Kowel
4946	Wielki Peredił	Datyń	Kowel
4947	Wielki Porsk (Duży Porsk)	Wielick	Kowel
4948	Wielkie	Werba	Włodzimierz
4949	Wielkie Miedwieże	Nowy Czartorysk	Łuck
4950	Wielkiepole	Berezne	Kostopol
4951	Wielkiepole	Krymno	Kowel
4952	Wielkopolanka	Dubno	Dubno
4953	Wielkopole	Siedliszcze	Kowel
4954	Wierbiajew	Połonka	Łuck
4955	Wierbiczno	Turzysk	Kowel
4956	Wierchowiecki Bór	Tuczyn	Równe
4957	Wierów	Korytnica	Włodzimierz
4958	Wierzbowiec	Wyszogródek	Krzemieniec
4959	Wierzchnów	Chotiaczów	Włodzimierz
4960	Wierzchów	Chorów	Zdołbunów

4961	Wierzyca	Korzec	Równe
4962	Wigurzyce	Czaruków	Łuck
4963	Wiktorany	Połonka	Łuck
4964	Wiktorów	Chotiaczów	Włodzimierz
4965	Wiktorówka	Chorów	Horochów
4966	Wiktorówka	Kupiczów	Kowel
4967	Wiktorówka	Tesłuhów	Dubno
4968	Wiktorówka	Werba	Włodzimierz
4969	Wilchów	Bielska Wola	Sarny
4970	Wilcza Górka	Kisorycze	Sarny
4971	Wilcze	Silno	Łuck
4972	Wilcze Brody	Korytnica	Włodzimierz
4973	Wilcze Góry	Niemowicze	Sarny
4974	Wilczy Przewóz	Huszcza	Luboml
4975	Wilhelmówka	Skobełka	Horochów
4976	Wilhor	Buhryń	Równe
4977	Wilica	Szack	Luboml
4978	Wiliki Lis	Kisorycze	Sarny
4979	Wilja	Katerburg	Krzemieniec
4980	Wilja	Ludwipol	Kostopol
4981	Wilja	Nowomalin	Zdołbunów
4982	Wilmazów	Jarosławicze	Dubno
4983	Wiły	Antonówka	Sarny
4984	Wincentów	Kisielin	Horochów
4985	Wincentówka	Poczajów	Krzemieniec
4986	Wincentówka	Trościaniec	Łuck
4987	Winniki	Grzybowica	Włodzimierz
4988	Winoki	Krymno	Kowel
4989	Wisienki	Chorów	Zdołbunów
4990	Wiśniów	Luboml	Luboml
4991	WIŚNIOWIEC	Wiśniowiec	Krzemieniec
4992	WIŚNIOWIEC NOWY	Wiśniowiec	Krzemieniec
4993	Wiśniowiec Stary	Wiśniowiec	Krzemieniec
4994	Wisowo	Kołki	Łuck
4995	Wistrów	Luboml	Luboml
4996	Wistrów	Maniewicze	Kowel

4997	Wistrowo	Hołowno	Luboml
4998	Wiszcza	Buderaż	Zdołbunów
4999	Wiszenki	Rożyszcze	Łuck
5000	Wiszeńki	Górniki	Kowel
5001	Wiszniów	Kiwerce	Łuck
5002	Wiszniów	Luboml	Luboml
5003	Wiszniów	Poddębce	Łuck
5004	Witeń	Górniki	Kowel
5005	Witków	Hoszcza	Równe
5006	Witkowce	Kołodno	Krzemieniec
5007	Witkowicze	Berezne	Kostopol
5008	Witoldów	Poryck	Włodzimierz
5009	Witoldówka	Poryck	Włodzimierz
5010	Witoldówka	Chorów	Zdołbunów
5011	Witonież	Szczurzyn	Łuck
5012	Witosówka	Dubno	Dubno
5013	Witosowo	Katerburg	Krzemieniec
5014	Władowisko	Uhorsk	Krzemieniec
5015	Władynopol	Olesk	Włodzimierz
5016	Władysławówka	Aleksandrja	Równe
5017	Władysławówka	Mikulicze	Włodzimierz
5018	Władysławówka	Młynów	Dubno
5019	Władysławówka	Szczurzyn	Łuck
5020	Własiuki	Zgorany	Luboml
5021	Własów	Luboml	Luboml
5022	Właszczyńce	Wyszogródek	Krzemieniec
5023	Włodzimierówka	Szczurzyn	Łuck
5024	Włodzimierz	-	Włodzimierz
5025	Włodzimierzec	Włodzimierzec	Sarny
5026	Włodzimierzówka	Mikulicze	Włodzimierz
5027	Włodzimierzówka	Rożyszcze	Łuck
5028	Wodnik	Międzyrzec	Równe
5029	Wodzinek Klin	Werba	Włodzimierz
5030	Wodzinów	Werba	Włodzimierz
5031	Wojnica	Kisielin	Horochów
5032	Wojnica	Kniahinin	Dubno

5033	Wojskowa	Werba	Dubno
5034	Wojutyn	Torczyn	Łuck
5035	Wola	Brany	Horochów
5036	Wola	Klewań	Równe
5037	Wola	Niesuchoiże	Kowel
5038	Wola Korybutowiecka	Wiśniowiec	Krzemieniec
5039	Wola Małyńska	Międzyrzec	Równe
5040	Wola Ostrowiecka	Huszcza	Luboml
5041	Wola Piłsudskiego	Radziwiłłów	Dubno
5042	Wola Rycerska	Katerburg	Krzemieniec
5043	Wola Strzelecka	Wiśniowiec	Krzemieniec
5044	Wola Wilsona	Kołodno	Krzemieniec
5045	Wola Wyżwowska	Siedliszcze	Kowel
5046	Wołanie	Krymno	Kowel
5047	Wolańska	Werba	Dubno
5048	Wolańszczyzna	Maciejów	Kowel
5049	Wolańszczyzna	Tesłuhów	Dubno
5050	Wołczak	Werba	Włodzimierz
5051	Wołczany	Kisielin	Horochów
5052	Wołczek	Chotiaczów	Włodzimierz
5053	Wołczek	Hołoby	Kowel
5054	Wołczesk	Nowy Czartorysk	Łuck
5055	Wołczkowo	Zabłocie	Kowel
5056	Wołczyca	Maniewicze	Kowel
5057	Wolica	Beresteczko	Horochów
5058	Wolica	Brany	Horochów
5059	Wolica	Łanowce	Krzemieniec
5060	Wolica	Mizocz	Zdołbunów
5061	Wolica	Poryck	Włodzimierz
5062	Wolica	Stary Oleksiniec	Krzemieniec
5063	Wolica Brańska	Brany	Horochów
5064	Wolica Morozowiecka	Grzybowica	Włodzimierz
5065	Wolica Strakłowska	Dubno	Dubno
5066	Wolica Zbytyńska	Dubno	Dubno
5067	Wólka	Kiwerce	Łuck
5068	Wólka	Stydyń	Kostopol

5069	Wólka Chołopska	Ludwipol	Kostopol
5070	Wólka Chrypska	Pulemiec	Luboml
5071	Wólka Dulibska	Olesk	Włodzimierz
5072	Wólka Falemicka	Mikulicze	Włodzimierz
5073	Wólka Hałuzyjska	Bielska Wola	Sarny
5074	Wólka Hołowińska	Kostopol	Kostopol
5075	Wólka Klesowska	Klesów	Sarny
5076	Wólka Kluska	Turzysk	Kowel
5077	Wólka Kotowska	Poddębce	Łuck
5078	Wólka Lubitowska	Lubitów	Kowel
5079	Wólka Markowiecka	Chorów	Horochów
5080	Wólka Podhorodeńska	Maciejów	Kowel
5081	Wólka Porska	Wielick	Kowel
5082	Wólka Radoszyńska	Hołoby	Kowel
5083	Wólka Sadowska	Kisielin	Horochów
5084	Wólka Swojczowska	Werba	Włodzimierz
5085	Wólka Szelwowska	Chorów	Horochów
5086	Wólka Uhruska	Huszcza	Luboml
5087	Wólka Wierbiczańska	Turzysk	Kowel
5088	Wólka Wydraniecka	Korytnica	Włodzimierz
5089	Wołkoszów	Międzyrzec	Równe
5090	Wołkowce	Dederkały	Krzemieniec
5091	Wołkownia	Dąbrowica	Sarny
5092	Wołkownia	Malin	Dubno
5093	Wołkowyje	Tesłuhów	Dubno
5094	Wołnyszcze	Kisorycze	Sarny
5095	Wołnyszcze	Lubitów	Kowel
5096	Wołocze	Beresteczko	Horochów
5097	Wołoczki	Lubitów	Kowel
5098	Wołoczok	Kisorycze	Sarny
5099	Wołodkowszczyzna	Rożyszcze	Łuck
5100	Wołoki	Kisielin	Horochów
5101	Wołosiaki	Siedliszcze	Kowel
5102	Wołoskowce	Sijańce	Zdołbunów
5103	Wołosówka	Kupiczów	Kowel
5104	Wołosywka	Zgorany	Luboml

5105	Wołosza	Stepań	Kostopol
5106	Wołoszki	Aleksandrja	Równe
5107	Wołoszki	Lubitów	Kowel
5108	Wołotacha	Lubitów	Kowel
5109	Wołowa	Kisielin	Horochów
5110	Wołycia	Podberezie	Horochów
5111	Wołyk	Zgorany	Luboml
5112	Woniaczówka	Dąbrowica	Sarny
5113	Worcelówka	Stydyń	Kostopol
5114	Worczy Stary	Korytnica	Włodzimierz
5115	Worczyn	Korytnica	Włodzimierz
5116	Worczyn Nowy	Korytnica	Włodzimierz
5117	Worobin	Dąbrowica	Sarny
5118	Worobjówka	Ludwipol	Kostopol
5119	Worobjówka	Międzyrzec	Równe
5120	Worona (Woronna)	Lubitów	Kowel
5121	Woronczyn	Kisielin	Horochów
5122	Woronki	Włodzimierzec	Sarny
5123	Woronów	Tuczyn	Równe
5124	Woronówka	Ludwipol	Kostopol
5125	Woronucha	Międzyrzec	Równe
5126	Worotec	Kisorycze	Sarny
5127	Woroteń	Niesuchoiże	Kowel
5128	Worotniów	Poddębce	Łuck
5129	Worożynka	Siedliszcze	Kowel
5130	Worsuń	Jarosławicze	Dubno
5131	Woskodawska Dądrowa	Tuczyn	Równe
5132	Woskodawy	Tuczyn	Równe
5133	Wost	Zabłocie	Kowel
5134	Wosyk	Siedliszcze	Kowel
5135	Woszczatyn	Chotiaczów	Włodzimierz
5136	Wowcze	Siedliszcze	Kowel
5137	Wowczkowe	Siedliszcze	Kowel
5138	Wownuchy	Siedliszcze	Kowel
5139	Wowsyszcza	Siedliszcze	Kowel
5140	Woźnianka	Rożyszcze	Łuck

5141	Woźniuki	Bereżce	Krzemieniec
5142	Wręby Paryduby	Korytnica	Włodzimierz
5143	Wronie Błoto	Werba	Włodzimierz
5144	Wsiewołodówka	Kniahininek	Łuck
5145	Wuchodycia	Datyń	Kowel
5146	Wuderówka	Kisorycze	Sarny
5147	Wujkowicze	Chorów	Horochów
5148	Wulialyna	Stepań	Kostopol
5149	Wutyński	Hołowno	Luboml
5150	Wychody	Stepań	Kostopol
5151	Wyczółki	Boremel	Dubno
5152	Wyczymir	Ludwipol	Kostopol
5153	Wydranica	Górniki	Kowel
5154	Wydranka	Korytnica	Włodzimierz
5155	Wydranka	Sudobicze	Dubno
5156	Wydranka	Trościaniec	Łuck
5157	Wydumka	Buderaż	Zdołbunów
5158	Wydumka	Czaruków	Łuck
5159	Wydumka	Deraźne	Kostopol
5160	Wydumka	Ludwipol	Kostopol
5161	Wydumka	Równe	Równe
5162	Wydumka	Tuczyn	Równe
5163	Wydymer	Antonówka	Sarny
5164	Wydymir	Deraźne	Kostopol
5165	Wydżgów	Olesk	Włodzimierz
5166	Wygadanka	Chotiaczów	Włodzimierz
5167	Wygadanka	Poddębce	Łuck
5168	Wygnanka	Dubno	Dubno
5169	Wygnanka	Maciejów	Kowel
5170	Wygoda	Jarosławicze	Dubno
5171	Wygoda	Szumsk	Krzemieniec
5172	Wygony	Datyń	Kowel
5173	Wygrana	Zabłocie	Kowel
5174	Wygranka	Grzybowica	Włodzimierz
5175	Wyhoń	Datyń	Kowel
5176	Wypereć	Krymno	Kowel

5177	Wypuczek	Górniki	Kowel
5178	Wyr	Górniki	Kowel
5179	Wyraczków Ogród	Stepań	Kostopol
5180	Wyrka	Stepań	Kostopol
5181	Wyrobki	Górniki	Kowel
5182	Wyrobki	Rafałówka	Sarny
5183	Wyry	Klesów	Sarny
5184	Wysiołek	Górniki	Kowel
5185	Wysock	Bereżce	Luboml
5186	Wysocz	Bielska Wola	Sarny
5187	Wysoka	Kisielin	Horochów
5188	Wysoka Chwoina	Stepań	Kostopol
5189	Wysoki Ostrów	Luboml	Luboml
5190	Wysokie	Aleksandrja	Równe
5191	Wysokie	Szack	Luboml
5192	Wysokie	Wiśniowiec	Krzemieniec
5193	Wysowa	Włodzimierzec	Sarny
5194	Wystrów	Górniki	Kowel
5195	Wystrowo	Kołki	Łuck
5196	Wysusz	Bielska Wola	Sarny
5197	Wyszka	Stydyń	Kostopol
5198	Wyszków	Kiwerce	Łuck
5199	Wyszogródecki Las	Wyszogródek	Krzemieniec
5200	Wyszogródek	Wyszogródek	Krzemieniec
5201	Wyszrowo	Szack	Luboml
5202	Wytyki	Radziwiłłów	Dubno
5203	Wywyna	Wiśniowiec	Krzemieniec
5204	Wyżówka	Maciejów	Kowel
5205	Wyżyczki	Kisorycze	Sarny
5206	Wyżyczno	Górniki	Kowel
5207	Wyżyńskie	Datyń	Kowel
5208	Wzlesie	Lubikowicze	Sarny

Z-Ż

5209	Za Bołotem	Podberezie	Horochów
5210	Za Groblą	Podberezie	Horochów

5211	Za Laskiem	Berezne	Kostopol
5212	Za Szurą	Berezne	Kostopol
5213	Za Topolami	Podberezie	Horochów
5214	Zabara	Deraźne	Kostopol
5215	Zabara	Kisorycze	Sarny
5216	Zabara	Korzec	Równe
5217	Zabara	Międzyrzec	Równe
5218	Zabara	Niemowicze	Sarny
5219	Zabara	Rożyszcze	Łuck
5220	Zabara	Sudobicze	Dubno
5221	Zabara	Uhorsk	Krzemieniec
5222	Zabara Gościńska	Kisielin	Horochów
5223	Zabara Niemiecka	Kisielin	Horochów
5224	Żabcze	Czaruków	Łuck
5225	Żabecznik	Czaruków	Łuck
5226	Zaberestek	Datyń	Kowel
5227	Zabiłki	Luboml	Luboml
5228	Zabiłym	Krymno	Kowel
5229	Zabirki	Werba	Dubno
5230	Żabka	Kiwerce	Łuck
5231	Zabłazy Duże	Uhorsk	Krzemieniec
5232	Zabłazy Małe	Uhorsk	Krzemieniec
5233	Zabłoćce	Grzybowica	Włodzimierz
5234	Zabłocie	Antonówka	Sarny
5235	Zabłocie	Bielska Wola	Sarny
5236	Zabłocie	Korytnica	Włodzimierz
5237	Zabłocie	Malin	Dubno
5238	Zabłocie	Maniewicze	Kowel
5239	Zabłocie	Rafałówka	Sarny
5240	Zabłocie	Werba	Dubno
5241	Zabłocie	Zabłocie	Kowel
5242	Zabłocie	Zgorany	Luboml
5243	Zabłotce	Malin	Dubno
5244	Zabłotce	Torczyn	Łuck
5245	Zabobrówka	Lubitów	Kowel
5246	Żabokrzyki	Tesłuhów	Dubno

5247	Zabokrzyki Wielkie	Tesłuhów	Dubno
5248	Żabokrzyki Wielkie	Tesłuhów	Dubno
5249	Zabołotce	Grzybowica	Włodzimierz
5250	Zabołotie	Datyń	Kowel
5251	Zabołotje	Lubitów	Kowel
5252	Zabołotje	Łanowce	Krzemieniec
5253	Zabołoto	Kołki	Łuck
5254	Zabołottie	Datyń	Kowel
5255	Zabołottie	Siedliszcze	Kowel
5256	Zabołycie	Górniki	Kowel
5257	Zaborol	Aleksandrja	Równe
5258	Zaborol	Kniahininek	Łuck
5259	Zabramie	Dubno	Dubno
5260	Zabrodem	Datyń	Kowel
5261	Zabrody	Deraźne	Kostopol
5262	Zabrody	Klesów	Sarny
5263	Zabrody	Korytnica	Włodzimierz
5264	Zabrody	Zabłocie	Kowel
5265	Zabrody	Zgorany	Luboml
5266	Zabrodzie	Górniki	Kowel
5267	Zabrudzie	Korytnica	Włodzimierz
5268	Zaburze	Silno	Łuck
5269	Zabużańskie Holendry	Huszcza	Luboml
5270	Zabuże	Huszcza	Luboml
5271	Zabużskie Holendry	Huszcza	Luboml
5272	Zacerkowje	Zdołbica	Zdołbunów
5273	Zachackie	Górniki	Kowel
5274	Zachamiwje	Górniki	Kowel
5275	Zachirskie	Górniki	Kowel
5276	Zachodnie Kwartały	Korzec	Równe
5277	Zachody	Maniewicze	Kowel
5278	Zachora	Lubitów	Kowel
5279	Zachoromce	Bielska Wola	Sarny
5280	Zachrada	Datyń	Kowel
5281	Zachwiszczanie	Górniki	Kowel
5282	Zacisze	Poddębce	Łuck

5283	Zacisze	Pulemiec	Luboml
5284	Zacisze	Silno	Łuck
5285	Zacisze	Stare Koszary	Kowel
5286	Zacisze	Trościaniec	Łuck
5287	Zacisze	Trościaniec	Łuck
5288	Zacisze	Warkowicze	Dubno
5289	Zaczańskie	Krymno	Kowel
5290	Zaczarnecze	Maciejów	Kowel
5291	Zaczorna	Datyń	Kowel
5292	Zaczynek	Datyń	Kowel
5293	Zadąbrowa	Szczurzyn	Łuck
5294	Zadąbrowie	Rafałówka	Sarny
5295	Zade	Siedliszcze	Kowel
5296	Żademla	Antonówka	Sarny
5297	Żademla	Antonówka	Sarny
5298	Zademle	Antonówka	Sarny
5299	Zadni Las	Antonówka	Sarny
5300	Zadołynje	Datyń	Kowel
5301	Zadwir	Lubitów	Kowel
5302	Zadworze	Stydyń	Kostopol
5303	Zady	Górniki	Kowel
5304	Zady	Młynów	Dubno
5305	Zadyby	Krymno	Kowel
5306	Zadyby	Turzysk	Kowel
5307	Zadynowyny	Siedliszcze	Kowel
5308	Zagajce	Chorów	Horochów
5309	Zagaje	Czaruków	Łuck
5310	Zagaje	Kisorycze	Sarny
5311	Zagaje	Podberezie	Horochów
5312	Zagaje Dąbrowa	Krupiec	Dubno
5313	Zagajecki	Zdołbica	Zdołbunów
5314	Zagajnik	Czaruków	Łuck
5315	Zagajnik	Trościaniec	Łuck
5316	Zageteszcza	Datyń	Kowel
5317	Zaglinki	Olesk	Włodzimierz
5318	Zagłobin	Olesk	Włodzimierz

5319	Zagłynnia	Lubitów	Kowel
5320	Zagóra	Diatkiewicze	Równe
5321	Zagóra	Siedliszcze	Kowel
5322	Zagorówka	Kołki	Łuck
5323	Zagrebelka	Zabłocie	Kowel
5324	Zagrobelka	Stydyń	Kostopol
5325	Zagrodki	Zabłocie	Kowel
5326	Zagrodzie	Wiśniowiec	Krzemieniec
5327	Zahajce Małe	Dederkały	Krzemieniec
5328	Zahajce Wielkie	Dederkały	Krzemieniec
5329	Zahajny	Warkowicze	Dubno
5330	Zahalje	Klesów	Sarny
5331	Zahatka	Werba	Włodzimierz
5332	Zahattie	Lubitów	Kowel
5333	Zahattie	Siedliszcze	Kowel
5334	Zahatyszcza	Datyń	Kowel
5335	Zahirje	Datyń	Kowel
5336	Zahorb	Sijańce	Zdołbunów
5337	Zahorce	Dederkały	Krzemieniec
5338	Zahorce Duże	Dubno	Dubno
5339	Zahorce Małe	Dubno	Dubno
5340	Zahorodje	Lubitów	Kowel
5341	Zahoroszcz	Zdołbica	Zdołbunów
5342	Zahorów Nowy	Chorów	Horochów
5343	Zahorów Stary	Chorów	Horochów
5344	Zahraskieje	Górniki	Kowel
5345	Zahrebelna	Poczajów	Krzemieniec
5346	Zahrebla	Lubitów	Kowel
5347	Zahumenki	Lubitów	Kowel
5348	Zaiwanicze	Bielska Wola	Sarny
5349	Zaizie	Datyń	Kowel
5350	Zajączówka	Powursk	Kowel
5351	Zajama	Górniki	Kowel
5352	Zajastrzebiszcze	Zabłocie	Kowel
5353	Zajasynywje	Górniki	Kowel
5354	Zajaźwiniec	Kisorycze	Sarny

5355	Zajcy	Bereżce	Krzemieniec
5356	Zajęczyce	Chorów	Horochów
5357	Zajmysko	Warkowicze	Dubno
5358	Zakamień	Niemowicze	Sarny
5359	Zakład Doświadczalny	Niemowicze	Sarny
5360	Zaklcze	Kisorycze	Sarny
5361	Zakoty	Buderaż	Zdołbunów
5362	Zakoty	Nowomalin	Zdołbunów
5363	Zakrewszczyzna	Zdołbica	Zdołbunów
5364	Zakrót	Górniki	Kowel
5365	Zakrugom	Datyń	Kowel
5366	Zakruh	Klesów	Sarny
5367	Zakruże	Lubitów	Kowel
5368	Zakupni	Krymno	Kowel
5369	Zakustje	Stepań	Kostopol
5370	Zaladom	Kisorycze	Sarny
5371	Zaladyny	Bielska Wola	Sarny
5372	Załan	Siedliszcze	Kowel
5373	Zalanka	patrz Żelanka	Tuczyn
5374	Załawie	Jarosławicze	Dubno
5375	Załawie	Kisorycze	Sarny
5376	Załawiszcze	Antonówka	Sarny
5377	Zaleśce	Uhorsk	Krzemieniec
5378	Zaleśce	Wiśniowiec	Krzemieniec
5379	Zalesczańska	Lubikowicze	Sarny
5380	Zalesie	Berezne	Kostopol
5381	Zalesie	Bereżce	Krzemieniec
5382	Zalesie	Pulemiec	Luboml
5383	Zalesie	Silno	Łuck
5384	Zalesie	Tuczyn	Równe
5385	Zalesie	Warkowicze	Dubno
5386	Zalesie	Zdołbica	Zdołbunów
5387	Zaleszany	Dąbrowica	Sarny
5388	Załeżejskie	Górniki	Kowel
5389	Zalibówka	Buderaż	Zdołbunów
5390	Zalin	Stydyń	Kostopol

5391	Zalipów	Deraźne	Kostopol
5392	Zalipowo	Szack	Luboml
5393	Zalipskie	Luboml	Luboml
5394	Zalis	Krymno	Kowel
5395	Zalisce	Rożyszcze	Łuck
5396	Zaliscy	Turzysk	Kowel
5397	Zalisie	Lubitów	Kowel
5398	Zalisie	Stepań	Kostopol
5399	Zalisje	Datyń	Kowel
5400	Zalisok	Lubitów	Kowel
5401	Zalisom	Kisorycze	Sarny
5402	Zalisy	Zabłocie	Kowel
5403	Zaliwniki	Szack	Luboml
5404	Żałobowo	Rożyszcze	Łuck
5405	Żałobowo Nowe	Rożyszcze	Łuck
5406	Załomy	Antonówka	Sarny
5407	Załosełycia	Lubitów	Kowel
5408	Załubań	Datyń	Kowel
5409	Załug	Datyń	Kowel
5410	Załug	Zabłocie	Kowel
5411	Załukawiec	Deraźne	Kostopol
5412	Załuki	Buderaż	Zdołbunów
5413	Załuski Młyn	Sudobicze	Dubno
5414	Zaluta	Górniki	Kowel
5415	Zalutje	Krymno	Kowel
5416	Załuże	Korytnica	Włodzimierz
5417	Załuże	Lubikowicze	Sarny
5418	Załuże	Sudobicze	Dubno
5419	Załuże	Szumsk	Krzemieniec
5420	Załuże	Włodzimierzec	Sarny
5421	Załużje	Kisorycze	Sarny
5422	Załyśkie	Datyń	Kowel
5423	Załyszewskie	Górniki	Kowel
5424	Zamałynje	Datyń	Kowel
5425	Zamczysko	Dubno	Dubno
5426	Zamczysko	Malin	Dubno

5427	Zamczysko	Sudobicze	Dubno
5428	Zamgły	Datyń	Kowel
5429	Zamiszki	Mikulicze	Włodzimierz
5430	Zamiszki	Tesłuhów	Dubno
5431	Zamlicze	Chorów	Horochów
5432	Zamłynie	Bereżce	Luboml
5433	Zamłynie	Mizocz	Zdołbunów
5434	Zamłynie osiedle	Luboml	Luboml
5435	Zamłyniec	Lubikowicze	Sarny
5436	Zamłynje	Klesów	Sarny
5437	Zamnyk	Datyń	Kowel
5438	Zamoch	Datyń	Kowel
5439	Zamoczek	Kisorycze	Sarny
5440	Zamogile	Czaruków	Łuck
5441	Zamość	Maniewicze	Kowel
5442	Zamoście	Górniki	Kowel
5443	Zamościska	Tesłuhów	Dubno
5444	Zamostecze	Huszcza	Luboml
5445	Zamostok	Siedliszcze	Kowel
5446	Zamosty	Werba	Włodzimierz
5447	Zamostyszcze	Berezne	Kostopol
5448	Zamostyszcze Małe	Berezne	Kostopol
5449	Zamostyszcze.	Krymno	Kowel
5450	Zamosze	Górniki	Kowel
5451	Zamszany	Datyń	Kowel
5452	Zamutoszcze	Lubitów	Kowel
5453	Zamutwickie	Datyń	Kowel
5454	Zamydweże	Luboml	Luboml
5455	Zanakot	Berezne	Kostopol
5456	Zanakotem	Kisorycze	Sarny
5457	Zaostrów	Szczurzyn	Łuck
5458	Zaostrywki	Siedliszcze	Kowel
5459	Zaozirje	Kisielin	Horochów
5460	Zapalje	Siedliszcze	Kowel
5461	Zapaust	Luboml	Luboml
5462	Zaperebrod	Bielska Wola	Sarny

5463	Zapidje Duże	Górniki	Kowel
5464	Zapidje Małe	Górniki	Kowel
5465	Zapłoty	Zgorany	Luboml
5466	Zapokiwje	Górniki	Kowel
5467	Zapole	Luboml	Luboml
5468	Zapole	Silno	Łuck
5469	Zapolje	Stepań	Kostopol
5470	Zapołona	Krymno	Kowel
5471	Zapotereb	Lubitów	Kowel
5472	Zapucze	Lubitów	Kowel
5473	Zapukałowo	Krymno	Kowel
5474	Zapust	Chorów	Horochów
5475	Zapust	Kisielin	Horochów
5476	Zapust	Lubitów	Kowel
5477	Zapust	Międzyrzec	Równe
5478	Zapust	Młynów	Dubno
5479	Zapust	Podberezie	Horochów
5480	Zapust	Siedliszcze	Kowel
5481	Zapust	Werba	Dubno
5482	Zapust Boratyński	Torczyn	Łuck
5483	Zapust Janowski	Kisielin	Horochów
5484	Zapust Kisieliński	Kisielin	Horochów
5485	Zapust Stary	Rożyszcze	Łuck
5486	Zapylle	Datyń	Kowel
5487	Zapylle	Siedliszcze	Kowel
5488	Zapyskie	Siedliszcze	Kowel
5489	Zaramiena	Deraźne	Kostopol
5490	Zariczka	Datyń	Kowel
5491	Zarika	Datyń	Kowel
5492	Żarki	Kisielin	Horochów
5493	Żarnówka	Międzyrzec	Równe
5494	Zarośle	Bereżce	Krzemieniec
5495	Zarudle	Werba	Włodzimierz
5496	Zarudne	Luboml	Luboml
5497	Zarudnia	Datyń	Kowel
5498	Zarudzie	Katerburg	Krzemieniec

5499	Zarudzie	Kołodno	Krzemieniec
5500	Zarudzie	Sijańce	Zdołbunów
5501	Zarudzie	Warkowicze	Dubno
5502	Zaruże	Dąbrowica	Sarny
5503	Zaryczka	Luboml	Luboml
5504	Zarywje	Górniki	Kowel
5505	Zaryżje	Datyń	Kowel
5506	Zarzecze	Dąbrowica	Sarny
5507	Zarzecze	Kołki	Łuck
5508	Zarzecze	Międzyrzec	Równe
5509	Zarzecze	Niesuchoiże	Kowel
5510	Zarzecze	Powursk	Kowel
5511	Zarzeczka	Berezne	Kostopol
5512	Zarzeczyca	Antonówka	Sarny
5513	Zarzeczyca	Dąbrowica	Sarny
5514	Zarzyck	Diatkiewicze	Równe
5515	Zaścianki	Ołyka	Łuck
5516	Zasełyśka	Siedliszcze	Kowel
5517	Zasielowo	Górniki	Kowel
5518	Zaskoczna	Datyń	Kowel
5519	Zasławek	Werba	Włodzimierz
5520	Zasmyki	Lubitów	Kowel
5521	Zasnyki	Maniewicze	Kowel
5522	Zasobicki	Kisorycze	Sarny
5523	Zasów	Krupiec	Dubno
5524	Zastadnycia	Lubitów	Kowel
5525	Zastaw	Lubitów	Kowel
5526	Zastaw	Podberezie	Horochów
5527	Zastawa	Kisielin	Horochów
5528	Zastawie	Brany	Horochów
5529	Zastawie	Klesów	Sarny
5530	Zastawie	Klewań	Równe
5531	Zastawie	Lubitów	Kowel
5532	Zastawie	Luboml	Luboml
5533	Zastawie	Ludwipol	Kostopol
5534	Zastawie	Międzyrzec	Równe

5535	Zastawie	Mizocz	Zdołbunów
5536	Zastawie	Podberezie	Horochów
5537	Zastawiszcze	Berezne	Kostopol
5538	Zastawoczje	Krymno	Kowel
5539	Zastawy	Zgorany	Luboml
5540	Zastinok	Lubitów	Kowel
5541	Zastoki	Hołowno	Luboml
5542	Zastorowennie	Bielska Wola	Sarny
5543	Zastupie	Hołowno	Luboml
5544	Zaświatycia	Datyń	Kowel
5545	Zaświnje	Maniewicze	Kowel
5546	Zaszcze	Kiwerce	Łuck
5547	Zaszczytów	Świniuchy	Horochów
5548	Zaszkiewicze Nowe	Poryck	Włodzimierz
5549	Zaszkiewicze Stare	Poryck	Włodzimierz
5550	Zaszylskie	Górniki	Kowel
5551	Zatiehli	Siedliszcze	Kowel
5552	Zatułowiu	Górniki	Kowel
5553	Zaturce	Kisielin	Horochów
5554	Zaugolce	Silno	Łuck
5555	Zaugole	Berezne	Kostopol
5556	Zaułek	Silno	Łuck
5557	Zawale	Brany	Horochów
5558	Zawale	Jarosławicze	Dubno
5559	Zawale	Luboml	Luboml
5560	Zawale Czeskie	Dubno	Dubno
5561	Zawale Ruskie	Dubno	Dubno
5562	Zawały Las	Kisielin	Horochów
5563	Zawiczje	Kisorycze	Sarny
5564	Zawidów	Nowomalin	Zdołbunów
5565	Zawidów	Poryck	Włodzimierz
5566	Zawidowskie	Chorów	Zdołbunów
5567	Zawizów	Sijańce	Zdołbunów
5568	Zawodnia	Kisorycze	Sarny
5569	Zawodnia	Korzec	Równe
5570	Zawołocze	Ludwipol	Kostopol

5571 Zawołoki	Lubitów	Kowel
5572 Żawrów	Hoszcza	Równe
5573 Zawyduwe	Luboml	Luboml
5574 Zawyłykiewie	Górniki	Kowel
5575 Zawzirje	Maniewicze	Kowel
5576 Zborów	Malin	Dubno
5577 Zboryszów Nowy	Brany	Horochów
5578 Zboryszów Stary	Brany	Horochów
5579 Zbuż	Stydyń	Kostopol
5580 Zbyszcza	Datyń	Kowel
5581 Zbytyń	Dubno	Dubno
5582 Zdeneże	Niemowicze	Sarny
5583 Zdołbica	Dubno	Dubno
5584 Zdołbica	Zdołbica	Zdołbunów
5585 Zdołbunów	-	Zdołbunów
5586 Zdomyśl	Zabłocie	Kowel
5587 Zdżar	Zgorany	Luboml
5588 Żdżarki	Grzybowica	Włodzimierz
5589 Żdżary Duże/Wielkie	Grzybowica	Włodzimierz
5590 Żdżary Małe	Grzybowica	Włodzimierz
5591 Zdżer	Hołowno	Luboml
5592 Zdziłów	Klesów	Sarny
5593 Żelanka	Tuczyn	Równe
5594 Żeleźnica	Hołowno	Luboml
5595 Żeleźnica	Kiwerce	Łuck
5596 Żeleźnica	Kołki	Łuck
5597 Żeleźnica	Międzyrzec	Równe
5598 Żelichowo	Kisorycze	Sarny
5599 Żelinów	Chotiaczów	Włodzimierz
5600 Zełuck	Rafałówka	Sarny
5601 Zełuck Duży	Rafałówka	Sarny
5602 Zełuck Mały	Rafałówka	Sarny
5603 Zgliniec	Dubno	Dubno
5604 Zgorany	Zgorany	Luboml
5605 Zgoszcz	Włodzimierzec	Sarny
5606 Zieleniawa	Klesów	Sarny

5607	Zielenica	Włodzimierzec	Sarny
5608	Zielinka	Datyń	Kowel
5609	Zielona	Beresteczko	Horochów
5610	Zielona	Bereżce	Krzemieniec
5611	Zielona	Kisielin	Horochów
5612	Zielona	Kostopol	Kostopol
5613	Zielona	Poryck	Włodzimierz
5614	Zielona	Tesłuhów	Dubno
5615	Zielona	Turzysk	Kowel
5616	Zielone	Kisorycze	Sarny
5617	Zielone Bagno	Rożyszcze	Łuck
5618	Zielony Dąb	Buderaż	Zdołbunów
5619	Ziemblica	Warkowicze	Dubno
5620	Ziemlica	Korytnica	Włodzimierz
5621	Zimnik	Poddębce	Łuck
5622	Zimnik	Silno	Łuck
5623	Zimno	Mikulicze	Włodzimierz
5624	Ziniówka	Warkowicze	Dubno
5625	Zinówka	Stepań	Kostopol
5626	Ziwka Nowa	Stepań	Kostopol
5627	Ziwka Stara	Stepań	Kostopol
5628	Złaźne	Deraźne	Kostopol
5629	Złoczowiecka	Boremel	Dubno
5630	Złoczówka	Boremel	Dubno
5631	Złotolin	Stydyń	Kostopol
5632	Zływiec	Hołowno	Luboml
5633	Zmieniniec	Kniahininek	Łuck
5634	Żmijewiska	Luboml	Luboml
5635	Zmina	Lubitów	Kowel
5636	Żmudcze	Hołoby	Kowel
5637	Zmuszenie	Kisorycze	Sarny
5638	Znamiarówka	Silno	Łuck
5639	Zniesienie	Dubno	Dubno
5640	Znosicze	Niemowicze	Sarny
5641	Zobryń	Deraźne	Kostopol
5642	Zofijówka	Kisielin	Horochów

5643	Zofjanówka	Kniahininek	Łuck
5644	Zofjówka	Mikulicze	Włodzimierz
5645	Zofjówka	Werba	Włodzimierz
5646	Zofjówka	Kostopol	Kostopol
5647	Zofjówka	Młynów	Dubno
5648	Zofjówka	Silno	Łuck
5649	Zofjówka	Skobełka	Horochów
5650	Zofjówka	Świniuchy	Horochów
5651	Zofjówka	Werba	Dubno
5652	Zofjówka	Zdołbica	Zdołbunów
5653	Żołkinie	Włodzimierzec	Sarny
5654	Zołob	Sijańce	Zdołbunów
5655	Żołobki	Uhorsk	Krzemieniec
5656	Żołoby	Bereżce	Krzemieniec
5657	Żołoby	Bielska Wola	Sarny
5658	Zołotijów	Równe	Równe
5659	Zołotoj Moch	Siedliszcze	Kowel
5660	Żołuby	Lubitów	Kowel
5661	Żórawla	Zabłocie	Kowel
5662	Żorniszcze	Ołyka	Łuck
5663	Żornów	Warkowicze	Dubno
5664	Zorówka	Malin	Dubno
5665	Zosin	Antonówka	Sarny
5666	Zosin	Turzysk	Kowel
5667	Zosin	Werba	Włodzimierz
5668	Zowtowiec	Lubitów	Kowel
5669	Zozów	Równe	Równe
5670	Zozulińce	Chorów	Zdołbunów
5671	Zrub	Podberezie	Horochów
5672	Zubilno	Szczurzyn	Łuck
5673	Żubrowo	Zgorany	Luboml
5674	Zubrowszczyzna	Rożyszcze	Łuck
5675	Żubrowy Kut	Zgorany	Luboml
5676	Żukowce	Wyszogródek	Krzemieniec
5677	Żukowiec	Torczyn	Łuck
5678	Żukowo	Maniewicze	Kowel

5679	Żukowszczyzna	Klewań	Równe
5680	Zulnia	Dąbrowica	Sarny
5681	Zulnia	Stepań	Kostopol
5682	Zurawel	Kisorycze	Sarny
5683	Żurawicze	Silno	Łuck
5684	Żurawiec	Kisielin	Horochów
5685	Żurawiec kol.	Kisielin	Horochów
5686	Żurawniki	Brany	Horochów
5687	Zurne	Berezne	Kostopol
5688	Zuzanka	Maniewicze	Kowel
5689	Żużelnica	Międzyrzec	Równe
5690	Zwierów	Poddębce	Łuck
5691	Zwierzchowsk	Diatkiewicze	Równe
5692	Zwierzyniec	Silno	Łuck
5693	Zwierzyniec	Werba	Włodzimierz
5694	Zwiniacze	Skobełka	Horochów
5695	Żwirków	Połonka	Łuck
5696	Zwiżdże	Deraźne	Kostopol
5697	Życzynek	Szczurzyn	Łuck
5698	Żydowa Góra	Szack	Luboml
5699	Żydówki	Hołowno	Luboml
5700	Żydyczyn	Kiwerce	Łuck
5701	Zygmuntów	Skobełka	Horochów
5702	Zygmuntówka	Deraźne	Kostopol
5703	Zygmuntówka	Krupiec	Dubno
5704	Zygmuntówka	Mikulicze	Włodzimierz
5705	Zygmuntówka	Poryck	Włodzimierz
5706	Zygmuntówka	Turzysk	Kowel
5707	Żylany	Bielska Wola	Sarny
5708	Zyłża	Deraźne	Kostopol
5709	Żynniki	Kisorycze	Sarny
5710	Żyrelcy	Krymno	Kowel
5711	Żyrówka	Bereżce	Krzemieniec
5712	Żyrycze	Zabłocie	Kowel
5713	Żytanie	Mikulicze	Włodzimierz
5714	Żytyń Cukrownia	Aleksandrja	Równe

5715	Żytyń Mały	Aleksandrja	Równe
5716	Żytyń Wielki	Aleksandrja	Równe
5717	Żywotin	Buderaż	Zdołbunów

6. Materialsammlung

Die Zuweisung „polnisch" für die Szlachta der Res Publica ist nachträglich geographisch, mit der Zeit auch kulturell und sprachlich, sowie schließlich politisch und staatsrechtlich jedoch nicht als sachgerecht zu sehen.

Der Adel der Res Publica erscheint im europäischen Vergleich ähnlich dem deutschen Adel [84] als besonders vielfältig und segmentiert. Nationale Adelsgeschichte zu schreiben, ist daher – zumindest derzeit – weder möglich noch angemessen. Stattdessen kommen sowohl für das 20. als auch für das 21. Jahrhundert primär Untersuchungen unterschiedlicher Adelsgruppen (Magnaten, des Ämter und Würden besitzender Adels und Militäradels sowie des Adels regionaler Herkunft und Adels mit besonderem religiösen Bezug oder Herkunft wie Kalvinisten und Juden oder Armenier, Kosaken und Tataren usw.) in Betracht [85].

Als **Adel** oder **adelig** werden in Gesellschaften Europas die Angehörigen der Familien bezeichnet, die zu Ständezeiten qua Gesetz den Adel bildeten und in nichtständischen europäischen Gesellschaften einen geschlossen Kultur- und Wertekreis darstellen.

Literaturbeispiele der Definition der Stellung des Adelstandes heute (mit besonderer Berücksichtigung der Situation in den deutschsprachigen Ländern):

I. Die „Definition des Adels" verschiebt sich „von rechtlichen zu soziokulturellen Merkmalen"[86].

II. „In der Gegenwart besitzen Adelige [in Deutschland] keine rechtlichen oder politischen Privilegien mehr. Trotzdem gehören überproportional viele

---

[84] In Vergleiche dazu steht die Aussage von Conze: „Der deutsche Adel erscheint im europäischen Vergleich besonders vielfältig und segmentiert. Nationale Adelsgeschichte zu schreiben, ist daher – zumindest derzeit – weder möglich noch angemessen. Stattdessen kommen sowohl für das 19. als auch für das 20. Jahrhundert primär Untersuchungen unterschiedlicher Adelsgruppen (Standesherren, Militäradel, Adelsverbände usw.) in Betracht." Conze, Eckart; Wienfort, Monika: Einleitung – Themen und Perspektiven historischer Adelsforschung zum 19. und 20. Jahrhundert. in: Eckart Conze, Monika Wienfort: Adel und Moderne – Deutschland im europäischen Vergleich im 19. und 20. Jahrhundert. Köln 2004, Seite 1.

[85] Vergleiche hierzu auch: Seelig, Michael: Projektbeschreibung: Der ostelbische Adel in der Bundesrepublik Deutschland 1945/49-1974. Dissertationsprojekt an der Philipps-Universität Marburg. Eckart Conze: Der Edelmann als Bürger? Standesbewußtsein und Wertewandel im Adel der frühen Bundesrepublik. in: Hettling, Manfred; Ulrich, Bernd (Hrsg.): Bürgertum nach 1945. Hamburg 2005, Seite 347–371.

[86] Wienfort, Monika: Der Adel in der Moderne, Göttingen 2006, Seite 9.

Adelige zu den politischen oder wirtschaftlichen, zu den regionalen oder lokalen Eliten“[87] .

III. „Nach vorsichtigen Schätzungen beträgt der Anteil des Adels an der deutschen Bevölkerung heute nicht mehr als 0,1 %“ [88].

IV. „Das Ende der Geschichte des ... Adels war dies [d. h. Ausgang des I. Weltkrieges] aber nicht. Vielmehr gilt, wie Wienfort im Anschluss an Weber ausblickend urteilt, dass »der Adel auch im 21. Jahrhundert weiter besteht, solange er Glauben für seine Adelsqualität findet – in den eigenen Reihen und in der massenmedialen Öffentlichkeit«. Insofern bleibt der Adel auch ein Thema für die Zeitgeschichte. Zumindest in zweierlei Hinsicht eröffnet eine Geschichte des Adels in der Bundesrepublik Erkenntnischancen: zum einen als wesentlicher Bestandteil einer bundesrepublikanischen Elitengeschichte, zum anderen als geradezu Webersche Versuchsanordnung“[89].

V. „Auch die Geschäftspolitik der jungen Bundesrepublik erleichterte die Eingliederung des Adels in die sozialpolitische Ordnung. Denn auf der Linie einer honorigen Traditionsbildung wurde zu einer Zeit, als die Verschwörer des 20. Juli 1944 vielfach noch als «Landesverräter» stigmatisiert wurden, der auffällig große Anteil von Adligen an dieser Opposition anerkannt, damit aber auch der Adel insgesamt als widerstandsfähige Formation gewürdigt. Auch diese Einstellung versöhnte den Adel mit den neuen sozialpolitischen Bedingungen“.[90]

VI. „Bekanntlich war ein Drittel der in diesem Zusammenhang hingerichteten Gegner des Nationalsozialismus adelig. [...] Die mentale Ankunft des Adels in der Bundesrepublik verdankt sich damit auch einer standesbezogenen Geschichtspolitik, die einen als adelig definierten Tugendkanon mit der Bereitschaft zum aktiven Widerstand gegen den Nationalsozialismus in

---

[87] Ebenda, Seite 10.
[88] Ebenda, Seite 159.
[89] Rezension zu Wienfort, Monika: Der Adel in der Moderne, Göttingen 2006 von Martin Kohlrausch, DHI Warschau. in: H-Soz-u-Kult, 31. Mai 2007.
[90] Wehler, Hans-Ulrich: Deutsche Gesellschaftsgeschichte. Fünfter Band – Bundesrepublik und DDR 1949–1990. München 2008, Seite 166f.

Verbindung brachte".[91]

VII. „Und gewährt nicht ein Blick auf den Adel nach 1945 auch Einsichten in die Sozialstruktur der Bundesrepublik? [...] Und wenn man sich für diese Prozesse und Mechanismen interessiert, wird man auch das Jahr 1945 nicht als Endpunkt von Adelsgeschichte betrachten dürfen."[92]

VIII. „Überlegungen wie die Schulenburgs oder Einsiedels, bei näherem Betrachten jedoch auch diejenigen Moltkes, verweisen auf die Fortwirkung eines spezifisch adeligen Selbstverständnisses, aber auch auf die Verknüpfung, wenn nicht die Identität von Standesethos und Eliteideal, von Dienstideologie und Herrschaftsanspruch. In dieser Perspektive gewinnt auch das Widerstands-denken und -handeln des Attentäters selbst, von Claus Schenk Graf von Stauffenberg, eine adelshistorisch relevante Dimension." [93]

IX. **Somit kann beim bewussten Adelstand von einem** „spezifisch adeligen Wertekanon[s] im Kontext von Begriffen wie Ehre, Pflicht und Opfer, der **als Gegenmodell** zu »bürgerlichen« Vorstellungen von individueller Leistungsbereitschaft entwickelt wurde"[94] Diese ist nicht länderspezifisch, sondern im Kontext der europäischen Abendlandes wie auch auch seit 1959 von C.I. L.A N.E. [95] vertreten wird, übernational .

X. Hans-Ulrich Wehler spricht in Anlehnung an Lord Ralf Dahrendorf vom Adel als einer „Prestige-Oberschicht" und einer „geschlossenen Gesellschaft", „die sich mit eigenen Ritualen, ihrem spezifischen Ehrenkodex, ständischen Prinzipien der Lebensführung, ihrem Abstammungsprestige und dem exklusiven gesellschaftlichen Verkehr von ihrer bürgerlichen Umwelt " abhebt.[96]

---

[91] Conze, Eckart; Wienfort, Monika: Einleitung – Themen und Perspektiven historischer Adelsforschung zum 19. und 20. Jahrhundert. in: Eckart Conze, Monika Wienfort: Adel und Moderne – Deutschland im europäi-schen Vergleich im 19. und 20. Jahrhundert. Köln 2004, Seite 4.
[92] Ebenda, Seite 12.
[93] Conze, Eckart: Adel und Adeligkeit im Widerstand des 20. Juli 1944. in: Heinz Reif (Hrsg.): Adel und Bürgertum in Deutschland II. Berlin 2001, Seite 282f.
[94] Wienfort, Monika: Der Adel in der Moderne, Göttingen 2006, Seite 11.
[95] Die Europäische Adelskommission, **La Commission d'information et de liaison des associations de noblesse d'Europe**, kurz **Cilane** oder C.I.L.A.N.E., ist eine Austausch- und Vernetzungsorganisation europäischer Adelsverbände. Sie wurde 1959 in Paris gegründet und dient zur Vernetzung der Mitglieder von und Jugendarbeit der Adelsorganisationen, ihre Geschäftssprache ist Französisch.
[96] Wehler, Hans-Ulrich: Deutsche Gesellschaftsgeschichte. Fünfter Band – Bundesrepublik und DDR 1949–1990. München 2008, Seite 167.

Adelskorporationen
Zusammenschlüsse rechtlicher oder gesellschaftlicher Art von Edelleuten eines bestimmten Territoriums oder eines bestimmten Standes zum Zecke der Rechtsvertretung, der Geselligkeit, der Pflege des Standesbewusstseins und des Zusammenhalts des Adels. Adelskorporationen gab es seit dem Mittelalter in Form von Rittergesellschaften. Später gab es eine Vielzahl heute oft unbekannter oder nur wenig erforschter verschiedenste Zusammenschlüsse wie etwa die Adelskette oder der erst 1902 begründete Verein deutscher Fürstinnen zur Hebung der Sittlichkeit.

In vielen Territorien gab es zahlreiche Ritterschaften als Zusammenschlüsse des landgesessenen Adels einer Region. Von diesen überlebten den zweiten Weltkrieg landgesessen nur Ritterschaften auf westdeutschem Gebiet, so die Althessische Ritterschaft, die Genossenschaft des Rheinischen Ritterbürtigen Adels und die Schleswig-Holsteinischen Prälaten und Ritterschaft. Alle anderen Ritterschaften, so die der baltischen Gebiete, pflegen ihre Traditionen natürlich - so zu sagen exiliert - weiter.

Neben diesen existierten auch regionale Adelskorporationen, die weniger den grundbesitzenden als mehr den gesamten Adel einer Landschaft aufnahmen. Hier ist in erster Linie die 1874 bis 1956 wirkende Deutsche Adelsgenossenschaft zu nennen, die sich in Landes- und Provinzialabteilungen untergliederte. Nach 1945 nehmen diese Stellung die regionalen Adelsvereinigungen ein. Sie tragen in der Regel den Namen "Vereinigung des Adels in ..." und arbeiten in der Rechtsform eines eingetragener Vereines. Wer in sie aufgenommen werden will, muss dem historischen deutschen Adel angehören oder wie in anderen Verbänden der CILANE durch eine Nichtbeanstandung als zugehörig ausgewiesen sein. Diese Funktion nimmt in Vereinigung der Deutschen Adelsverbände e. V. der Deutsche Adelsrechtsausschuss wahr.

Darüber hinaus ist meistens Bedingung, dass man einem Adelsgeschlecht entstammt, das in der betreffenden Region schon länger ansässig ist. Zumindest aber sollte man beruflich im Land tätig sein, um Mitglied werden zu können.

Die Ziele der regionalen Vereine nach 1945 sind meist geselliger und unterhaltender Natur, wenngleich in bestimmten Fällen auch eine Standesvertretung erfolgt. Zusammengeschlossen sind die Nachkriegs-Adelsverbände in der Vereinigung der Deutschen Adelsverbände. Ihre Anzahl bleibt relativ konstant und blieb es auch nach der deutschen Wiedervereinigung, da die bestehenden zuvor exilierten Verbände nun auch in den neuen Bundesländern tätig wurden, so der Verband „Der Sächsische Adel e. V.“ in Sachsen und Thüringen oder die „Vereinigung des Adels in

Berlin e. V." (1991 erfolgte die Umbenennung in Vereinigung des Historischen Adels in Berlin und Brandenburg e. V.).

Als Dachverband der deutschsprachigen Adelsverbände gibt es in der Vereinigung der Deutschen Adelsverbände keine persönlichen Mitgliedschaften. Ihm gehören 23 Gliederungen an, davon sind 15 regionale Vereinigungen, 4 konfessionelle Vereinigungen sowie 4 Ritterschaften. Er wurde im Jahre 1956 gegründet. Im Einzelnen handelt es sich um folgende Verbände:

Regionale Vereinigungen:
Baden - Vereinigung des Adels in Baden (ohne Rechtsform)
Bayern - Vereinigung des Adels in Bayern e. V.
Berlin und Brandenburg - Vereinigung des Historischen Adels in Berlin und Brandenburg e. V.
Bremen und Oldenburg - Vereinigung des Adels in Bremen und Oldenburg (ohne Rechtsform)
Hamburg und Schleswig-Holstein - Vereinigung des Adels in Hamburg und Schleswig-Holstein e. V.
Hessen - Vereinigung des Adels in Hessen e. V.
Mittelrhein - Vereinigung des Adels am Mittelrhein (ohne Rechtsform)
Niedersachsen - Vereinigung des Adels in Niedersachsen (ohne Rechtsform)
Pommern - Vereinigung pommerscher Adelsfamilien (ohne Rechtsform)
Ostpreußen - Der Historische Ostpreußische Adel (ohne Rechtsform)
Rheinland und Westfalen-Lippe - Vereinigung des Adels im Rheinland und in Westfalen-Lippe e.V.
Saar - Vereinigung des Adels an der Saar (ohne Rechtsform)
Sachsen, Sachsen-Anhalt, Thüringen - Der Sächsische Adel e. V.
Schlesien - Vereinigung Schlesischer Adel (ohne Rechtsform)
Württemberg - Vereinigung des Adels in Württemberg (ohne Rechtsform)

Ritterschaften:
Baltische Ritterschaften - Verband der Baltischen Ritterschaften e. V. (Vertretung der vier Ritterschaften: von Livland, Estland, Kurland und Oesel)
Althessische Ritterschaft - Verein der Althessischen Ritterschaft e. V.
Rheinischer Ritterbürtiger Adel - Genossenschaft des Rheinischen Ritterbürtigen Adels (ohne Rechtsform)
Schleswig-Holstein - Schleswig-Holsteinische Prälaten und Ritterschaft (ohne Rechtsform)

Konfessionelle Verbände:

Katholische Edelleute in Bayern - Genossenschaft katholischer Edelleute in Bayern e.V.
Katholischer Adel Rheinland und Westfalen - Verein katholischen Adels Rheinland und Westfalen (ohne Rechtsform)
Katholischer Edelleute Südwestdeutschland - Verein Katholischer Edelleute Südwestdeutschlands (ohne Rechtsform)
Katholische Edelleute Schlesiens - Vereinigung Katholischer Edelleute Schlesiens (ohne Rechtsform).

Für den Adel der Länder der Habsburgermonarchie bestehen derzeit keine Adelskorporationen (abgesehen von der Adelsvereinigungen des Ungarischen Adels für die Länder der Hl. Stephanskrone und des Verbandes des Polnischen Adels für das heutige Gebiet der Republik Polen). Dies bedeutet, dass der Adel aus Österreich und den Ländern der Böhmischen Krone (Böhmens, Mährens und Schlesiens) nur gemäß dem Regionalprinzip eine Aufnahme in eine zuständige Vereinigung des Deutschen Adels suchen kann.

Rückgrat der Adelsverbände sind heute die Familienverbände. Obwohl vielfach nur Einzelmitglieder in die Adelskorporationen aufgenommen werden, bilden gerade die Familienverbände den ideellen Haltepunkt des innersten Kreises des Adels, der Familie. Von der Rekrutierung der Jugend in die Familienverbände hängt im Wesentlichen auch deren Einbindung in die Adelskorporationen ab und nur sie garantiert lebendiges und traditionelles Fortbestehen des Adels als Gesellschaftsgruppe.

Über das Gefühl der Zusammengehörigkeit unter demselben Namen entwickelt sich hier oft das erste Engagement in der Verbandsarbeit, bevor man in die regionalen Verbände geht und dort Funktionen übernimmt. Das Prinzip der gegenseitigen Hilfe wird mit Stiftungen genauso wie auf überregionaler Ebene in Form des Hilfswerks der Deutschen Adelsverbände durchgeführt, da die Adelskorporationen Rechte nur aus erfüllten Pflichten ableiten. Daneben ist die Aufgabe der Adelsvereinigungen im großen wie im kleinen Kreis auch die Bestimmung des eigenen Standorts und Diskussionsort über die sich immer rascher ändernde Welt und die Stellung der Edelleute in ihr im 21. Jahrhundert.

Um dies zu erhalten, ist eine Investition in die Bewahrung der eigenen Tradition erforderlich. Daher erfüllt der Abschnitt der Materialsammlung zu den vorstehenden Stammfolgen zugleich einen Querschnitt weiterführender Literatur zur Erleichterung der Vergegenwärtigung der nicht immer einfach zu erfassenden Zusammenhänge.

Datenbänke
Wikia szlachta [97]

Rodovid.org – internationale, vielsprachige und kostenlose Stammbaumdatenbank [98]

Reichsweite Quellen
Volumina Legum (10 Bände) - Gnadenakte im Gesetzeswerk der **Serenissima Res Publica Coronae Regni Poloniae Magnique Ducatus Lithuaniae.**
[Quelle: Voluma Legum (konstytucje sejmowe), 6 Bände (I-VI) mit Zeitraum bis 1736, Warszawa 1732-39, Band VII und VIII mit Zeitraum bis 1780, Warszawa 1782, przedruk zbioru praw II. Auflage Petersburg 1859 - 1860], [99]

Metryki koronne [100]

Źródeł Dziejowe - Edition von Geschichtsquellen [101]
Beinhaltet Listen der Steuerreskription und des Landesaufgebotes [pospolite ruszenie] aus der Ziet unmittelbar vor oder nach der Bildung der Realunion **Serenissima Res Publica Coronae Regni Poloniae Magnique Ducatus Lithuaniae** im Jahre 1569.

1. Band [Tom] XII Źródeł Dziejowych - Großpolen [Wielkopolska] Teil 1, rejestry poborowe i podatkowe:
Wielkopolska. T. 1 – 11
- województwo poznańskie:

pow. poznański, rejestr 1580,
pow. kościański, rejestr 1580-1581,
pow. wschowski, rejestr 1579,
pow. wałecki, rejestr 1579,
- woj. kaliskie:

pow. kaliski, rejestr 1579,
pow. gnieźnieński, rejestr 1577-1579,
pow. pyzdrski, rejestr 1578,
pow. koniński, rejestr 1579.

---

97 *[Quelle: http://de.szlachta.wikia.com/wiki/Szlachta_Wiki].*
98 [Quelle: http://de.rodovid.org/wk/Spezial:FamilyList].
99 *[Download: http://www.wbc.poznan.pl/dlibra/publication?id=47642].*
100 [Quelle: http://www.agad.gov.pl/inwentarze/Metr_Korx.xml].
101 *[Download: http://www.wbc.poznan.pl/dlibra/publication7id=7986].*

- woj. inowrocławskie:
pow. inowrocławski, rejestr 1583,
pow. bydgoski, rejestr 1580.
- ziemia dobrzyńska:
pow. dobrzyński, rejestr 1564,
pow. rypiński, rejestr 1564,
pow. lipnowski, rejestr 1564.

2. Band [Tom] XIII Źródeł Dziejowych - Großpolen [Wielkopolska] Teil 2, rejestry poborowe i podatkowe:
Wielkopolska. T. 2 – 12
- woj. brzeskie:
pow. brzeski, rejestr 1557 und 1566,
pow. kowalski, rejestr 1557 und 1566,
pow. przedecki, rejestr 1557 und 1566,
pow. radziejowski, rejestr 1557 und 1566,
pow. kruszwicki, rejestr 1557 und 1566.
- woj. łęczyckie:
pow. łęczycki, rejestr 1576,
pow. brzeski, rejestr 1576,
pow. orłowski, rejestr 1576.
- woj. sieradzkie:
pow. sieradzki, rejestr 1489, 1496, 1511, 1518, 1553 und 1576,
pow. szadkowski, rejestr 1511, 1518, 1552 und 1553,
pow. piotrkowski, rejestr 1511, 1518, 1552 und 1553,
pow. pow. radomski (radomszczański) rejestr 1511, 1518, 1552 und 1553,
pow. wieluński, rejestr 1511, 1518, 1552 und 1553,
pow. ostrzeszowski, rejestr 1553 und 1563.

3. Band [Tom] XIV Źródeł dziejowych - Kleipolen [Małopolska], rejestry poborowe i podatkowe:
Małopolska. T. 1 – 13:
- woj. krakowskie:
pow. proszowski, rejestr 1581,
pow. szczyrzycki, rejestr 1581,
pow. lelowski, rejestr 1581,
pow. książski, rejestr 1581,
pow. śląski, rejestr 1581,
pow. biecki, rejestr 1581,
pow. sandecki, rejestr 1581.

- woj. sandomierskie:
pow. sandomierski, rejestr 1578,
pow. wiślicki, rejestr 1579,
pow. pilzneński, rejestr 1581,
pow. chęciński, rejestr 1573,
pow. opoczyński, rejestr 1577,
pow. radomski, rejestr 1569,
pow. stężycki, rejestr 1569.
- woj. lubelskie:
pow. lubelski, rejestr 1531,
pow. urzędowski, rejestr 1531,
ziemia łukowska, rejestr 1531, 1552 und 1580.

4. Band [Tom] Źródeł dziejowych - Kleinpolen [Małopolska], rejestry poborowe i podatkowe:
Małopolska. T. 2 – 14:
pow. krakowski, rejestr 1490,
pow. szczyrzycki, rejestr 1490,
księstwo siewierskie, rejestr 1667,
starostwo spiskie, rejestr 1569.
- woj. sandomierskie:
pow. sandomierski, rejestr 1508,
pow. pilzneński, rejestr 1508 und 1536,
pow. radomski, rejestr 1508,
pow. opoczyński, rejestr 1508,
pow. chęciński, rejestry 1508 und 1540,
pow. wiślicki, rejestr 1508.

Zusatz zum Band XV ist **Rejestr pogłównego woj. lubelskiego (bez ziemi łukowskiej)**, aus 1676, welche eigene Seitennummerierung aufweist.
Podlasie. Teil 1 – 16
Podlasie. Teil 2 – 17
Podlasie. Teil 3 – 18

5. Band [Tom] XVI Źródeł dziejowych - Mazowien [Mazowsze], rejestry poborowe I podatkowe:
Mazowsze - 15
woj. płockie:
pow. płocki, rejestr 1578,
pow. bielski, rejestr 1578,

pow. sierpski, rejestr 1578,
pow. szreński, rejestr 1578,
pow. mławski, rejestr 1578,
pow. raciąski, rejestr 1578,
pow. płoński, rejestr 1578,
pow. niedzborski, rejestr 1578,
dobra duchowne 1570.

- woj. rawskie:

pow. sochaczewski, rejestr 1579,
pow. rawski, rejestr 1579,
pow. gostyński, rejestr 1579.

- woj. mazowieckie:

pow. czerski, rejestr 1576,
pow. grodzieński, rejestr 1576,
pow. warecki, rejestr 1576,
pow. warszawskie, rejestr 1580,
pow. wyszogrodzki, rejestr 1576,
pow. zakroczymski, rejestr 1576,
pow. nowomiejski, rejestr 1576,
pow. ciechanowski, rejestr 1567,
pow. przasnyski, rejestr 1567,
pow. sąchocki, rejestr 1567,
pow. wiski, rejestr z 1577 r.,
pow. wąchocki, rejestr z 1577 r.

- woj. łomżyńskie:

pow. łomżyński, rejestr 1578,
pow. kolneński, rejestr 1578,
pow. zambrowski, rejestr 1578,
pow. ostrołęcki, rejestr 1578,
pow. różański, rejestr 1582,
pow. makowski, rejestr 1582,
pow. nurski, rejestr 1578,
pow. ostrowski, rejestr 1578,
pow. kamieniecki, rejestr 1578.

6. Band [Tom] XIX Źródeł dziejowych - Wolhynien und Podolien [Wołyń und Podole], rejestry poborowe i podatkowe:
Ziemie ruskie. Ruś Czerwona. Teil 1 - 19
Ziemie ruskie. Ruś Czerwona. Teil 2 - 20

Ziemie ruskie. Wołyń i Podole -21

- woj. wołyńskie:

pow. łucki, rejestr 1570, 1577, 1583 und 1589,
pow. włodzimierski, rejestr 1577, 1583 und 1589,
pow. krzemieniecki, rejestr 1583.

- woj. podolskie:

pow. i starostwo kamienieckie, rejestr 1530, 1542, 1566, 1578 und 1583,
pow. czerwonogrodzki, rejestry 1530 und 1542,
pow. międzyborski, rejestry 1530 und 1542,
pow. latyczowski, rejestry 1530 und 1542,
pow. zynkowski, rejestry 1530 und 1542,
pow. chmielnicki, rejestr 1530,
woj. podolskie, rejestry 1565, 1566, 1569, 1578 und 1583.

7. Band [Tom] XX Źródeł dziejowych - Ukraina, rejestry poborowe i podatkowe:
Ziemie ruskie. Ukraina. Teil 1 - 22

- woj. kijowskie - rejestr 1570, 1571, 1572, 1581 und 1628, lustracje z 1616 und 1622,
- woj. bracławskie - rejestr 1569, 1566-1633, 1567-1631 und 1629
- woj. kijowskie und bracławskie - rejestr 1529, 1577, 1579 und 1581.

8. Band [Tom] XXI Źródeł dziejowych – Ukraina
Ziemie ruskie. Ukraina. Teil 2 - 23

- woj. kijowskie, zawiera wyciągi sumariusz trybunalskiego 1591-1625,
- woj. bracławskie, zawiera wyciągi sumariusz trybunalski 1590-1624.

Ziemie ruskie. Ukraina. Teil 3-24

9. Dzieje Lubelszczyzny tom III. Słownik historyczno-geograficzny województwa lubelskiego w średniowieczu.

Auflösung der Abkürzungen:

Ź12Wkp – Tom XII Źródeł dziejowych – Wielkopolska
Ź13Wkp – Tom XIII Źródeł dziejowych – Wielkopolska
Ź14/15Młp – Tom XIV i XV Źródeł dziejowych – Małopolska (wspólna numeracja stron)
Ź15MłpPog – Tom XV Źródeł dziejowych – Małopolska (Regestr pogłównego woj. lubelskiego z r. 1676)
Ź16Maz – Tom XVI Źródeł dziejowych – Mazowsze
Ź19WołPod – Tom XIX Źródeł dziejowych – Wołyń i Podole
Ź20Ukr – Tom XX Źródeł dziejowych – Ukraina
Ź21Ukr – Tom XXI Źródeł dziejowych – Ukraina
Sł.w.lub. – Dzieje Lubelszczyzny tom III. Słownik historyczno-geograficzny województwa lubelskiego w średniowieczu
HrbKap – Herbarz Ignacego Kapicy Milewskiego (dopełnienie Niesieckiego)

Prusy Królewskie. Teil 1-19/20
Inflanty. Teil 1
Andere Bände **„Źródła dziejowe":**
Dzieje zjednoczenia Ormian polskich z Kościołem Rzymskim w XVII wieku
Stefan Batory pod Gdańskiem w 1576 -1577
Lustracye królewszczyzn ziem ruskich Wołynia, Podola i Ukrainy z pierwszej połowy XVII wieku
Rewizya zamków ziemi wołyńskiej
Sprawy Prus Książęcych za Zygmunta Augusta w r. 1566 -1568
Skarbowość w Polsce i jej dzieje za Stefana Batorego 1576-1586
Księgi podskarbińskie z czasów Stefana Batorego 1576-1586
Sprawy wołoskie za Jagiellonów
Akta metryki koronnej ... z czasów Stefana Batorego. 1576-1586

Reichsweite Adelsübersichten (Chronologisch geordnet)
Graf Dunin-Borkowski - Adelslexikon Res Publica Serenissima
[Quelle: Dunin-Borkowski (h. Łabędź Abwandlung), Graf Jerzy Seweryn: Spis nazwisk szlachty polskiej Lemberg 1887, Seite] [102]

Kasprzycki (12 Bände) - Adelslexikon Res Publica
[Quelle: Kasprzycki (h. Starykoń), Stefan: Polska encyklopedja szlachecka, Warszawa 1935 - 1938, 12 Bände, Band , Seite].

Siwik- Lexikon adliger Zu- und Beinamen in der Res Publica
Aktuellstes Werk mit 59.034 Einträgen zu 42 089 adligen Geschlechtern in Res Publica, [Quelle: Siwik, Jan: Encyklopedia nazwisk i przydomków szlacheckich, Warszawa 2010, Seite].

Reichsweite Adelslexika
Boniecki (17 Bände) - Wappenbuch Res Publica - Datenbank Dr. Minakowski [103]
[Quelle: Boniecki, (h. Bończa), Adam: Herbarz polski, Warszawa 1899 ff].

Graf Dunin-Borkowski (5 Bände) - ausgewählte Stammfolgen
[Quelle: Dunin-Borkowski (h. Łabędź), Graf Jerzy Seweryn: Lwów und Warszawa

---

[102] *[Download: http://www.wbc.poznan.pl/publication/55480].*
[103] *http://wielcy.pl/boniecki/pl/.*

1908 Rocznik szlachty polskiej, Band 1, Seite , und Rocznik szlachty polskiej, Band 2, Seite]. [104]

[Quelle: Dunin-Borkowski (h. Łabędź), Graf Jerzy Seweryn: Genealogia żyjących utytułowanych rodów polskich, Lwów 1895, Seite]. [105]

[Quelle: Dunin-Borkowski (h. Łabędź), Graf Jerzy Seweryn: Almanach błękitny: genealogia żyjących rodów polskich, Band 1 und Almanach błękitny: genealogia żyjących rodów polskich, Band 2, Lwów, Warszawa [1908] Seite]. [106]

Starykoń-Kasprzycki-Almanach - Almanach des Adels der Res Publica
[Quelle: Starykoń-Kasprzycki, Stefan: Almanach Szlachecki. Genealogia Polskich Rodzin Szlacheckich, Warszawa 1939, Band 1, Hefte 1-4, Seite].

Kapica-Milewski – Wappenbuch - Wappenbuch Res Publica [107]
[Quelle: Ignacy (Wawrzyniec Hiacynt) Kapica Milewski (h. Tuczyński): Herbarz Ignacego Kapicy Milewskiego (wydanie z rękopisu), Seite].

Datenbank Dr. Minakowski [108]

Minakowski Eliten (20 Bände) - Stammfolgen Res Publica ab XVIII. Jhdt. Gotha-ähnliche Fortsetzung der Arbeiten von Boniecki, Uruski und Żychliński
[Quelle: Minakowski, Marek Jerzy: Elita Rzeczypospolitej, Kraków 2011ff, 20 Bände, Band , Seite].

Niesiecki (10 Bände Ausgabe Bobrowicz + 1 Band) - Wappenbuch Res Publica [109]
[Quelle: Niesiecki, Kasper: Herbarz Polski, wyd. J.N. Bobrowicz, Lipsk 1839-1845, Band , Seite].

Czarniecki - Herbarz Polski – Ergänzung zu Niesiecki [110]
[Quelle: Czarniecki (z Czarncy h. Łodzia), Krzysztof: Herbarz Polski podług

---

[104] *[Download: Band 1: http://pbc.biaman.pl/publication/1623 und Band 2: http://mbc.malopolska.pl/publication/183].*
[105] *[Download: http://www.wbc.poznan.pl/publication/54074].*
[106] *[Download: http://www.sbc.org.pl/dlibra/docmetadata?id=5489&from=publication&].*
[107] *[Dow nload: http://www.wbc.poznan.pl/publication/1879].*
[108] http://wielcy.pl/ und Rezension: http://de.szlachta.wikia.com/wiki/Rezension_Datenbank_Minakowski.
[109] Datenbank Dr. Minakowski http://wielcy.pl/niesiecki/.
[110] *[Download Band 1: http://pbc.biaman.pl/dlibra/docmetadata?id=1696&from=&dirids=1&ver_id=&lp=1&QI=], [Download Band 2: http://pbc.biaman.pl/dlibra/docmetadata?id=1588&from=publication].*

Niesieckiego, Gniezno 1875 - 1881, 2 Bände, Band , Seite].

Radzimińska (Hrsg.) - aktuelle Stammfolgen der Szlachta
[Quelle: Radzimińska, Maria (Hrsg.): Polskie rody szlacheckie. Kto jest kim dziś, Warszawa 1993, Seite].

Nenkanda-Trepka (2. kor. Auflage) - Adelsanmaßung Res Publica
[Quelle: Trepka, Nekanda (h. Topór), Walerian: Liber generationis plebeanorum ("Liber chamorum"), Wrocław u. a. 1995, II. Auflage durch Rafał Leszczyński].

Graf Uruski (15 Bände) - Wappenbuch Res Publica [111]
[Quelle: Uruski (h. Sas), Graf Seweryn: Rodzina. Herbarz szlachty polskiej, Warszawa 1904 - 1938, Band 7, Seite 117].

Graf Uruski - 6 Bände Indexmanuskript
Stiftungsbibliothek - **zeitweilig nicht zugänglich**

Wittyg - Verdunkelter Adel der Res Publica [112]
[Quelle: Wittyg, Wiktor: Nieznana szlachta polska i jej herby, Kraków 1908, Seite].

Żychliński (31 Bände des Goldenen Buches des Polnischen Adels) + 6 Bände Indexmanuskript
(Anmerkung: die Bibliothek der Stiftung besitzt im Original nur 9 der 31 Bände, daher werden aus dem Indexmanuscript nur die Fundstellen geliefert; um die Datenintegration werden die betroffenen Familien gebeten. Stiftungsbibliothek: **Indexmanuscript.**
[Quelle: Żychliński (h. Szeliga), Teodor: Złota księga szlachty polskiej, Poznań 1879 - 1907, Jahrgang und Seite gemäß dem Indexmanuscript] - **zeitweilig Band "WY" nicht zugänglich.**

Adelslexika in Deutsch
von Żernicki-Szeliga (5 Bände) - Gesamtwerk (5 Titel), aber veraltert
[Quelle: Żernicki-Szeliga, Emilian, von: Der polnische Adel und die demselben hinzugetretenen anders-ländischen Adelsfamilien: General-Verzeichniss. Hamburg 1900, Band 1, Seite 489]. [113]

---

111 *[Download: http://www.wbc.poznan.pl/dlibra/publication?id=66544&from=&dirids=1&tab=1&lp=7&QI=].*
112 *[Download: http://www.archive.org/details/nieznanaszlacht00wittgoog].*
113 *[Download: http://fbc.pionier.net.pl/id/oai:kpbc.umk.pl:34006].*

[Quelle: Żernicki-Szeliga, Emilian, von: Der polnische Adel und die demselben hinzugetretenen anderständischen Adelsfamilien: General-Verzeichniss. Hamburg 1900, Band 1, Seite 59]. [114]

[Quelle: Żernicki-Szeliga, Emilian, von: Die polnischen Stammwappen: ihre Geschichte und ihre Sagen, Hamburg 1904, Seite]. [115]

[Quelle: Żernicki-Szeliga, Emilian, von: Geschichte des polnischen Adels: nebst einem Anhange : Vasallenliste des 1772 Preussen huldigenden polnischen Adels in Westpreussen, Seite]. [116]

[Quelle: Żernicki-Szeliga, Emilian, von: Der polnische Klein-Adel im 16. Jahrhundert nebst einem Nachtrage zu "Der polnische Adel und die demselben hinzugetretenen anderständischen Adelsfamilien" und dem Verzeichnis der in den Jahren 1260-1400 in das Ermland eingewanderten Stammpreussen, Hamburg 1907, Seite]. [117]

Adelslexika Reichsteile - Szlachta in Litauen und im Baltikum

Błaszczyk - Adel Samogitiens [Žemaitija] - Adel des Großfürstentums Litauen
[Quelle: Błaszczyk, Grzegorz: Herbarz szlachty żmudzkiej, Warschau 2015 ff, 6 Bände, Band , Seite].

Boniecki (2. Auflage) - Adel des Großfürstentums Litauen
[Quelle: Boniecki (h. Bończa), Adam: Poczet rodów w Wielkiem Księstwie Litewskiém w XV i XVI wieku, 2. Auflage, Bonn 1985, in: StudIaS Nr. R 20 (P), Seite].

Baltikum - Genealogisches Handbuch der baltischen Ritterschaften
[Quelle: Stackelberg, Otto Magnus von: Genealogisches Handbuch der baltischen Ritterschaften, Teil 1, Band 1, Estland, 1930, Seite]. [118]

[Quelle: Genealogisches Handbuch der baltischen Ritterschaften Teil 2 Estland.pdf.

[Quelle: Stackelberg, Otto Magnus von: Genealogisches Handbuch der estländischen Ritterschaft, Teil 2, 3: Estland, Bd.: 3, Görlitz 1930, Seite]. [119]

---

[114] *[Download: http://fbc.pionier.net.pl/id/oai:kpbc.umk.pl:34007].*
[115] *[Download: http://fbc.pionier.net.pl/id/oai:kpbc.umk.pl:33893].*
[116] *[Download: http://fbc.pionier.net.pl/id/oai:kpbc.umk.pl:34008].*
[117] *[Download: http://fbc.pionier.net.pl/id/oai:kpbc.umk.pl:34019].*
[118] *[Download: http://daten.digitale-sammlungen.de/~db/bsb00000600/images/].*
[119] *[Download: http://daten.digitale-sammlungen.de/~db/bsb00000601/images/].*

[Quelle: Stavenhagen, Oskar: Genealogisches Handbuch der kurländischen Ritterschaft, Bd.: 1, Görlitz [1939], Seite]. [120]

[Quelle: Stavenhagen, Oskar: Genealogisches Handbuch der kurländischen Ritterschaft, Bd.: 2, Görlitz [1937], Seite]. [121]

[Quelle: Transehe-Roseneck, Astaf von: Genealogisches Handbuch der livländischen Ritterschaft, Bd.: 1, Görlitz [1929], Seite]. [122]

[Quelle: Transehe-Roseneck, Astaf von: Genealogisches Handbuch der livländischen Ritterschaft, Bd.: 2, Görlitz [ca. 1935], Seite]. [123]

[Quelle: Essen, Nicolai von: Genealogisches Handbuch der Oeselschen Ritterschaft, Tartu 1935, Seite]. [124]

Baltikum - Genealogien kurländisch-ritterschaftlicher Geschlechter
[Quelle: Lackschewitz, Klas; Kurländische Ritterschaft.; Vereinigte Kurländische Stiftungen: Genealogien kurländisch-ritterschaftlicher Geschlechter, die bisher weder im Genealogischen Handbuch der Baltischen Ritterschaft, Teil Kurland, noch im Genealogischen Handbuch des Adels erschienen sind, Baron Wolf von Buchholtz (Hrsg.), [Seevetal] 2004].

[Quelle: Lackschewitz, Klas; Kurländische Ritterschaft.; Vereinigte Kurländische Stiftungen: Ergänzung zu Genealogien kurländisch-ritterschaftlicher Geschlechter, die bisher weder im Genealogischen Handbuch der Baltischen Ritterschaft, Teil Kurland, noch im Genealogischen Handbuch des Adels erschienen sind, Baron Wolf von Buchholtz (Hrsg.), [Seevetal] 2012].

Wijuk-Kojałowicz - Adel des Großfürstentums Litauen [125]
[Quelle: Wijuk-Kojałowicz, Wojciech: Ks. Wojciecha Wiiuka Kojałowicza herbarz szlachty Wielkiego Księstwa Litewskiego zwany Nomenclator, Kraków 1905, in: Herold Polski, Seite].

---

[120] *[Download: http://daten.digitale-sammlungen.de/~db/bsb00000602/images/].*
[121] *[Download: http://daten.digitale-sammlungen.de/~db/bsb00000603/images/].*
[122] *[Download: http://daten.digitale-sammlungen.de/~db/bsb00000558/images/].*
[123] *[Download: http://daten.digitale-sammlungen.de/~db/bsb00000559/images/].*
[124] *[Download: http://daten.digitale-sammlungen.de/~db/bsb00000345/images/].*
[125] *[Download: http://polona.pl/item/49328/3/].*

Adelslexika Reichsteile - Szlachta in Polen
Sęczys (2. kor. Auflage) - Adelslegitimierung III. Königreich Polen
[Quelle: Sęczys, Elżbieta: Szlachta wylegitymowana w Królestwie Polskim w latach 1836-1861(1867) [Im (III. Königreich Polen in den Jahren 1836 - 1861 (1867) legitimierter Adel], 2. korrigierte Auflage, Warszawa 2007 in: Seria szlachta polska, Seite].

Dworzaczek – Teki – Stammfolgen der großpolnischen Szlachta [126]
[Quelle: Dworzaczek, Włodzimierz, Teki dworzaczka, CD].

Drefs – Kontributionskataster – Preusische Steuererfassung 1793-1794 [127]

Łempicki (4 Bände) - Stammfolgen der mazowischen Szlachta
[Quelle: Łempicki, Jerzy: Herbarz mazowiecki, Band 1 (Einführung), Band 2 powiat płocki (Kreis Plock) in einem Volumen, Poznań 1997, Seite].
[Quelle: Łempicki, Jerzy: Herbarz mazowiecki, Band 3 powiat bielski (Kreis Bielsk), Poznań 1997, Seite].
[Quelle: Łempicki, Jerzy: Herbarz mazowiecki, Band 4 powiat sierpecki (Kreis Sierpc), Sierpc 2008, Seite].

Nejman - Szlachta der Wojewodschaft Sieradz
[Quelle: Nejman, Elżbieta Halina: Szlachta Sieradzka XIX wieku. Herbarz, 887 Seiten, Seite].

Woliński (2 Bände) - Szlachta der Wojewodschaft Lublin
[Quelle: Woliński, Marek: Herbarz szlachty Ziemi Łukowskiej na Lubelszczyźnie [Wappenbuch des Adels des Lukow-Landes im Lubliner Land], Rąbino 2011 f, 2 Bände, Band , Seite , (3. Band in Vorbereitung)].

Polnischer Landadel im XX. Jhdt. – Biogramme des Landadels
[Quelle: Polnischer Landadel im XX. Jhdt. Warschau 1992-2016, 11 Bände, Band , Seite].
Band 1 Ziemianie polscy XX wieku [128]
Band 2 Ziemianie polscy XX wieku [129]

---

[126] Großpolen: http://de.szlachta.wikia.com/wiki/Stammfolgen_Dworzaczek, und Regesten: http://de.szlachta.wikia.com/wiki/Regesten.
[127] Rezension und 3 Datenbanken: http://de.szlachta.wikia.com/wiki/Drefs-Einleitung.
[128] *[Download Band 1: http://pther.net/PDF/Ziemianie%20XX%20wieku/Ziemianie%20XX%20wieku%2001.pdf].*
[129] *[Download Band 2: http://pther.net/PDF/Ziemianie%20XX%20wieku/Ziemianie%20XX%20wieku%2002.pdf].*

Band 3 Ziemianie polscy XX wieku [130]
Band 4 Ziemianie polscy XX wieku [131]
Band 5 Ziemianie polscy XX wieku [132]
Band 6 Ziemianie polscy XX wieku [133]
Band 7 Ziemianie polscy XX wieku [134]
8 Ziemianie polscy XX wieku [135]
9 Ziemianie polscy XX wieku [136]
10 Ziemianie polscy XX wieku [137]
11 Ziemianie polscy XX wieku [138]
Index der Biogramme Band 1-11, [139]

Adelslexika Landesteile - Szlachta in der Ukraine
Poczet - Adelslegitimation Galizien und Bukowina - mit Nachträgen [140]
[Quelle: Poczet szlachty galicyjskiéj i bukowińskiéj, Lwów 1857, Seite].

von Frank (5 Bände) - Gnadenakte HRR und Erblande
[Quelle: Frank [zu Döfering], Karl Friedrich von: Standeserhebungen und Gnadenakte für das Deutsche Reich und die Österreichischen Erblande bis 1806 sowie kaiserlich österreichische bis 1823 mit einigen Nachträgen zum Alt-Österreichischen Adels-Lexikon, V Bände (1823-1918), Selbstverlag, Schloss Senftenegg 1973, Band , Seite].

von Frank 1928 - Gnadenakte Kaisertum Österreich

---

[130] *[Download Band 3: http://pther.net/PDF/Ziemianie%20XX%20wieku/Ziemianie%20XX%20wieku%2003.pdf].*
[131] *[Download Band 4: http://pther.net/PDF/Ziemianie%20XX%20wieku/Ziemianie%20XX%20wieku%2004.pdf].*
[132] *[Download Band 5: http://pther.net/PDF/Ziemianie%20XX%20wieku/Ziemianie%20XX%20wieku%2005.pdf].*
[133] *[Download Band 6: http://pther.net/PDF/Ziemianie%20XX%20wieku/Ziemianie%20XX%20wieku%2006.pdf].*
[134] *[Download Band 7: http://pther.net/PDF/Ziemianie%20XX%20wieku/Ziemianie%20XX%20wieku%2007.pdf].*
[135] *[Download Band 8: http://pther.net/PDF/Ziemianie%20XX%20wieku/Ziemianie%20XX%20wieku%2008.pdf].*
[136] *[Download Band 9: http://pther.net/PDF/Ziemianie%20XX%20wieku/Ziemianie%20XX%20wieku%2009.pdf].*
[137] *[Download Band 10: http://pther.net/PDF/Ziemianie %20XX%20wieku/Ziemianie%20XX% 20wieku%2010.pdf].*
[138] *[Download Band 11: http://pther.net/PDF/Ziemianie%20XX%20wieku/Ziemianie%20XX%20wieku%2011.pdf].*
[139] *[Download Band 1-11: http://pther.net/PDF/Ziemianie_XX_wieku/Ziemianie_XX_wieku_Wykaz_życiorysów_zamieszczonych_w_cześci_1-11_serii_Ziemianie_polscy_XX_wieku.pdf].*
[140] *[Download: http://www.wbc.poznan.pl/dlibra/docmetadata?id=88218].*

[Quelle: Frank [zu Döfering], Karl Friedrich von: Alt-Österreichisches Adels-Lexikon, I. Band (1823-1918), Selbstverlag, Wien 1928, Seite].

von Frölichsthal - Der Adel der Habsburgermonarchie im 19. und 20. Jhdt.
[Quelle: Frölichsthal, Georg Freiherr von: Der Adel der Habsburgermonarchie im 19. und 20. Jahrhundert, in: Genealogisch-Heraldisches Informationssystem (Genhis), Band 2, Insingen bei Rothenburg ob der Tauber 2008, Seite].

Czernecki - Adelslegitimierung in der rechtsseitigen Ukraine
[Quelle: Lisenko, Sergiej; Czernecki, Evgen: Prawobereznaja szlachta kinec XVIII - perscha polowina XIX. ctolecia (Adel der rechtsseitigen Ukraine Ende des XVIII. Jhdt bis zur ersten Hälfte des XIX. Jhdt.), Bila Cerkva 2007, Seite].

Chorowiec (5 Bände) - Adelslegitimierungen der Szlachta Wolhyniens
[Quelle: Chorowiec, Oleg: Herbarz szlachty wolyńskiej, Radom 2012f, 5 Bände].

Adelslexika Landesteile - Szlachta in Weißrussland
Malecki – Szlachta in Litauen im XIX. Jhdt. [141]
[Quelle: Malewski (h. Jastrzębiec), Czesław: Rodziny szlacheckie na Litwie w XIX wieku, Warszawa 2016, Seite].

Piekosiński - Adel von Vitebsk [142]
[Quelle: Piekosiński, Franciszek Ksawery (Hrsg.): Herbarz szlachty prowincyi witebskiej, Kraków 1899, in: Herold Polski, Seite].

Adelslexika nach Herkunft - Armenier
Korwin [Piotrowski] - Adelslexikon der armänischen Szlachta in der Res Publica
[Quelle: Korwin (Pseudonym für Piotrowski h. Korwin), Ludwik: Ormiańskie rody szlacheckie, Bonn und Luxemburg 1983, in: StudIaS Nr. 17 (P), 2. Auflage, Seite].

Adelslexika nach Herkunft - Juden
Korwin [Piotrowski] - Adelslexikon der Szlachta jüdischen Ursprungs in der Res Publica
[Quelle: Korwin (Pseudonym für Piotrowski h. Korwin), Ludwik: Szlachta polska pochod-zenia żydowskiego, 2. Auflage, Bonn und Luxemburg 1983, in: StudIaS Nr. 18

---

[141] *[Download: http://genealogia.lt/pdfs/rodziny_szlacheckie.pdf]*
[142] *[Download: http://www.wbc.poznan.pl/publication/53048].*

(P), Seite].

Adelslexika nach Herkunft - Kalvinisten
Konarski - Adelslexikon der kalvinischen Szlachta in der Res Publica
[Quelle: (Jaxa-)Konarski, Szymon (h. Gryf): Szlachta kalwińska w Polsce, Warszawa 1936, Seite].

Adelslexika nach Herkunft – Kosaken [143]
[Quelle: Kumpe, Dr. Carsten: **Kosakendatenbank**].

Adelslexika nach Herkunft - Prusen, Pommern und Kaschuben
Bär - Adel im königlich (polnischen) Preußen
[Quelle: Bär, Max: Der Adel und der adelige Grundbesitz in Polnisch-Preußen zur Zeit der preußischen Besitzergreifung nach Auszügen aus den Vasallenlisten und Grundbü-chern, Leipzig 1911, in: Mitteilungen der preußischen Archivverwaltung Heft 9, Seite].

Dachnowski - Stammfolgen der Szlachta im königlichen Preußen der Res Publica
[Quelle: Pentek, Zdzisław (Hrsg.): Dachnowski, Jan Karol - Herbarz Szlachty Prus Królewskich z XVII wieku, Kórnik 1995, Seite].

Janecki (2 Bände) - Handbuch des Preußischen Adels
[Quelle: Janecki, Marcelli, von: Handbuch des Preußischen Adels, Hrsg. unter Förderung des Königlichen Herolds-Amtes. 2 Bde., Berlin 1892–1893].
Band 1 (1892), Seite ; [144] , Band 2 (1893), Seite], [145]

Pragert (4 Bände) - Szlachta in Kaschuben und Pommern in der Res Publica
[Quelle: Pragert, Przemysław: Herbarz rodzin kaszubskich, 4 Bände, Gdańsk 2001 ff, Band , Seite].

Adelslexika nach Herkunft - Schlesien

---

[143] http://www.kumke.net/sql_cossacks/.
[144] *[Download: https://ia801406.us.archive.org/25/items/handbuchdespreu01janegoog/handbuchdespreu01janegoog.pdf].*
[145] *[Download: https://ia801406.us.archive.org/25/items/handbuchdespreu01janegoog/handbuchdespreu01janegoog.pdf].*

Sękowki (6 Bände) - Stammfolgen der schlesischen Szlachta
[Quelle: Sękowski, Roman: Herbarz szlachty śląskiej, Chudów, 6 Bände, Band , Seite].

Adelslexika nach Herkunft – Tataren
Dziadulewicz - Stammfolgen der tatarischen Szlachta in der Res Publica [146]
[Quelle: Dziadulewicz (h. Sokola), Stanisław: Herbarz rodzin tatarskich w Polsce, Wilno 1929, Seite].

Heraldik der Res Publica
Chrzanowski - Kompendium 6.986 Wappenabwandlungen des Adels Res Publica
[Quelle: Schlesinger, Edward von (Hrsg.): Herbarz szlachty polskiej Władysława Nowina Chrzanowskiego, Faksimile der Handschrift des Instituts für angewandte Sozialgeschi-chte in Bonn, 6.986 Wappenabb. Bonn und Luxemburg 1984, in: StudIaS R 13 (P), Seite].

Chrząński - Wappenabwandlungen
[Quelle: Ostrowski (h. Rawicz) Graf, Juliusz (Hrsg.): Tablice odmian herbowych Chrąńskiego, Warszawa 1909, Seite]. [147]

Klingspor - Baltisches Wappensbuch
[Quelle: Klingspor, Carl Arvid; Hildebrandt, Adolf Matthias: Baltisches Wappenbuch, Wappen sämmtlicher, den Ritterschaften von Livland, Estland, Kurland und Oesel zugehörigen Adelsgeschlechter, Stockholm, 1882, Seite]. [148]

Graf Ostrowski - **Herbarz szlachty polskiej** - Wappenlexikon der Adelsfamilien Res Publica
[Quelle: Ostrowski (h. Rawicz), Graf Juliusz: Księga Herbowa rodów polskich, Teil 1, Warszawa 1897 - 1906, Wappenabbildungen, Tafel , Seite] [149] und
[Quelle: Ostrowski (h. Rawicz), Graf Juliusz: Księga Herbowa rodów polskich, Teil 2, Warszawa 1897 - 1906, Wappenbeschreibungen, Seite]. [150]

Siebmacher -Grosses und allgemeines Wappenbuch Baltikums [151]

---

[146] *[Download: http://www.wbc.poznan.pl/publication /61988].*
[147] *[Download: http://ebuw.uw.edu.pl/dlibra/docmetadata?id=1069&from=&dirids=1&ver_id=&lp=4&QI=%7C].*
[148] *[Download: http://daten.digitale-sammlungen.de/~db/bsb00000445/images/].*
[149] *[Download: http://ebuw.uw.edu.pl/dlibra/docmetadata?id=231&from=pubstats].*
[150] *[Download: http://ebuw.uw.edu.pl/dlibra/docmetadata?id=232&from=&dirids=1].*
[151] *[Download: http://dspace.utlib.ee/dspace/handle/10062/16020].*

[Quelle: J. Siebmacher's grosses und allgemeines Wappenbuch. Bd. 3. Abth. 11, Der Adel der russischen Ostseeprovinzen. T. 2, Der nichtimmatrikulirte Adel, Nürnberg 1901, Seite].

Hilfsmittel und Datenbanken
Słownik geograficzny Królestwa Polskiego (16 Bände) [152] **:**

Słownik historyczno-geograficzny ziem polskich w średniowieczu - nicht alle Bände sind online [153] **:**

Posen Marriage Index [154] **:**
Das Posen Projekt bietet die Suche die Datenbank mit Eheschließungen 1800 - 1899

Basia – Indexierungssystem [155] **:**

Geneteka [156] **(Übersicht):**

Genpol [157]**:**

Pomgen [158]**:**

Nekrologe [159] **:**

Schlossarchiv-4.000 Adelsfamilien [160]**:**

Deutsche Verlustlisten WK I. [161] **:**

Grobonet - zur Auffindung auf dem Gebiet Polens bestatteter 1.329.091 Personen auf 258 Friedhöfen [162] **:**

---

[152] http://dir.icm.edu.pl/pl/Slownik_geograficzny/.
[153] http://www.slownik.ihpan.edu.pl/intro.php.
[154] http://poznan-project.psnc.pl/?lang=de.
[155] http://www.basia.famula.pl/de/.
[156] http://www.geneteka.genealodzy.pl/index.php?op=gt&lang=pol&w=02kp.
[157] http://www.genpol.com/PTG_Sluby-index-lit-c.html.
[158] http://www.ptg.gda.pl/index.php/ptgnews/action/basesearch/.
[159] http://www.wtg-gniazdo.org/nekrologi.php.
[160] http://www.schlossarchiv.de/.
[161] http://des.genealogy.net/eingabe-verlustlisten/search/ index.
[162] - http://www.grobonet.com/- http://www.grobonet.com/.

Gefallenenlisten und –denkmäler [163] **:**

Evangelisches Kirchenarchiv [164]**:**

Lutheranische Kirche in Russisch Polen [165] **:**

The Peerage [166]**:**

Wörterbücher [167] :

Namensverteilung - fallweise: A, CH, D, F, PL, I, SL, USA (Namenssuche) [168]**:-**

Namenverteilung A [169] :

Namensverteilung CH [170] **:**

Namensverteilung CZ [171] :

Namensverteilung D [172] **:**

Namensverteilung F [173] :

Namensverteilung PL [174] :

Personennamen PL [175] :

Personennamen PL [176] :

---

[163] http://www.denkmalprojekt.org/searc h/suche.htm.
[164] http://www.ezab.de/d/bframe.html.
[165] Htt.ps://www.sggee.org/research/parishes/ church_parishes/LutheransInRusPoland.htm.
[166] http://www.thepeerage.com/.
[167] http://www.slovnyk.org/.
[168] http://www.behindthename.com/
[169] http://www.verwandt.at/karten.
[170] http://www.verwandt.ch/karten/.
[171] Desktop.
[172] http://www.verwandt.de/karten/.
[173] http://en.geneanet.org/.
[174] http://www.moikrewni.pl/mapa/.
[175] http://nazwiska-polskie.pl/.
[176] nach Rymunt - http://www.herby.com.pl/indexslo.html.

Die „Schriftenreihe für angewandte Sozialgeschichte StudIaS“ stellt die Fortsetzung der mit Auflösung des Instituts für angewandte Sozialgeschichte (InfaS) der FU in Bonn im Jahre 1989 abgebrochenen „Schriftenreihe für sozialwissenschaftliche, genealogische, heraldische und historische Studien des Instituts für angewandte Sozialgeschichte StudIaS“ dar.

In der Schriftenreihe StudIaS werden die bis 1989 nicht mehr zur Veröffentlichung gelangten Manuskripte als auch neue Arbeiten der RvS Stiftung jeweils in einer Auflage als e-Buch und in einer als Sachbuch gedruckten Ausgabe realisiert.

Die neue Schriftenreihe ist strukturiert in nachfolgende Serien:
StudIaS-#
allgemeine Serie mit deutsch- und fremdsprachigen Titeln

1. Krzywaźnia, Jan; Schlesinger, Edward Ondřej von (Hrsg.): **Personennamensindex zu Pfarrer Michael Perliński: „Erinnerungen an die Stadt Schildberg und deren nähere und weitere Umgebung“ Ostrzeszów 1920 sowie Matrikelauflistung für den Landkreis Schildberg und deren Aufbewahrungsorte** [Indeks nazwisk występujących w książce ks. Michała Perlińskiego „Wspomnienia o mieście Ostrzeszowie bliższej jego i dalszej okolicy", wersja poprawiona wg wydania z 1920 r. „Gazety Ostrzeszowskiej", Ostrzeszów 2010 oraz zestawienie metryk powiatu ostrzeszowskiego i miejsca ich przechowywania], München 2018, VIII + 272 Seiten, ISBN 9 78375 2814804.

2. Schlesinger, Edward Georg Gustav, von: **Deutsch - Polnisches & Polnisch - Deutsches Ortschaftswörterbuch** (mit Bezeichnungen nicht mehr bestehenden Ortschaften), München 2020, VIII + 316 Seiten, ISBN. 9783750409262.

3. Schlesinger, Edward Georg Gustav, von (Hrsg.): **Zusammenstellung der 714 Großgrundbesitzer in der Gubernie Plock für das Jahr 1909**, München 2020, VIII + 228 Seiten, ISBN 978375 2820799.

4. Schlesinger, Edward Ondřej, von (Hrsg.): **Verzeichnis der 10.210 Szlachta-Angehörigen des altlitauischen Adelsaufgebotes [popis wojska] von 1528. Band 1:** – originalsprachige Zusammenstellung, München 2020, VIII + 456 Seiten, ISBN 978375 2840711.

5. Wall de las Caobas, Eduardo: **Verzeichnis der 13.756 Träger des Roten Kampfbanner Ordens**, München 2020, VIII + 644 Seiten, ISBN 978375 0408555.

6. Schlesinger, Edward Georg Gustav von: **Auflistung und Auswertung der in Jahren 1990 - 2015 wirtschaftlich in der Republik Polen tätigen ausländischen adligen Namensträger**, München 2020, VIII + Seiten, ISBN .

7. Schlesinger, Edward Ondřej von: **Zusammenstellung der Güter und Glaubensbekenntnisse des landsässigen Adels im Herzogtum Glogau im Jahr 1718**, München 2020, VIII + Seiten, ISBN.

8. Schlesinger, Edward Georg Gustav. von: Index zu Leonhard Radler: **"Adelsfamilien im Schweidnitzer Kreise"** und **„Wappensagen Schweidnitzer Adelsfamilien“** [Rody szlacheckie w okolicy Świdnicy], München 2020, VIII + Seiten, ISBN .

9. Schlesinger, Edward Ondřej von: **Vergleichende Studie zur Zusammensetzung der schlesischen Stände im Jahr 1741 zum Jahr 1857**, München 2020, ISBN .

10. Schlesinger, Edward Ondřej, von (Hrsg.): **Verzeichnis der 10.210 Szlachta-Angehörigen des altlitauischen Adelsaufgebotes [popis wojska] von 1528. Band 2:** – 1.374 Geschlechternamen im Adelsaufgebot, München 2020, VIII + 196 Seiten, ISBN 978374 449064.

11. Schlesinger, Edward Georg Gustav, von (Hrsg.): **Lokalisierung von 5.717 Ortschaften in Wolhynien**, München 2020, VIII + 296 Seiten, ISBN .

12. Schlesinger, Edward Ondřej von (Hrsg.): **Majetek panství Votice - landtäfliche Grundherrschaft Wotitz,** Příspěvek k historii šlechtického rodu rytířů Schlesinger (Ritter von Schlesinger), München 2020, VIII + 260 Seiten, ISBN 978375 2814736.

StudIaS-GEN

Hilfsmittel zu genealogisch-heraldischen Forschungen

StudIaS – Einführungen

Serie landesbezogene Einführungen zu geneal.-herald. Forschungen

E 1. Schlesinger, Edward Ondřej von: **Einführung in ausgesuchte Problembereiche der genealogisch-heraldischen Forschung in Ländern der Res Publica: Litauen, Polen, der Ukraine und Weißrussland,** München 2018, VI + 206 Seiten, ISBN: 9 78374 6075846.

StudIaS-R

Werksausgaben kommentierten Reprints vergriffener Titel

StudIaS-Stammfolgen

Serie mit deutschsprachigen monographischen Geschlechterdarstellungen

StudIaS-Stammfolgen

Serie mit deutschsprachigen monographischen Geschlechterdarstellung

StudIaS-W

Serie Wappengenossenschaften der Res Publica [Heraldik]

Die StudIaS Reihen richten sich an eine breit gefächerte Gruppe von Lesern: Angefangen bei Personen, die mehr über einen entsprechenden Namen der Szlachta erfahren möchten, über versierte Genealogen und Heraldiker, welche forschungsbedingt in Gebiete vorstoßen, in denen sie nicht bewandert sind bis zu Fachleuten wie Politologen spezialisiert auf Demokratie- und Migrationsforschung, Akkulturations-, Inkulturations- und Assimilierungsprozesse, Historiker, die sich mit Umformungen im östlichen Europa beschäftigen, bis zu langfristigen gesellschaftlichen Wandel analysierenden Soziologen. Dementsprechend beinhaltet es neben hoch spezialisierten Elementen auch Bereiche allgemeiner Einführung in die Thematik der Adelsrepublik Polen-Litauen, Genealogie und Heraldik.